Claudia Bepko/Jo-Ann Krestan

Das Superfrauen-Syndrom

Claudia Bepko/Jo-Ann Krestan

Das Superfrauen-Syndrom

Vom weiblichen Zwang, es allen recht zu machen

Aus dem Amerikanischen
von Gabriele Herbst

Wolfgang Krüger Verlag

Titel der Originalausgabe »Too Good for Her Own Good«
Erschienen im Verlag Harper & Row, Publisher, Inc., New York

Von den Autorinnen autorisierte, gekürzte Fassung
Umschlaggestaltung: Buchholz/Hinsch/Hensinger
Gesamtherstellung: Wagner GmbH, Nördlingen
Printed in Germany 1991
ISBN 3-8105-0233-2

Inhalt

Teil III
Die Freiheit der Entscheidung

Vorwort und Danksagung

1985 veröffentlichten wir ein Buch über die Familientherapie bei Alkoholismus mit dem Titel *The Responsibility Trap*. Dieses Buch war für uns beide das Ergebnis mehrerer Jahre öffentlicher und privater Arbeit mit Alkoholikerfamilien.
Diese Arbeit vermittelte uns viele Erkenntnisse über Veränderungsprozesse und über die Auswirkungen unausgewogener Geschlechtsrollen in der Familie. Wir kamen zu der Überzeugung, daß Abhängigkeit ein Symbol für die Tatsache ist, daß Männlich- und Weiblichkeitsstereotypen sowohl Männer als auch Frauen um Aspekte ihrer Menschlichkeit bringen. Abhängigkeit, Eßstörungen, Phobien, Depression, Ko-Abhängigkeit – all diese Störungen bekamen einen Sinn, wenn wir sie als gestörte Beziehungen zwischen den Geschlechtern interpretierten. Wir stellten fest, daß unsere Arbeit mit Alkoholikerfamilien auf alle Familien übertragen werden konnte.
Als feministische Therapeutinnen erfuhren wir durch die Suchtproblematik ganz unmittelbar, daß die allgemeineren sozialen Regeln, die für Frauen gelten, einen tiefreichenden Einfluß auf unser Selbstbild und unser Selbstwertgefühl haben. Viele der Probleme, die alle Frauen belasten, sind auf den fortdauernden Einfluß dieser gesellschaftlichen Normen zurückzuführen.
In diesem Buch wollen wir unsere Einsichten so vermitteln, daß sie jede und jeder für sich nutzen kann. Wir stellen dar, warum wir die Geschlechtsrollenproblematik als bestimmte

Aspekte der Familientherapie sehen und erklären unsere Philosophie der Veränderung. Damit wollen wir den Frauen – und das heißt auch uns selbst – zu einem befriedigenderen und ausgeglicheneren Leben verhelfen. Viele Ideen in diesem Buch sind nicht neu. Wir stützen uns auf die Arbeiten bedeutender Familientherapeuten, insbesondere die von Murray Bowen und seiner feministischen Interpreten und Kritiker, und wir haben die Vorstellungen vieler Wissenschaftler über die soziale Benachteiligung der Frau aufgenommen.
Doch wir erzählen auch Geschichten von vielen Frauen, Freundinnen und Klientinnen, die unsere besondere Auffassung des Frauseins mitgeformt haben. Diese Geschichten sprechen für sich. Das aufmerksame Zuhören, wenn Frauen mit ihren eigenen Worten ihre Erfahrungen beschrieben, hat uns gezeigt, daß die »Befreiung« immer noch den wichtigsten Schritt auf dem Weg der Veränderung der Frau darstellt.
Dieses Buch hat aber auch Männern etwas zu sagen. Es kann ihnen zeigen, welche Regeln ihre Beziehungen zu Frauen steuern und wie sie sie ändern können. Vielleicht können sie sich auch in den zahlreichen Schilderungen von »Pflichterfüllung« wiederfinden, denn Männer leiden unserer Ansicht nach genauso unter den Konflikten und Mißverständnissen, die sich aus unklaren Verantwortlichkeiten ergeben.
Wenn wir über weibliches Pflichtbewußtsein und weibliche Pflichterfüllung sprechen, wollen wir damit ein Verhalten, das gemeinhin als »ko-abhängig« bezeichnet wird, in einen breiteren Kontext stellen. Wir hoffen, daß wir damit eine Perspektive eröffnet haben, die Ko-Abhängigkeit als eine Form übertrieben pflichtbewußten Verhaltens interpretierbar macht, dabei jedoch nicht übersieht, daß nicht jedes »pflichtbewußte« Verhalten notwendigerweise ko-abhängig ist. Es stellt vielmehr eine Anpassung an weibliche Rollenvorschriften dar.
Wir haben versucht, aus unseren Vorstellungen praktische Vorschläge für eine Veränderung abzuleiten. Im ganzen Buch finden Sie Übungen, die zur Illustration und Bestätigung der

diskutierten Vorstellungen dienen und Ihnen helfen sollen, Ihren Veränderungsprozeß in Gang zu bringen oder zu unterstützen. Manche Übungen können größere Auswirkungen haben, als es zunächst scheinen mag. Wenn Sie weitergehen möchten, als dieses Buch Sie bringen kann, dann wenden Sie sich an eine/n ausgebildete/n Therapeutin/en oder Berater/in. Wir legen großen Wert darauf, die Erfahrung von Frauen in keiner Weise zu »etikettieren«. Wir haben nur Prozesse und Prinzipien sowie Vorstellungen von Veränderung benannt; wir wollten damit unseren Respekt vor den Konflikten ausdrücken, denen wir als Frauen ausgesetzt sind, ohne zu irgendwelchen Kategorien oder Pathologisierungen zu greifen.

Wir begannen mit diesem Buch einen Monat nach einer größeren geographischen und beruflichen Veränderung, die für uns sowohl einen Einschnitt als auch eine Neuorientierung darstellte. Manchmal hatten wir das Gefühl, vor einem fast unüberwindbaren Berg zu stehen – wir erlebten am eigenen Leib einige dramatische Auswirkungen von Veränderung.
Wir betonen in diesem Buch, wie wertvoll und wichtig Freundinnen sind. Und so wäre auch dieses Buch nicht geschrieben worden, wenn uns nicht unsere Freundinnen in dieser Zeit des Umbruchs unterstützt hätten. Im Grunde ist dieses Buch eine Gemeinschaftsarbeit. Wir haben vielen Menschen dafür zu danken.
Unser erster Dank geht an Harriet Goldhor Lerner, die uns den Kontakt zu Harper & Row vermittelte, für den Beistand bei den ihr wohlbekannten Problemen des Schreibens, ihren Humor und ihre unausgesetzte, fachliche und emotionale Unterstützung in allen Phasen des Projekts. Sie gab uns nicht nur Rat und wichtige Hinweise, sondern half und ermutigte uns mehr als einmal, wenn die Probleme der Zusammenarbeit unüberwindlich schienen. Sie las viele Fassungen des Exposés und des Manuskripts. Sie ertrug aufgeregte Anrufe

früh am Morgen und spät in der Nacht. Sie ist eine großherzige Freundin, die unser Wachstum wirklich gefördert hat und uns so das Schreiben erleichterte.

Andere Freundinnen und Freunde unterstützten uns und das Projekt ebenfalls auf zahllose Weisen. Wir danken Jeff und Marsha Ellias-Frankel, Dorothy Smith, Jenny Hanson, Mary Nolan, Barb Schnurr, Betsey Alden und Charlotte Look für technische und emotionale Hilfe. Sie lasen das Manuskript, manche mehr als einmal, und kommentierten es mit viel Zeit und Einsatz in hilfreicher Weise. Wir durften Gast in ihrem Haus und an ihrem Tisch sein, und sie halfen uns auch anderweitig, unsere Probleme mit der Veränderung und mit dem Zeitplan des Buches durchzustehen. Jo-Ann dankt insbesondere Walt Marz, daß er ihr zur Zeit des schlimmsten Drucks die Barschfischerei als meditative Kunst beigebracht hat.

Mary Caplan, Terry Kelleher, Lois Braverman, Ellen Fox, Beth Anderson, Barbara West, Susanne Mastropietro, Madeline Muise und wiederum Jeff und Marsha Ellias-Frankel und andere nahmen sich die Zeit, die Ideen des Buches ausführlich zu diskutieren und steuerten vieles aus ihrem reichen Erfahrungsschatz dazu bei. Alle haben unser Denken und unsere Arbeit bereichert. Sie verliehen ihr mehr Leben und Farbe.

Die Danksagung wäre unvollständig ohne die Anerkennung der vielen Frauen, die in all den Jahren unsere Klientinnen waren, besonders derjenigen, die uns erlaubten, ihren Fall zu zitieren. Wir schöpften viel Kraft für unser Buch aus dem tiefen Respekt vor und der Identifikation mit ihrem Kampf. Unsere Arbeit mit ihnen allen hat unser Leben unermeßlich bereichert.

Hilfreiche Freunde sind eine Bereicherung; eine hilfreiche Lektorin ist ein wahrer Segen. Janet Goldstein war uns eine Freundin und eine Stütze, auch und gerade in den Zeiten, als das Projekt vom Scheitern bedroht war. Sie wirkte an der Gestaltung von Form und Inhalt des Buches von Anfang an mit und betreute es bis zu seiner endgültigen Fassung in enger Zusammenarbeit mit uns. Von ihr lernten wir viel über gutes

Schreiben. Sie war immer begeisternd, ermutigend und entschlossen. Wie unsere Agentin Joy Harris bewies sie Geschick im Umgang mit unseren Egos und unseren verschiedenen Selbstvertrauenskrisen. Sie forderte uns, unser Bestes zu geben, und war ein Jahr lang unser neuer Kompetenzmaßstab. Wir sind sehr dankbar, daß wir mit ihr zusammenarbeiten konnten.
Schließlich möchten wir auch einander danken, zum allerwenigsten dafür, daß jede von uns an einer Zusammenarbeit festgehalten hat, die in ihren Höhen eine Herausforderung und in ihren Tiefen ein Fegefeuer war. Ungeachtet dessen ist Jo-Ann zu danken für ihren Humor, ihre Energie und ihre oftmals brillanten Geistesblitze bei den Kernproblemen, die sie stets in anschaulichste Texe umzusetzen vermochte. Claudia verdient Dank dafür, daß sie den Wald nicht aus den Augen verlor, während jeder einzelne Baum gepflanzt, ausgerissen, neu gepflanzt, umgepflanzt wurde. Ihr gebührt Anerkennung für ihre außergewöhnliche Fähigkeit, klar zu denken und zu schreiben und unnachgiebig auf Qualität zu bestehen. Es ist ihr Verdienst, daß in diesem Buch ihr persönlicher Scharfsinn und ihre menschliche Wärme durchschimmern.
Diese Danksagung reicht aber nicht aus – und kann es auch nicht –, um den Beitrag all der Menschen, die in irgendeiner Weise am Zustandekommen dieses Buches beteiligt waren, einschließlich unserer Familien, angemessen zu würdigen und ihnen unsere Dankbarkeit auszudrücken. Wir lieben sie alle und hoffen, daß diese Energie sich allen mitteilt, die dieses Buch lesen werden.

In allen Fällen außer in bezug auf uns selbst haben wir Namen und persönliche Kennzeichen der erwähnten Personen verändert, um deren Identität und Privatsphäre zu schützen. Manchmal wurde eine Fallgeschichte aus den klinischen Erfahrungen der Autorinnen konstruiert.

Teil I
Der Zwang zur Superfrau

1
Der Codex der weiblichen Pflichten

Unsere Klientin Janet berichtete uns einen Traum aus einer Phase, in der sie starken Belastungen ausgesetzt war.

»Zu Beginn des Traums versuchte ich, ein größeres Mietshaus ganz alleine vollständig zu renovieren. Dann mußte ich geschäftlich nach Afrika. Ich wußte nicht, wohin genau ich sollte, und hatte Angst. Meine beste Freundin redete mir zu: ›Setz dich ins Flugzeug. Du schaffst es. Jemand im Flugzeug weiß bestimmt Bescheid.‹ Dann träumte ich wieder von zu Hause. Ich versuchte, Jimmy ins Bett zu bringen, und sagte mir immer wieder, daß ich ihn zum Schlafen bringen mußte. Aber Jimmy wollte nicht und schrie. Dann schrie Adam mich an, weil Jimmy schrie. Schließlich hielt ich mir die Ohren zu und begann auch zu schreien. Ich schrie wirklich. Adam weckte mich auf. Ich hatte mein Leben geträumt und aus mir herausgeschrien.«

Janet machte sich ständig Sorgen, war nie mit sich und ihrer Arbeit zufrieden und fühlte sich nie ganz wohl in ihrer Haut. Dabei opferte sie sich für ihre Familie und für ihre zahlreichen Freunde auf und bemühte sich außerdem noch, beruflich immer mehr zu erreichen. Was für uns auf der Hand lag, schien sie selbst nicht zu merken: Sie stand unter dem Zwang, es allen recht zu machen – auf ihre eigenen Kosten. Trotzdem verhielt sie sich wie ein Hamster im Laufrad. Wir versuchten ihr klarzumachen, daß sie schon eine Superfrau sei, doch sie wendete ein: »Sie sollten mich mal sehen, wenn ich aus der Haut fahre!«

Dann erzählte sie weiter: »Ein paar Tage nach dem Traum weckte ich Adam um vier Uhr morgens. Ich war wie gerädert, ich hatte überhaupt nicht geschlafen. Ich sagte zu ihm: ›Du mußt mir mehr helfen. Ich kann heute einfach nicht aufstehen, und du weißt nicht, was Jimmy zum Frühstück kriegt oder in die Schule mitnimmt.‹ Adam starrte mich an und sagte: ›Hast du eine Depression oder was?‹ Erst dachte ich, das wäre es vielleicht. Ich war einfach verrückt. Dann wurde ich böse. ›Ich bin nicht verrückt oder psychisch gestört, verdammt, ich brauche mehr Hilfe. Du mußt mehr tun!‹ Er drehte sich rum und sagte: ›Ich werd's versuchen.‹
Sie müssen wissen, daß man als Frau in meiner Familie alle Erwartungen zu erfüllen hatte. Wenn man klagte, stimmte etwas mit einem selbst nicht. Es geht mir heute noch so; wenn ich etwas für mich tue, habe ich das Gefühl, das sei schlecht. Und wenn ich böse werde, glaube ich, verrückt zu sein.«
Wir fragten Janet, ob sie sich in einem ihrer Aufgabenbereiche wohl fühle und mit sich zufrieden sei.
»Ich frage mich immerzu, ob ich eine gute Mutter bin. Mich als Mensch gut zu finden, darauf käme ich gar nicht. Ich habe wie in dem Traum immer die Angst, nicht genug zu tun, nie fertig zu werden. Manchmal macht mich dieser Druck fuchsteufelswild. Aber ich weiß, wenn ich diese Wut rauslasse, komme ich nur noch tiefer in die Bredouille. Also tue ich brav weiter, was zu tun ist. Ich fühle mich einfach moralisch verpflichtet, mich um bestimmte Dinge zu kümmern.«
»Hilft Ihnen Adam überhaupt nicht?« fragten wir weiter. »Er würde bestimmt mehr tun, wenn Sie weniger täten und mehr von ihm erwarteten.«
»Von Adam emotionale Unterstützung zu bekommen, ist manchmal schwer für mich. Ich kann mich einfach nicht darauf verlassen. Ich schicke deshalb oft Jimmy zu Adam, und er kommt zurück und sagt: ›Papa hat jetzt grade was anderes zu tun.‹ Manchmal ist es einfach hoffnungslos mit den Männern. Als wir einmal Geschäftsfreunde von ihm zu Gast hatten, bat

ich ihn, Kaffee zu kochen, doch er sagte, er wisse nicht, wie es geht. Ich zeigte es ihm später und ließ ihn beim nächsten Frühstück den Kaffee kochen. Er legte keinen Filter ein, und ich hatte zum Dank für meine Mühe Kaffeesatz in der Tasse. Ich werde wütend, und dann tut es mir leid.

An Tagen, wo ich im Geschäft besonders viel zu tun habe, bequemt er sich schon mal zu Arbeiten, die er sonst nicht macht. Es gefällt ihm, daß ich so kompetent bin. In meinem Beruf fühle ich mich sehr kompetent – die Arbeit fällt mir viel leichter als alles sonst, deshalb neige ich dazu, viel zu arbeiten. Bei der Arbeit kann man viele Streicheleinheiten kriegen.«

»Aber sind Sie dabei zufrieden mit sich selbst?« fragten wir wieder.

»Ich glaube, ich habe es ganz gut. Ich kann vieles machen, wie ich will. Ich liebe meine Arbeit und meine Familie. Als ich nach der Ausbildung in dem Beruf anfing, fühlte ich mich großartig. Aber seit diesem Traum frage ich mich, welchen Preis ich dafür bezahlt habe. Ich habe wenig Zeit zum Nachdenken. Sogar nachts weiß ich nie, ob ich nicht plötzlich eine kleine Hand spüren werde, die mir sagt ›Ich brauche dich‹. Als ich den Traum hatte, hätte ich am liebsten alles stehen lassen und mein Bündel gepackt. Ich bin so müde.«

Wie das Beispiel Janet zeigt, ist es bei Frauen schon fast ein Instinkt, es allen recht machen zu wollen und alle Pflichten hundertprozentig zu erfüllen. Dieser Zwang äußert sich in all den kleinen Dingen, die eine Frau den ganzen Tag tut. Die Handgriffe scheinen einfach, und deshalb bemerkt sie sie kaum – und alle anderen auch nicht. Sie gibt, stellt her, arbeitet, plant, säubert, organisiert, bringt in Ordnung, verausgabt sich, bemüht sich und erwartet von sich, emotional da zu sein für Männer, Kinder, Chefs, Mitarbeiter, Angestellte, Freunde, Eltern, die Kirche, zugelaufene Katzen und überhaupt für den Rest der Welt.

Aber *fühlt* sie sich bei soviel Wohltätigkeit auch selbst wohl? Kaum. Das vertrauteste Gefühl in ihrem Leben ist das flaue

Gefühl in der Magengrube, etwas nicht gut genug gemacht zu haben und so wie sie ist, nicht akzeptabel zu sein. Für viele Frauen rechtfertigt keine Leistung und kein Grad von Selbstlosigkeit den Luxus, mit sich selbst zufrieden zu sein. *Alle Pflichten zu erfüllen heißt zu wissen, daß das einfach nicht reicht.* Frauenarbeit ist Sisyphosarbeit.

Je kompetenter eine Frau sein will, je mehr emotionale Zuwendung sie geben will, je härter sie arbeitet und je erfolgreicher sie sein will, desto mehr Selbstzweifel, Schuldgefühle und Beziehungsprobleme handelt sie sich offenbar ein, obwohl sie doch schon aus der Doppelbelastung von Beruf und Haushalt eigentlich ein stärkeres Selbstwertgefühl entwickeln müßte.

Offensichtlich machen wir Frauen uns falsche Vorstellungen über die Bedingungen unseres Selbstwertgefühls und Wohlbefindens. Offensichtlich handeln wir im großen wie im kleinen gegen unsere eigenen, berechtigten Interessen. Das verwirrt uns und hindert uns an Veränderungen, weil wir nicht wissen, wie wir es anders machen könnten.

Zuviel des Guten

Janets Geschichte ist nicht ungewöhnlich, auch ihr Alptraum nicht. In unserer familientherapeutischen Praxis und unseren Frauentherapiegruppen hören wir sie von alleinstehenden Frauen, älteren Frauen, lesbischen Frauen, erfolgreichen Karrierefrauen – keine ist immun.

Wir haben festgestellt, daß die meisten Frauen in einer Art tiefer Trance handeln – nach einem *Codex der weiblichen Pflichten,* der uns förmlich hypnotisiert und unsere Beziehungen, unser Selbstwertgefühl und sogar unsere Träume durchdringt. Diese Trance ist so wirksam, daß wir uns gar nicht bewußt werden, wie sehr unser Verhalten immer nach außen gerichtet ist, darauf, was andere Leute denken, wollen oder brauchen. In der Verwirrung dieses Trancezustands vergessen wir oft, daß eigentlich wir selbst die Hauptrolle in unserem Leben spielen.

1963 veröffentlichte Betty Friedan den *Weiblichkeitswahn.*[1] Dieses Buch stand am Anfang von tiefgreifenden Veränderungen der Frauenrolle. In diesem Buch klagte Betty Friedan das Recht der Frauen ein, sich als eigenständige Persönlichkeit nach ihren Wünschen selbst zu verwirklichen und sich von den herrschenden gesellschaftlichen Normen zu befreien, die definierten, was eine »richtige« Frau ist. Sie rüttelte die Frauen auf, indem sie ihnen zeigte, wie sehr sie sich durch die Weiblichkeitsdefinitionen anderer hatten versklaven lassen.

Janet ist ein Kind dieser Revolution. Sie hatte ihren Traum verwirklichen können. Sie war gebildet, weitgereist, gewandt, beruflich erfolgreich. Und dennoch spricht aus ihrem Alptraum immer noch ein übergroßes Gefühl von Verantwortlichkeit für andere. Von Kindheit an glaubte sie an ihre »moralische Verpflichtung«, *für andere* das tun zu müssen, was diese erwarteten. Jeder Impuls, ihren eigenen Interessen nachzugehen, löste in Janet Gefühle wie Angst, Schuld und Scham aus.

Die meisten Frauen leiden unterschwellig unter diesem Problem. Äußerlich scheint sich ihr Leben zu verändern, doch innerlich sind sie immer noch zutiefst davon überzeugt, daß ihr Leben nur eine Leihgabe sei und daß die »Leihgeber«, also diejenigen, denen sie sich verpflichtet fühlen, bestimmen dürfen, was gut und richtig ist. Daß heutzutage viele Frauen erwerbstätig sind, heißt noch lange nicht, daß sie wirklich emanzipiert sind. Es heißt nur, daß ihre Belastung zunimmt, während ihre innere Stimme immer noch ungehört verhallt.

Als in den achtziger Jahren die Drogenproblematik ins öffentliche Bewußtsein rückte, erhielt dieser weibliche Verantwortlichkeitswahn einen neuen Namen – Ko-Abhängigkeit. Im Grunde ist das nur ein anderes Wort für Betty Friedans Weiblichkeitswahn. Es beschreibt das Verhalten vieler Frauen bei dem Versuch, die Normen der Gesellschaft zu erfüllen und dabei Selbstwertgefühl zu entwickeln. In unserer langjährigen therapeutischen Arbeit mit Suchtpatienten hat das Konzept der Ko-Abhängigkeit vielen Frauen geholfen, die sich von ihrem Pflichtbewußtsein, ob sie süchtig waren oder nicht, gefangen und beeinträchtigt fühlten.

Doch weil inzwischen der Begriff »Ko-Abhängigkeit« inflationär geworden ist, befürchten wir, daß dieses Etikett die frauenfeindlichen Tendenzen unserer Gesellschaft fördert. Die Bezeichnungen, mit denen wir Probleme belegen, formen in gewisser Weise unsere Vorstellungen von möglichen Lösungswegen vor. Würde man Janet mit dem Etikett »koabhängig« versehen, könnte sie nicht verstehen, wieso ein Verhalten, das sie als »moralische Verpflichtung« sieht, als »schlecht« gelten soll. Und sie wüßte nicht, wie sie sich statt dessen verhalten sollte. So wie psychiatrische Attribute, die auf Frauen angewendet werden – etwa masochistisch, narzißtisch, hysterisch –, weibliche Erfahrung herabwürdigen und entwerten, schiebt ihnen auch die Bezeichnung Ko-Abhängigkeit auf subtile Weise eine Schuld zu. Zu oft mußten wir sehen, daß Frauen das Etikett ko-abhängig auf sich bezogen und dann das Gefühl hatten, sie seien krank, nur weil sie das taten, wofür sie sozialisiert worden waren. »Ko-Abhängigkeit« kann zu leicht als Verurteilung der Frauen selbst statt bestimmter Verhaltensweisen verstanden werden. Dieses Urteil hat dann zur Folge, daß Frauen zu sehr lieben, die falschen Männer lieben, daß sie kontrollierend, zudringlich, Märtyrerinnen seien, kurz, daß sie sich bessern müßten.

Trotzdem verwenden wir das Konzept der Ko-Abhängigkeit in unserer Arbeit. Wir glauben aber, daß wir über unsere Erfahrungen als Frauen in einer Weise nachdenken müssen, die es uns erlaubt, ko-abhängiges Verhalten in einem größeren Rahmen zu verstehen. Wir wollen also in diesem Buch unter anderem die Ko-Abhängigkeit und den Weiblichkeitswahn neu beleuchten. Frauen wie Janet müssen nicht besser werden; sie sind schon Superfrauen. Sie müssen vielmehr aus der Trance erwachen, die sie daran hindert, ihr Leben in sich selbst ruhend und aus sich selbst heraus zu leben.

Die Trance und der Codex der weiblichen Pflichten

In Trance sein bedeutet, sich der Regeln nicht bewußt zu sein, die das eigene Verhalten steuern. Es bedeutet, von der Umgebung beeinflußt zu werden, ohne es zu merken. Darauf bezog sich die Zeitschrift *MS*, als sie vor Jahren den Ausdruck »Klick«-Erfahrung prägte. Eine »Klick«-Erfahrung durchbricht den Trancezustand. Wenn eine Frau merkt, daß sie in den Medien oder in direkter Kommunikation entwürdigt oder abgewertet wird, »klickt« es in ihrem Bewußtsein. Sie teilt derartige Erfahrungen anderen Frauen mit. Das kollektive Bewußtsein der Frauen erwacht.

Doch wir sind noch nicht völlig aufgewacht. Wir erkennen zwar, wenn wir von anderen offen zurückgesetzt werden; wir sind uns aber noch kaum bewußt, daß unsere Gefühle und unser Verhalten verborgene Regeln über Pflichterfüllung widerspiegeln. Das Rollenbild der Frauen ist tief in ihrem Unterbewußtsein verankert, und diese Überzeugungen definieren »richtiges« Verhalten in sehr spezieller Weise. In unseren Frauentherapiegruppen versuchen wir, »Klick«-Erfahrungen zu ermöglichen, die diese tieferen Ebenen der Trance aufbrechen.

Ein Beispiel aus einer Therapiesitzung: Margot, die attraktive Frau eines bekannten Geschäftsmannes, ist der Meinung, eine Frau solle Macht haben, aber nur indirekt. »Herrsche mit eiserner Hand im seidenen Handschuh« ist ihr Wahlspruch. Mitten in der Sitzung, in deren Mittelpunkt sie steht, fällt ihr ein, daß sie ihre Töchter anrufen und sie daran erinnern muß, ihrer Großmutter zum Geburtstag zu gratulieren. Wir bestehen darauf, sie solle den Anruf unterlassen und die Kinder selbst an die Gratulation denken lassen. Damit setzen wir als Therapeutinnen und inoffizielle Autoritätspersonen im Raum einen neuen Standard für »richtiges« Verhalten. Margot ist in der Zwickmühle. Sie möchte entgegenkommend scheinen und sein, zugleich aber anrufen.

Sie beginnt uns zu provozieren. Offensichtlich möchte sie von uns die Bestätigung, daß es richtig ist, ihre Kinder anzurufen, doch wir bleiben hart.

Entweder muß sie »brav sein« und nachgeben, den Anruf also unterlassen, oder sie muß den »seidenen Handschuh« ausziehen und sich uns offen widersetzen. Sie verläßt den Raum, um zu telefonieren.

Alle fühlen sich unbehaglich, als Margot zurückkommt. Schießlich fragt sie jemand, ob sie wütend sei. Das ist der Todesstoß für Margots Maßstab weiblichen Verhaltens – eine Frau »zeigt« ihren Zorn nie. Als eine andere Frau in die gleiche Kerbe haut, beginnt Margot zu schluchzen. Innerlich kocht sie vielleicht vor Wut, doch sie gesteht es weder sich selbst noch der Gruppe ein.

Aus Erfahrungen wie dieser lernten wir gemeinsam mit unseren Klientinnen, wie tief bestimmte Botschaften über weibliche Pflichten verwurzelt sein können, welche Probleme sie Frauen bereiten und wie schwer es für sie sein kann, ihre innere Ausrichtung, ihre *Zentrierung* auf andere Menschen aufzugeben.

Der Codex, nach dem Frauen leben

Nach jahrelanger Arbeit mit Frauen in unserer Praxis konnten wir die »Regeln« für weibliches Verhalten genauer bestimmen. Für die meisten Frauen stellen sich diese Regeln als »moralische Verpflichtung« oder unbewußte »Verhaltensnormen« dar.

Wir glauben, daß der Kern des Codex der weiblichen Pflichten im wesentlichen aus fünf Regeln besteht:

SEI ATTRAKTIV: Eine Frau ist so gut wie sie aussieht.

SEI EINE DAME: Eine Frau verliert nie die Selbstbeherrschung.

SEI SELBSTLOS UND IMMER FÜR ANDERE DA: Eine Frau ist zum Geben geboren.

LEISTE BEZIEHUNGSARBEIT: Eine Frau ist von Kopf bis Fuß auf Liebe eingestellt.

SEI KOMPETENT UND KLAGE NICHT: Eine Frau schafft alles und wirkt nie überfordert.

Man sieht sofort, wie diese Regeln bei Margot funktionieren, insbesondere das Gesetz ›Sei eine Dame‹. Sie muß immer »lieb und nett« und stets beherrscht wirken. Sie muß gut gekleidet sein und sich um die Beziehungen ihrer gesamten Familie kümmern. Janet folgt den Gesetzen ›Sei selbstlos‹ und ›Sei kompetent und klage nicht‹. Auch wir als Therapeutinnen haben unsere besonderen Probleme mit diesem Codex. Im Grunde gilt er auf unterschiedliche Weise und zu verschiedenen Zeiten für jede Frau.

Das Ziel dieses Buches

Dieses Buch soll Ihnen helfen, aus der Trance zu erwachen und die Regeln des Codex neu zu schreiben. Es soll Ihnen bewußt machen, daß Ihr Zwang, es allen recht zu machen, auf

Ihre eigenen Kosten geht, und es soll Ihnen neue Strategien vermitteln, um zu einer ausgewogeneren Beziehung zu den für Sie wichtigen Menschen und zu sich selbst zu finden.

In Teil I beschreiben wir die Auswirkungen des Codex der weiblichen Pflichten genauer. Wir sehen uns an, warum diese Regeln unsere Gefühle und Überzeugungen so stark beeinflussen, und wir betrachten die Folgen dieser Regeln für uns und unsere Beziehungen. In Teil II schlagen wir eine neue Definition von Verantwortlichkeit vor und stellen einen Stufenplan der Veränderung vor. Schließlich betrachten wir in Teil III, in welche Konflikte uns der Zwang zur Superfrau in vielen verschiedenen Beziehungen bringt, und geben Ausblicke auf weitere Möglichkeiten der Veränderung.

Wir hoffen, daß dieses Buch Sie Ihrem Innenleben näherbringt und Ihnen zu mehr Freiheit verhilft, um Ihre Träume zu leben, statt Ihr Leben lang unter Alpträumen zu leiden. Jede Frau kann ihre Überzeugungen, Erwartungen und Gefühle verändern und sich so verhalten, daß sie sich selbst bejaht und nicht verleugnet.

Das muß ihr nicht immer und überall gelingen, und sie kann dabei anecken, doch es kann zu einer Erfahrung führen, wie sie diese Klientin nach ihrer Therapie schildert: »Zum ersten Mal in meinem Leben fange ich an, mit mir zufrieden zu sein und mich wohl zu fühlen. Ich lebe viel selbstbestimmter und verantwortlicher für mich selbst, und mein Leben kommt mir viel sinnvoller vor. Das kann mir niemand mehr nehmen. Manchmal fühle ich ganz tief innen, daß ich gut bin, so wie ich bin, und ich bin froh darüber.«

2
Der Codex und unser Leben

Das weibliche Pflichtbewußtsein

Welches Frauenbild haben Sie? Diese Frage hätten wir vor 25 Jahren leichter beantwortet. Damals orientierten sich die Familien am Leitbild des umsichtigen und treusorgenden Vaters, wie er im Fernsehen vorgeführt wurde. Frauen hatten damals wenig Probleme mit ihrer Rollendefinition. Der Codex der weiblichen Pflichten wurde von den Medien, der Werbung und der Kultur allgemein auf mehr oder weniger unkomplizierte Weise bekräftigt. Frauen waren Mütter und Ehefrauen, aufopferungsvoll, tugendhaft und karitativ. Obwohl viele Frauen nicht in dieses Schema paßten, kannten sie es doch genau.

Der Codex der weiblichen Pflichten wird von den Melodramen im Kino oft nachhaltig bestärkt. Eines der Klischees, das das Frauenbild unserer Kultur geprägt hat, ist die »gute« Frau, die einen »bösen« Mann »zähmt«. Man denkt sofort an Katharine Hepburn und Humphrey Bogart in *The African Queen*. In diesem Film aus dem Jahr 1951 spielt sie eine engelhaft reine Missionarin, deren Charaktergüte den verkommenen Abenteurer schließlich bekehrt; dies rechtfertigt nebenbei, daß dieses »Subjekt« die Leidenschaft einer solchen Frau zu wecken vermag. Gemeinsam sind sie unbesiegbar.

Das Frauenbild, das in dieser Geschichte wie in nahezu unzähligen anderen Variationen in Filmen dieser Zeit vermittelt wird, ist das der guten und sanften Frau voll verborgener Leidenschaft, die die Ecken und Kanten des harten, unzivilisierten Wilden glättet, der seinerseits nur die Liebe einer »richti-

gen« Frau braucht, um sich zu ändern. Der Mann entsagt dem Abenteuer um der Liebe willen. Dieses Klischee übt immer noch besondere Anziehungskraft auf Frauen aus, die sich mit drogen- oder alkoholabhängigen oder sonstwie eingeschränkt zurechnungsfähigen Männern herumschlagen. Die Botschaft ist tief in unserer Psyche verankert: Frauen können Männer retten, wenn sie nur gut genug sind.
Der Frauentyp dieser Geschichten ist eine wahrgewordene, männliche Wunschvorstellung. Sie verkörpert die Moral, ist jungfräulich und trotzdem Lust und Liebe nicht abgeneigt. Sie spiegelt den Mann so wider, wie er sich gern sehen möchte: entweder als rauhen, männlichen Abenteurer/Helden oder als starken, soliden Patriarchen. Sie versteht seine Sorgen und ist seinen Kindern eine gute Mutter. Seinen jungenhaften Eskapaden gegenüber verhält sie sich als Mutter, oder sie spielt die Tochter unter seinem strengen, väterlichen Regiment.
Heute vermitteln die Medien das gleiche Frauenbild, wenn auch subtiler. Im *Phantom der Oper* wird der häßliche Mann geliebt, und auch J. R. in *Dallas* ist trotz seiner Ekelhaftigkeit irgendwie anziehend. Ganz eindeutig soll es immer noch Aufgabe der Frauen sein, Männer zu »zähmen«.
Diese höchst romantischen Vorstellungen weiblicher Pflichten beeinflussen uns immer noch; sie sind Teil des hypnotischen Zwangs der Trance. Sie stellen idealisierte Bilder dar, die mit den realen Erfahrungen von Frauen wenig Ähnlichkeit haben. Sie sehen die Frau nicht einmal mit weiblichen Augen. Doch sie erzählen der Frau ein Märchen über den Lohn und die Macht der Pflichterfüllung: Eine pflichtbewußte Frau wird demzufolge mit Liebe belohnt.
Heutzutage werden uns die weiblichen Pflichten eher über »Negativbeispiele« vermittelt. In modernen Filmen wie *Die Ehre der Prizzis* oder *Eine verhängnisvolle Affäre* verletzen Frauen eindeutig den Codex der weiblichen Pflichten – sie sind sexuell, weichen von den traditionellen Normen der

Mütterlichkeit ab, streben ganz offen nach Macht. Die vermittelte Einstellung gegenüber diesen »neuen« Frauen ist ambivalent. Die Bilder sind sicher nicht romantisch, und es ist immer noch nicht sicher, ob sie weibliche Erfahrung aus weiblicher Perspektive darstellen. Sie stellen aber heraus, daß es seinen Preis hat, sich von dem Codex loszusagen.
In unserer modernen Gesellschaft ist möglicherweise jede Rollendefinition für Frauen widersprüchlich und nicht umzusetzen. Die alltäglichen Erfahrungen von Frauen jedoch, wie sie sich in unserer Praxis niederschlagen, ihre chronischen Schuldgefühle, ihre Depressionen, Süchte, die Zusammenbrüche und der Streß, ihr andauerndes Hin- und Hergerissensein zwischen widersprüchlichen Alternativen, all das zeigt uns, daß das Gebot der Pflichterfüllung immer noch tief sitzt und nachhaltig wirkt.
Deshalb müssen wir uns jetzt die ungeschriebenen Gesetze näher ansehen, die unser Selbstwertgefühl und unsere persönlichen Maßstäbe beeinflussen.

Wie der Codex unser Leben bestimmt

Die ersten drei Forderungen des Codex der weiblichen Pflichten bilden die Grundpfeiler unseres Weiblichkeitsempfindens. Obwohl sich wahrscheinlich viele Frauen von den deutlicher anachronistischen Aspekten dieser verborgenen Regeln frei glauben, leben überkommene Botschaften, die eher für unsere Mütter als für uns selbst zu gelten schienen, zäh in unserem Unterbewußtsein weiter. Unser Verhalten mag sich in vielen Bereichen geändert haben, dennoch ist die Tatsache, daß es uns trotz dieser Veränderungen oft so merkwürdig schlecht geht, ein Signal, daß der Codex der weiblichen Pflichten immer noch in Kraft ist.

In diesem Kapitel werden wir die innere Struktur dieser ersten drei Gesetze untersuchen; selbstverständlich wirken ihre Forderungen auf jede Frau zu verschiedenen Zeitpunkten ihres Lebens anders ein.

Sei attraktiv

Eine Frau ist so gut wie sie aussieht

»Schönheit muß leiden« – welche Frau kennt diesen Satz nicht? Wie viele Opfer – Zeit, Geld und Schmerz – sind viele Frauen bereit zu bringen, um gut auszusehen und daher zu »gefallen«?
Die uralte Forderung, attraktiv zu sein, hat nicht das geringste von ihrer Macht verloren. Mehr als alle anderen Regeln des Codex orientiert – zentriert, wie wir sagen – sie eine Frau nach außen. Sie schreibt ihr vor, an *ihrem* Aussehen zu »arbeiten«, damit *andere* es genießen und anerkennen. Bei der Auswahl unserer Kleidung zählt kaum, ob sie bequem und angenehm zu tragen ist. Kaum eine Frau versucht, sich auf die eigene, einzigartige Erscheinung einzulassen; sie sieht sich statt dessen mit den Augen der anderen und steckt meist viel Energie in das Bemühen, einem bestimmten »Schönheitsideal« zu entsprechen. Und weil dieses Ideal meist nicht erreichbar ist, bleibt uns häufig das unangenehme Gefühl, benachteiligt zu sein.
Heutzutage müssen sich Frauen nicht bloß um ihr Aussehen, sondern auch noch um ihr »Image« bemühen. Viele erfolgreiche Frauen leisten sich spezielle »Image-Berater«, die ihnen ein spezifisches »Erscheinungsbild« als Superfrau sozusagen auf den Leib schneidern.
Für viele Frauen ist ihr Selbstbild nahezu völlig identisch mit ihrem Körperbild geworden. Wenn sie perfekt aussehen, sind sie perfekt. Wenn sie aber ihren Attraktivitätsmaßstäben

nicht entsprechen, kann tiefgreifender Selbsthaß die Folge sein. Diese Frauen sind dann mehr darauf zentriert, gut auszusehen, als sich wohl zu *fühlen.* Die Anerkennung von außen wird wichtiger als innerlich mit sich und seinem Körper zufrieden zu sein.

Frauen von heute werden also von dieser Forderung nicht weniger beeinflußt als die Generation ihrer Mütter. Im Gegenteil: Der Druck hat sich durch neue Aspekte verschärft. Die Karrierefrau, die den Image-Berater konsultiert, weiß, daß sie »feminin« wirken und trotzdem die Rolle zum Ausdruck bringen muß, die sie im Geschäfts- und Berufsleben spielen will. Man muß ihr ansehen, daß sie trotz ihres vollgepackten Terminkalenders Zeit hat für den Schneider, den Frisör und das Fitness-Studio.

An der Macht der Forderung, attraktiv zu sein, hat sich also seit Jahrzehnten nicht viel geändert, wohl aber an den Maßstäben für Attraktivität. Diese Veränderung in den Erwartungen läßt sich am besten am Gewicht ablesen. Frauen müssen heute wesentlich dünner sein als noch vor 50 Jahren, wenn sie als attraktiv gelten wollen.

Deshalb ist für viele Frauen ihr Gewicht immer noch das Schlachtfeld, auf dem sie den Kampf um Selbstbestätigung ausfechten. Störungen des Eßverhaltens sind heute eines der vorherrschenden Probleme in psychotherapeutischen Einrichtungen. Aus den Summen, die direkt oder indirekt dem Schlankheitsideal geopfert werden, läßt sich schließen, wie sehr sich die Frauen darum bemühen, ihr Aussehen in den Griff zu kriegen, und damit auch, wie sehr sie von der Bewertung durch die Außenwelt abhängen.

Eine unserer Klientinnen sollte bei einem bedeutenden Kongreß einen Vortrag halten. Nicht nur, daß sie monatelang unermüdlich an ihrem Manuskript arbeitete, sie unterzog sich auch einer Diät und nahm 15 Kilogramm ab. Sie wollte damit vermeiden, daß ihr Aussehen das, was sie zu sagen hatte, in »Mißkredit« brachte.

An der Art und Weise, wie eine unserer Freundinnen, eine begabte Akademikerin, gehäufte berufliche und persönliche Mißerfolge zu verarbeiten versuchte, läßt sich eine folgenschwere Verwechslung nachweisen. In vermeintlicher Vorwegnahme unserer Reaktion auf die Schilderung ihrer mißlichen Erfahrungen sagte sie: »Ich weiß schon, was jetzt kommt. Aber ich *tue* mir doch was Gutes. Ich ernähre mich gesund, esse wenig Fett, treibe Sport. Ich lebe sehr aktiv. Jetzt sagt bloß nicht, ich soll nicht hart gegen mich sein. Ich tu doch genau das Richtige.«

Damit erweitert sie die Forderung, attraktiv zu sein; für sie gehört dazu, fit zu bleiben und sich um sich zu kümmern. Wenn sie hört ›Tue dir etwas Gutes‹, versteht sie ›Pflege deinen Körper‹. Sie wird stets enttäuscht, weil sie glaubt, wenn sie das nur gut genug tut, würde sich alles andere von selbst einrenken.

Der Wunsch gut auszusehen kann ein erfreulicher Ausdruck unseres Selbstwertgefühls sein. Er wird aber dann zum Problem, wenn das Aussehen zum Maßstab unseres Wertes als Mensch wird. Viele Frauen, die wirklich attraktiv sind, spüren, daß sie *nur* aufgrund ihrer physischen Attraktivität bewertet werden, und viele attraktive Frauen spüren nicht einmal, daß sie attraktiv *sind.* Häufig setzen Frauen, die viel leisten, den Wert ihrer Talente herab, weil sie sich nicht attraktiv fühlen und Aussehen ihr eigentlicher Erfolgsmaßstab ist.

Die Attraktivitätsregel kann für uns die Wohnung, die Kinder, den Ehemann, das Auto einschließen. Wenn dies alles nicht so nett, ordentlich und angepaßt ist, wie es den Standards entspricht, dann glauben wir, als Frauen versagt zu haben.

Am problematischsten an dieser ersten Weiblichkeitsregel ist, daß es häufig gar nicht in der Macht der Frauen liegt, die Maßstäbe zu erfüllen, die ihnen andere gesetzt haben, sie mögen sich noch so sehr anstrengen. Bestimmte Aspekte des physischen Ich sind einfach nicht beherrschbar. Die Botschaft, eine Frau sei so gut wie sie aussieht, kränkt und suggeriert uns, etwas an uns selbst sei falsch.

Die Forderung ›Sei attraktiv‹ ist besonders dann am Werk, wenn Sie

– ungern in den Spiegel schauen.
– es nicht glauben, wenn Ihnen andere sagen, Sie sähen gut aus.
– vor einem beruflichen Termin mehr Zeit auf die Frage verwenden, was Sie anziehen als auf die anstehende Aufgabe.
– von Ihren Mitmenschen Bemerkungen oder Klagen über die Zeit oder das Geld hören, das Sie für Kosmetik, Kleider, Diätbücher und Fitness aufwenden.
– das Gefühl haben, das Erscheinungsbild von anderen Menschen oder von Dingen (Ehemann, Geliebter, Kinder, Wohnung) werfe ein Licht auf Sie selbst.
– in Anwesenheit einer Frau, die attraktiv ist und das auch weiß, Neid und Unbehagen spüren.
– Ihrem Körper schaden, nur zu dem Zweck, besser auszusehen.
– glauben, bestimmte Ziele nicht erreichen zu können, weil Sie »nicht danach aussehen«.
– glauben, nicht liebens- und begehrenswert zu sein, weil Sie nicht attraktiv genug seien.

Sei eine Dame

Eine Frau verliert nie die Selbstbeherrschung

Eine fünfundzwanzigjährige Frau, die wegen ihres überaus nachgiebigen Verhaltens in die Therapie kam, brachte eine Beurteilung über sich aus ihrer Kindergartenzeit mit.

Ihre Mutter hatte sie stolz als Beweis dafür aufbewahrt, was für ein »braves« Kind sie gewesen war.

> Mary kann den ganzen Tag allein in der Puppenecke spielen. Sie zeigt dabei ganz erwachsenes Verhalten – sie spielt ganze Tage mit ihrer Puppenfamilie und ahmt eine Mutter genau nach ... Mary scheint emotional sehr reif und schreit selten, wenn ihr etwas nicht paßt. Sie ist immer freundlich und ungewöhnlich hilfsbereit gegenüber den anderen Kindern ... Sie arbeitet fleißig weiter, lange nachdem ihre Altersgenossen aufgehört haben – eine kleine Perfektionistin. Mary ist sehr unabhängig, zieht sich selbst an und aus und hilft denen, die es noch nicht können. Sie umweht schon ein Hauch von Mütterlichkeit. Wenn ihr etwas nicht paßt, zieht sie sich eher aus der Situation zurück, als sich durchzusetzen.

Wahrscheinlich haben viele Frauen den Satz »Eine kleine Dame tut so etwas nicht« von ihren Müttern öfter gehört, als ihnen lieb war, und diese noch öfter von ihren Müttern. Man kann ihn als eine Erweiterung der Forderung ›Sei attraktiv‹ betrachten, denn er umschreibt nur eine andere Art und Weise, der Welt eine ganz bestimmte Fassade zu zeigen.

Was diese Regel umreißt, gründet in einem ziemlich rigiden Verhaltenscodex, der nur geringfügig nach ethnischen oder kulturellen Werten variiert. Als »Dame« hat man bestimmten Anstandsregeln zu gehorchen. Diese Regeln setzen immer *unbedingte Selbstbeherrschung* voraus.

Wir neigen dazu, unseren Müttern vorzuwerfen, daß und wie sie uns zu Damen erzogen haben. Die Regeln beginnen unmerklich schon im Kindesalter zu wirken. Kleine Mädchen klettern nicht auf Bäume. Beim Sitzen spreizen sie nie die Beine.

In der Pubertät und im frühen Erwachsenenalter jedoch werden diese Regeln konsequenter durchgesetzt und gefährden damit die sich entwickelnde weibliche Persönlichkeit stärker. Wir fangen an, uns selbst in ein Schema der Unterwerfung zu pressen, um nur ja niemandem Ungelegenheiten zu bereiten.

Eine Dame kontrolliert ihre Spontanität. Das heißt, sie wird nicht wütend. Sie konkurriert nicht, wird nicht laut oder aggressiv. Sie streitet nie. Sie provoziert nicht und zeigt keine starken Gefühle. Eine Dame sieht begehrenswert aus, erlaubt sich selbst aber kein sexuelles Begehren. Sie ist ruhig, freundlich, geduldig. Sie gibt anderen Bestätigung und stellt sich selbst stillschweigend zurück. Sie beherrscht nur sich selbst, strebt jedoch nie nach Macht über andere.
Seit den Zeiten der Frauenbewegung verwenden wir kaum noch einen Gedanken darauf, daß diese geistige Zwangsjacke unterschwellig immer noch in Kraft ist. Spätestens bei Überschreiten einer bestimmten Grenze wird es aber ganz deutlich. Welche Reaktionen löst eine Frau aus, wenn sie sehr wütend ist? Wahrscheinlich sagt man ihr, sie solle sich »abregen« und nicht so »hysterisch« sein. Haben Sie das schon mal bei einem Mann erlebt?

Iß nicht, trink nicht, sei nicht ausgelassen

Am wirksamsten sind die Regeln der Selbstbeherrschung, wenn es um Essen, Alkohol, Sexualität und starke Gefühle geht. Eine Frau, die sich in einem dieser Bereiche »zuviel herausnimmt«, gilt mit Sicherheit als irgendwie »anrüchig«.
In Vorträgen verweisen wir in diesem Zusammenhang manchmal auf den griechischen Bacchantinnen-Mythos; die Bacchantinnen waren die Priesterinnen des Dionysos, des Gottes des Weines, lebten in den Wäldern und veranstalteten Trink- und Eßgelage. Dem Mythos zufolge schwärmten sie im Zustand der Trunkenheit rasend vor Lust und Gewalttätigkeit durch die Wälder. Sie paarten sich dann mit Pan, töteten Tiere und verschlangen sie roh. Ihr schwerstes Verbrechen bestand darin, daß sie ihre eigenen Ehemänner umbrachten, als diese im Tempel dem Gott der Unterwelt opferten.
Dieser Mythos spiegelt die Urangst vor der ekstatischen, d. h.

der unbeherrschten und unbeherrschbaren Frau wider: Die Bacchantinnen kontrollierten weder ihren Appetit, noch ihre Sexualität, noch ihre Gefühle. Obwohl Eß-, Drogen-, Sex- und Gewaltexzesse wohl eher für männliches Verhalten typisch sind, schlägt sich in dem Mythos nieder, wie sehr unsere westliche Kultur Frauen fürchtet, die Anzeichen ähnlicher Impulse zeigen.

Wie schon erwähnt, erinnert uns in unserer Kultur der Schlankheitswahn stets lebhaft daran, daß wir unseren Appetit zügeln müssen. Und dies ist eine Metapher für die Einschränkung aller Gelüste, eine Metapher für die Beschneidung jedes Wunsches, etwas für uns allein zu besitzen.

Viel Alkohol zu vertragen galt lange als ein Zeichen von Männlichkeit. Die Einstellung der Gesellschaft zu trinkenden Frauen jedoch ist in hohem Grade verurteilend und bestrafend. Dieselbe Doppelmoral gilt für die Sexualität. Beim Mann wird Promiskuität akzeptiert; bei einer Frau gilt aktives Sexualverhalten als egoistisch und suspekt.

Auch historisch wurde bei Frauen Alkoholkonsum mit Sexualität verbunden.[1] In der frühen Römerzeit war nachweislicher Alkoholgenuß ein mutmaßliches Anzeichen von Ehebruch. Eine Frau konnte zum Tode verurteilt werden, wenn ihr Ehemann oder ein anderes männliches Familienmitglied glaubte, Alkohol in ihrem Atem zu riechen. Der Hemmungsabbau durch Wein wurde unterschwellig mit dem Verlust der (sexuellen) Selbstbeherrschung gleichgesetzt.

Werde nicht wütend

Die eigentliche Furcht, die dem Mythos von diesen wilden Frauen zugrundelag, war jedoch vielleicht die Angst vor der Wut und der Stärke unkontrollierter weiblicher Emotionen überhaupt. Das schlägt sich auch in den wohlbekannten Sprüchen nieder, die eine Frau zu hören bekommt, die ihre Wut

offen zeigt. »Keif nicht so!« oder »Nimm dich doch zusammen!« Mit anderen Worten: Eine Dame kann sich nicht einmal angemessen verteidigen, ohne sich schlecht zu fühlen oder schlecht behandelt zu werden.
Insbesondere am Arbeitsplatz darf eine Frau keine Gefühle zeigen. Gefühle sind hier nicht »am Platz«, und außerdem könnte die Arbeit leiden. Arbeit und (weibliche) Gefühle passen nicht zusammen, wie eine Klientin betonte: »Im Geschäft werde ich nie emotional. Man hielte mich für zu feminin.«

Damen haben keine Bedürfnisse

Zu schlechter Letzt: Eine Dame hat keine Bedürfnisse. Sie erwartet und verlangt nie Unterstützung, Aufmerksamkeit, Zuwendung für sich. Solche Gefühle lösen bei anderen Unbehagen aus. Wenn eine Frau andere emotional übermäßig beansprucht, besteht gleich die Gefahr, daß sie für diese anderen nicht mehr richtig funktioniert. Die Regel der Anspruchslosigkeit steuert sehr oft unsere Beziehungen, ohne daß wir dessen gewahr werden. Wir sind so tief verstrickt in den Codex der weiblichen Pflichten, daß wir unsere eigenen Gefühle möglichst unterdrücken und uns dann auch noch darüber ärgern, wenn wir sie trotzdem haben.
In unserer Therapiegruppe setzen wir manchmal das Rollenspiel ein, um problematische Situationen und Interaktionen bewußt zu machen. Das folgende Rollenspiel zwischen Jane und Pat dreht sich um den Vorwurf von Janes Ehemann, Jane stelle zu viele Ansprüche an ihn. Folgender Dialog entspinnt sich ohne jede Anweisung:

JANE: Ich finde es schrecklich und deprimierend, daß wir heute wieder keine Zeit miteinander verbracht haben. Ich will doch mit dir zusammensein.

PAT (EHEMANN): Was soll daran deprimierend sein? Ich bin doch da.

JANE: Ich weiß.

PAT: Du bist wie deine Mutter, einfach hysterisch. Immer so deprimiert, so unglücklich, Himmel noch mal.

JANE: Ich brauche dich, und ich fühle mich so durcheinander. Ich hab keinen Boden mehr unter den Füßen. Ich kann nicht schlafen und würde am liebsten mit dir davonlaufen.

PAT: Du weißt, daß ich nicht weg kann. Ich hab zuviel Arbeit im Büro, ich kann nicht weg – du weißt das.

JANE: Ich weiß, ich verstehe. Aber ich kann nichts gegen diese Gefühle machen. Mein Leben dreht sich um dich. Du bist das Wichtigste für mich. Meine Arbeit nimmt zuviel Zeit weg, und sie spielt einfach keine Rolle ... Nur das hier ist wichtig.

PAT: Aber ich verbringe doch Zeit mit dir. Wir leben zusammen. Ich weiß nicht, was du von mir willst ... ich bin doch da, verdammt noch mal ... du sagst immer, du brauchst mich, aber ich bin doch da ... was willst du eigentlich?

JANE: Ich versteh auch nicht, warum ich mich so fühle. Es ist so komisch. Ich weiß, daß du da bist. *(Jane beginnt zu weinen.)*

PAT: O Gott, geht das schon wieder los.

JANE: Ich weiß nicht, warum ich mich so fühle. Ich weiß nicht, was mit mir los ist. Ich bin einfach verrückt.

PAT: Hör doch damit auf. Ich kann einfach nicht mit dir reden, wenn du so bist. Reg dich ab, rede keinen Unsinn!

JANE: Ich weiß, ich muß mehr tun, mehr unternehmen. Ich brauche mehr Kontakte, ich muß Freunde anrufen ...

Nach weiteren fünf Minuten, in denen Pat (Ehemann) ständig versucht, Jane ihre Gefühle auszureden, stößt Jane ihren letzten Satz hervor:

JANE: Geh zum Teufel!

Die Gruppe applaudiert, nicht nur weil Jane endlich wütend geworden ist, sondern auch weil Pat haargenau die Sätze zitierte, die alle nur zu gut kennen.

Das Idealbild der Dame ist also noch quicklebendig, ob wir

uns dessen bewußt sind oder nicht. Die Forderung ›Sei eine Dame‹ ist am Werk, wenn Sie:

- sich unbehaglich fühlen, wenn Sie wütend werden, statt dessen weinen oder sich zurückziehen.
- andere Menschen vor Ihren wahren Gefühlen schützen wollen.
- sich nicht gestatten, sich einmal richtig auszuheulen. Falls doch, dann tun Sie es allein.
- sich manchmal beim Sex nicht gehenlassen können. Sie achten sehr darauf, was Sie anziehen, weil Sie nicht verführerisch wirken wollen. Wenn Sie jemanden wirklich begehren, fühlen Sie sich schlecht.
- sinnliches Vergnügen, wie Massagen, ein heißes Bad, Zeit für sich, vielleicht mit einem »verbotenen« Film oder Ihrem Lieblingsessen, kaum genießen können.
- sich körperlich eingeschränkt fühlen. Manchmal können Sie Tanzen, Sport und Spiel und andere Aktivitäten, bei denen Sie sich körperlich ausdrücken müssen, nicht genießen.
- davor zurückschrecken, in der Arbeit oder im Sport mit anderen zu konkurrieren.
- kneifen, wenn Sie herausgefordert werden. Sie vermeiden Streit, und wenn das nicht geht, verlieren Sie voll Anmut.
- unter keinen Umständen laut werden, schreien, toben oder gelegentlich einen Teller zerdeppern.
- Schwierigkeiten haben, Autoritätsfiguren zu fordern oder in Frage zu stellen, insbesondere Ärzte, Therapeuten oder andere Personen mit Expertenstatus für *Ihre* psychische und physische Gesundheit.
- glauben, das Schlimmste für Sie wäre es, im Beisein von anderen die Selbstbeherrschung zu verlieren.

Sei selbstlos und immer für andere da

Eine Frau ist zum Geben geboren

›Sei selbstlos und für andere da‹ ist die nachhaltigste Lektion, die Frauen lernen. Die meisten von uns stellen die unausgesprochene Annahme, sie hätten gar nicht das Recht, etwas für sich selbst zu verlangen, nicht einmal in Frage. Wir lernen, daß das Glück anderer wichtiger ist, daß die Bedürfnisse anderer vorgehen, daß unsere wichtigste Rolle im Leben darin besteht, sich für andere aufzuopfern. Das kulturelle Vorbild der Frauenrolle und -identität ist die Mutter. Unser ganzes Selbstwertgefühl baut darauf auf, einen abhängigen, pflegebedürftigen Menschen selbstlos und hingebungsvoll zu umsorgen. Die geschichtlichen Beispiele sind in dieser Hinsicht schlagend – sie reichen von Florence Nightingale bis Mutter Teresa.

Selbstlos und für andere da zu sein stellt den Kern der weiblichen Pflichten dar. In unserer komplexen, freieren, modernen Welt gilt das nicht weniger. Die Symptome sind nur subtiler.

Eine Frau erwartet nicht, für ihre Arbeit gut bezahlt zu werden. Wenn sie schließlich doch mehr Geld verlangt, dann mit einer Entschuldigung. Sie macht sich Sorgen, ob sie »fair« ist. Sie strebt nicht offen nach Macht. Wenn sie es doch tut, hat sie Schuld- oder Reuegefühle, weil sie jemand anderen ins Hintertreffen gebracht hat. Sie versucht selten, Situationen zu ihren Gunsten zu gestalten. Sie wäre entsetzt, hielte sie jemand für skrupellos. Sie wird wütend für andere, aber nie für sich selbst, und sie arbeitet härter in deren Interesse als in ihrem eigenen. Wenn sich eine Frau ihre Zeit einteilt, verwendet sie den Großteil davon für andere. Sie kann sich einfach nicht vorstellen, nach Reichtum und Unabhängigkeit zu streben, kurz, ein selbstbestimmtes Leben nach ihren Wünschen und Interessen zu führen. Wenn sie zufällig einen Partner hat, der all das erreicht hat und sie daran teilhaben läßt, dann ist das akzeptabel. Aber das eigene Leben selbst in die Hand zu nehmen, fällt ihr sehr schwer, weil es ihr vorkommt, als sei es das Eigentum von jemand anderem, von jemandem, für den sie freundlich, selbstlos und verfügbar ist.

Eine unserer Klientinnen litt an schwerem Asthma. Sie beschreibt, wie sie das zu Beginn ihrer Ehe behinderte und was sie dabei empfand: »Ich hatte immer das Gefühl, kein Recht zu haben, krank zu sein, deswegen mutete ich mir mehr zu, als ich konnte, und die Krankheit wurde immer schlimmer. Ich konnte einfach nicht anders, weil ich glaubte, sonst meine Pflichten als Frau und Mutter nicht zu erfüllen. Es war furchtbar für mich, daß ich nicht auch noch berufstätig sein konnte.«

Die Psychoanalytikerin Karen Horney nannte ein derartiges Verhalten »Selbstaufgabe«[2]. Es stellt eine der wichtigsten neurotischen Tendenzen dar, die sie analysiert hat. »Selbstauslöschung« ähnelt in gewisser Weise dem »Masochismus«, der Frauen häufig zugeschrieben wird. Hinter diesen Bezeichnungen steckt die Meinung, daß Frauen ein pathologisches Bedürfnis hätten, sich selbst zu verletzen oder sich selbst zu schaden. Die meisten Frauen verhalten sich jedoch freiwillig weder masochistisch noch selbstauslöschend – sie sind nur selbstlos, wie sie es gelernt haben. Horney hat uns nur ganz richtig darüber aufgeklärt, daß wir immer dann in innere Konflikte geraten, wenn wir etwas nicht tun *wollen*, von dem wir glauben, wir *müßten* es tun, um Wertschätzung zu erhalten. Die Forderung ›Sei selbstlos‹ ist mächtig, doch sie bedroht zugleich das psychische Überleben einer Frau. Es wäre ungewöhnlich, wenn sie bei dem Versuch ihrer Erfüllung *keine* tiefgreifenden Konflikte erleben würde. Viele Frauen wehren sich gegen diese Regel, doch viele andere geben ihr einfach nach.

Nicht nur die Symptome des Pflichtbewußtseins sind heutzutage subtiler, sondern auch seine Auswirkungen. Vor kurzem nahm eine der Autorinnen an einem Lyrik-Kurs teil. Unter den Teilnehmern waren auch Frauen, jedoch in der Minderzahl. Bei der Vorstellungsrunde nannten männliche und weibliche Teilnehmer völlig unterschiedliche Motivationen. Die Frauen sagten durch die Bank: »Ich weiß nicht, ob ich eigentlich Talent dafür habe. Ich dachte, wenn ich einen Kurs belege, nehme ich das Schreiben vielleicht ernster. Ich muß mehr lernen.« Bei den Männern dagegen war der Grundtenor: »Ich brauche ein größeres Publikum für meine Arbeit.«

Spricht dies für einen grundlegenden Unterschied zwischen weiblicher und männlicher Psyche? Oder sind Frauen vielmehr darauf konditioniert worden, sich anderen so anzupassen, daß es ihnen tiefes Unbehagen bereitet, wenn sie in irgendeiner Weise selbst im Mittelpunkt stehen? In diesem Fall ist es für die Männer selbstverständlich, daß die Früchte ihres kreativen Schaffens Wertschätzung und Aufmerksamkeit verdienen. Die Frauen dagegen zweifeln, ob sie überhaupt schöpferisch tätig werden dürfen und ob man das *ernst nehmen* kann. Sie fühlen sich unsicher und zweifeln an ihren Fähigkeiten. Sie scheinen sich davor zu fürchten, ihre Persönlichkeit auszudrücken.

Die Forderung der Selbstlosigkeit hat eine schwerwiegende Folge: die Unterdrückung der schöpferischen Fähigkeiten der Frauen. Eine befreundete Komponistin drückt es so aus: »Künstler sein und Frau sein schließt sich per definitionem aus. Der Kern schöpferischer Arbeit besteht darin, seine geistige Kraft fließen zu lassen und alles, was erscheint, festzuhalten, bevor es wieder verschwindet. Wenn man seine Aufmerksamkeit immer anderen zuwendet, ist das unmöglich. Dann macht man keine ›Karriere‹. In der Kunst muß man auf sich aufmerksam machen, sich vermarkten, zumindest in diesem Lande, und Frauen tun so etwas nicht.«

Die Selbstlosigkeitsregel wirkt jedoch nicht nur im großen, sondern sie hindert auch viele Frauen daran, sich kleine, scheinbar unbedeutende Wünsche zu erfüllen, wie das Beispiel von Sue zeigt. In Sues Lebensgeschichte folgten Inzest, Alkoholabhängigkeit und Mißhandlung durch den Ehemann aufeinander. Sie konnte sich aus dieser Ehe lösen und ging eine neue Beziehung ein. Dieser Partner zwang sie, über ihre emotionalen Bedürfnisse nachzudenken.

»Ich bin immer so deprimiert. Wahrscheinlich wegen meiner Kindheit. Ich *wünsche* mir immer, andere Leute würden sich um mich kümmern oder so, aber ich würde nie darum bitten. Als ich Joe doch bat, mit mir zu einem Vortrag über Inzest zu gehen, und er sagte nein, wurde ich wütend. Es war mir so schwergefallen zu bitten. Jetzt bin ich einfach deprimiert.«

Die Gruppe schlug Sue vor, etwas Positives für sich zu tun. Weil sie Blumen liebte, sollte sie sich auf dem Nachhauseweg so viele kaufen, wie sie sich leisten konnte. Durch diese Aufgabe hätte sie lernen können, sich selbst etwas Aufmerksamkeit zu schenken.

Sie brachte es nicht fertig, wie sie in der nächsten Woche berichtete.

»Es schien mir einfach nicht gerechtfertigt. Nicht, daß ich das Geld nicht hätte. Es kam mir nur so leichtsinnig vor, so *bloß für mich* ... Ich habe mir eine kleine Pflanze gekauft, weil die wenigstens nicht verwelkt. Ich glaube, ich lebe mit einer Regel im Kopf, daß es irgendwie egoistisch ist, überhaupt etwas für mich allein zu tun.«

Die Gruppe ließ sich damit nicht abspeisen und bearbeitete das Problem fast während der gesamten Sitzung. In der folgenden Woche kaufte sich Sue Blumen. In solchen kleinen Schritten muß »Selbstsüchtigkeit«, das heißt, für sich selbst da sein, neu gelernt werden.

Die Forderung ›Sei selbstlos und für andere da‹ ist am Werk, wenn Sie:

- Neid und Unbehagen empfinden, wenn eine andere Frau Geld, Freiheit, Aufmerksamkeit, Anerkennung und Macht für sich beansprucht oder entsprechend handelt.

- sich ärgern, daß andere Ihre Bedürfnisse oder Wünsche offenbar nicht wahrnehmen, weil Sie nicht in der Lage sind, sie ihnen gegenüber offen auszudrücken.
- das, was Sie gerade tun, stehen und liegen lassen, wenn jemand etwas will oder braucht.
- nicht nein sagen können.
- Ihre Unsicherheit in Gesellschaft überspielen, indem Sie den Gastgebern beim Servieren oder Aufräumen helfen.
- Sie Entscheidungen über Ihre berufliche Laufbahn in innere Konflikte stürzen, weil Sie glauben, Sie müßten eine »nützliche« Arbeit tun, aber lieber eine angenehmere oder lukrativere Stelle hätten.
- Schuldgefühle bekommen, wenn Sie etwas für sich selbst kaufen, und dann »zum Ausgleich« mehr arbeiten. Oder wenn Sie nichts für sich kaufen können, ohne zugleich jemand anderem auch etwas mitzubringen.
- *nur* dann Selbstwertgefühl haben, wenn Sie etwas für andere Menschen tun, die Sie brauchen.
- sich ärgern, wenn andere Zeit oder Geld für eigene Bedürfnisse aufwenden, weil Sie sich selbst so etwas nicht zugestehen können.
- jeden Impuls zu schöpferischer Tätigkeit in sich ersticken, weil Sie glauben, Sie hätten nicht genug Talent, daß es den Zeitaufwand lohnte.

Die ersten drei Forderungen des Codex – Sei attraktiv, Sei eine Dame und Sei selbstlos und für andere da – bestimmen die Eigenschaften der »idealen« Frau. Denken Sie einen Augenblick darüber nach, inwieweit Sie diesen Maßstäben entsprechen. Stellen Sie Ihre Attraktivität in Frage? Haben Sie Schuldgefühle, weil sie anderen nicht (noch) mehr geben? Werfen Sie sich täglich Ihre Wut, Nervosität, Sexualität, Traurigkeit, Fröhlichkeit, Verkrampfung oder Ihren Egoismus vor?

In jeder Forderung steckt auch etwas Positives. Wir fühlen uns wohl, wenn wir mit unserem Aussehen zufrieden sind.

Zu bestimmten Zeiten ist Selbstbeherrschung durchaus positiv. Hilfsbereitschaft und Großzügigkeit kann befriedigend sein und sogar unser Immunsystem stärken. Nur eine entscheidende Frage müssen wir uns stellen: *Warum* ist uns derartiges Verhalten wichtig – weil wir uns dafür entschieden haben oder weil wir uns davor fürchten, was unser Gewissen oder die Leute sagen, wenn wir nicht so handeln? Wenn es Ihnen jedesmal, wenn Sie diesen Ansprüchen nicht vollkommen genügen, schlecht geht, kann das ein Signal dafür sein, daß Sie dem Codex der weiblichen Pflichten in die Falle gegangen sind.

3
Der Codex und unser Leben

Die weibliche Pflichterfüllung

Die ersten drei Forderungen des Codex legen die »guten« Eigenschaften des weiblichen Charakters fest. Sie schreiben uns vor, aus welchen Motiven heraus wir handeln sollen, wie wir *sein* sollen. Die nächsten beiden Regeln beschreiben, was wir *tun* sollen. ›Leiste Beziehungsarbeit‹ ist eine Forderung, die sich auf die »Liebesmüh'« im wahrsten Sinn, die Liebesarbeit also bezieht. ›Sei kompetent‹ ist eine Forderung, die für den Umgang mit allem anderen gilt. Die beiden Regeln hängen miteinander zusammen. Eine Frau hat sich in erster Linie um Beziehungen zu kümmern; auch wenn sie berufstätig ist und sogar noch Karriere macht, bleibt die Beziehungsarbeit nach wie vor an ihr hängen. Mit anderen Worten, Kompetenz bedeutet für eine Frau, mit Karriere und Familie so zu jonglieren, daß es keine Spuren in ihrem Erscheinungsbild hinterläßt; sie soll ruhig und gelassen bleiben und sich vollkommen in der Gewalt haben. Nach diesen beiden Forderungen müssen Frauen lernen, Superfrauen zu sein, ohne zu klagen.

Leiste Beziehungsarbeit

Eine Frau ist von Kopf bis Fuß auf Liebe eingestellt

Die Forderung ›Leiste Beziehungsarbeit‹ bestimmt den Stellenwert, den die Liebe in unserem Leben hat; sie definiert Liebe als die Arbeit, sich um andere zu kümmern. Für eine

Frau bedeutet das Wort »Beziehung« in Wirklichkeit »Ich gebe dir«. Eine Klientin beschrieb das so: »In unserer Familie galt eine Frau als ›egoistisch‹, wenn sie auch nur in Erwägung zog, alleine zu leben. Sie hatte für die anderen da zu sein. Ich bekam förmlich Angst vor dem Wunsch, alleine zu sein.«

Historisch gesehen fiel den Frauen immer die Rolle derjenigen zu, die den Familienverband zusammenhielten. Sie hatten nicht nur die Kinder aufzuziehen und zu versorgen, sondern waren auch zuständig für Heim und Herd, das heißt, sie sollten für ihre männlichen Versorger einen sicheren Hafen in der rauhen Welt schaffen. Frauen sollten einerseits stark sein, weil sie verantwortlich waren für die emotionalen und physischen Bedürfnisse ihrer Familie, andererseits aber auch abhängig bleiben, das heißt ohne eigene wirtschaftliche Mittel. Mit anderen Worten, traditionell trugen die Frauen einen Großteil der Verantwortung, verfügten aber nicht über wirkliche Macht.

Notgedrungen wurden die Frauen zu Beziehungsexpertinnen. Sie entwickelten Fähigkeiten wie Sensibilität, Einfühlungsvermögen, Großherzigkeit, Fürsorglichkeit und Zentrierung auf die emotionalen und physischen Bedürfnisse anderer. »Allen wohl und niemand wehe« ist offenbar tief in unsere Psyche eingemeißelt. Diese Fähigkeiten stellen wir allen außer uns selbst zur Verfügung; auch fällt es uns nur selten ein, unser persönliches Wachstum zu fördern.[1]

Es scheint wie eine Ironie des Schicksals, daß uns diese Fähigkeit, auf die Gefühle anderer einzugehen, auch verletzlich und hilflos gegen Aggression macht. Zudem wirkt sich die Sensibilität für andere häufig zu unserem eigenen Nachteil aus, weil wir im Zweifelsfall dazu tendieren, eher fremde Gefühle und Interessen wahrzunehmen als unsere eigenen.

Beziehungen werden teilweise durch Rituale aufrechterhalten, und zum größten Teil ist es immer noch Frauensache, die entsprechenden Gepflogenheiten zu beachten. Wir besuchen die Kranken, kaufen Geschenke für Geburtstage und ähnliches, organisieren Feste, schreiben Karten und Dankbriefe. Kurz, wir erledigen die unzähligen, kleinen Aufgaben zur Pflege der sozialen Beziehungen – auch der zwischen unseren Männern und *deren* Familien. Oftmals übernehmen wir nicht nur die Pflege oder Unterbringung unserer eigenen, alten Eltern, sondern auch die unserer Schwiegereltern. All das ist heute vielleicht nicht mehr in dem Maße der Fall wie früher, aber zu unserer Arbeit gehört es immer noch.

Wir pflegen viele verschiedene Arten von Beziehungen und sind auch davon überzeugt, daß das hauptsächlich in unseren Verantwortungsbereich fällt. Wenn Kinder kommen, wächst diese Verantwortung gewöhnlich noch. Meist geht die Mutter zum Elternabend, auch wenn sie beruflich genauso eingespannt ist wie der Vater. Wenn das Kind unglücklich ist oder Probleme hat, fühlt sie sich schuldig. Immer noch gehen meist die Frauen mit zur Therapie, wenn ihre Kinder Probleme haben. Und die Therapeuten bestätigen oft noch die Meinung, die Frauen seien für diese Probleme und auch ihre Veränderung verantwortlich.

Die Last der Verantwortung für Beziehungen verdoppelt sich zu bestimmten Zeiten im Leben. Viele Frauen müssen zur gleichen Zeit für ihre alternden Eltern sorgen, in der sie heranwachsende Kinder haben. Wir werden in Kapitel 12 näher auf die Schwierigkeiten eingehen, die sich insbesondere für die berufstätige Frau daraus ergeben.

Wenn eine Frau geschieden ist, Kinder hat und einen Mann mit Kindern heiratet, übernimmt sie die Verantwortung nicht nur für ihre, sondern auch für seine Kinder. Sie muß aus der neuen Familie, die sie »erbt«, eine Einheit machen. Wir sitzen in unserem Leben oft »zwischen allen Stühlen« und versuchen, zwischen zwei anderen Menschen, die nicht miteinander zurechtkommen, zu vermitteln.

Was hab' ich falsch gemacht?

Am heimtückischsten an der Forderung ›Leiste Beziehungsarbeit‹ ist, daß sie Frauen suggeriert, sie seien nicht »normal«, wenn eine Beziehung nicht funktioniert. Wir müssen also nicht nur Beziehungen herstellen, sondern häufig auch noch dafür sorgen, daß diese Beziehungen den Normen einer »normalen« Beziehung entsprechen.

Wenn wir uns für eine »alternative« Lebensweise entscheiden – unsere Kinder allein erziehen, eine intime Beziehung zu einer anderen Frau unterhalten, eine »Wochenendehe« führen oder mit einem Mann unverheiratet zusammenleben –, nagt in uns häufig das Gefühl, gegen überkommene Vorstellungen einer »richtigen« Beziehung zu verstoßen und damit von der Norm abzuweichen. Jeder Versuch, neue Maßstäbe für eine Beziehung zu schaffen, die *für uns* »richtig« ist, bringt uns in Konflikt mit unserem Pflichtbewußtsein, so sehr wir auch dagegen ankämpfen mögen.

So berichtet eine lesbische Klientin: »Meine Lebensweise macht mir keine Probleme, aber es trifft mich immer noch, wenn ich im Beisein meiner Kinder angepöbelt werde. Wenn ich jemanden kennenlerne, dem ich offenbar sympathisch bin, habe ich immer noch Angst, geschnitten zu werden, wenn ›es rauskommt‹. Das Problem steckt nicht in mir, sondern in meinen Beziehungen zu anderen Menschen, weil ich fürchte, daß sie mich verurteilen.«

Unsere Neigung, uns für eine Beziehung verantwortlich zu fühlen, nimmt noch zu, wenn diese Beziehung scheitert. Meist sind wir es, die bei Partnerschaftsproblemen Hilfe suchen, weil wir die Ursache in uns vermuten. Wir halten noch lange an kaputten Beziehungen fest, nicht nur aus wirtschaftlichen Gründen oder wegen der Kinder, sondern weil wir glauben, wenn wir es nur allen recht machen könnten, würde die Beziehung funktionieren. Eine Niederlage einzugestehen, käme einem vernichtenden Urteil gleich.

Die Botschaft, wir seien quasi von Natur aus Beziehungsarbeiter, sorgt bei vielen Frauen, die lieber ihre eigene Karriere oder andere Interessen verfolgen, für Schuldgefühle, wenn ihre Beziehungen nicht einwandfrei funktionieren. Traurige Realität für die meisten dieser Frauen ist, daß sie, egal wieviel Erfolg und Anerkennung sie bei der »sonstigen Arbeit« auch erleben, sich insgeheim minderwertig fühlen, wenn sie alleinerziehende Mütter sind, wenn sie, auch nur zeitweise, allein leben, wenn sie geschieden werden, wenn ihre Kinder oder Stiefkinder Probleme haben, wenn ihre Mutter scheinbar enttäuscht von ihnen ist, wenn ihre Kollegen sie zwar respektieren, aber nicht mögen, wenn ihr Sexualleben nicht großartig ist und so weiter und so weiter. Unser Selbstwertgefühl hängt entscheidend davon ab, wie gut uns die Beziehungsarbeit gelingt.

Wir erwarten in unseren Beziehungen schlichtweg perfekt zu sein und hinterfragen selten unsere eigenen Voranmahmen.

Was wir dagegen nie erwarten, ist, daß andere wenigstens einen Teil der emotionalen Bürde übernehmen. Offenbar sind wir zutiefst überzeugt, selbst nicht geliebt zu werden, wenn uns die »Liebesmüh'« nicht gelingt. Wir fragen uns immer nur: »Was habe ich falsch gemacht?«

Die Forderung ›Leiste Beziehungsarbeit‹ ist am Werk, wenn Sie:

- wissen, daß eine Beziehung problematisch ist, und prinzipiell glauben, Sie seien daran schuld.
- sich schuldig fühlen, wenn Ihr Kind Probleme hat oder nicht die Leistungen erbringt, die Sie erwarten.
- das Gefühl haben, allein Sie müßten darauf dringen, daß Probleme geklärt werden.
- das Gefühl haben, Sie könnten eine Beziehung nicht aufgeben, obwohl sie unbefriedigend ist.
- sich wegen Konflikten oder negativen Interaktionen schuldig oder minderwertig fühlen.

- von anderen nicht erwarten, genausoviel zur Lösung eines Problems beizutragen wie Sie selbst.
- sich in Beziehungen mehr als die anderen engagieren.
- mehr geben als Sie bekommen.

Sei kompetent und klage nicht

Eine Frau schafft alles und wirkt nie überfordert

Viele Frauen klagen nicht nur über ihre Frustration in der Beziehungsarbeit. Sie bekommen auch zu spüren, daß ihre Doppelrolle als berufstätige Ehefrau auf eine Doppelbelastung hinausläuft. Die Generation unserer Mütter stand unter dem paradoxen Druck, sich um den gesamten Haushalt und die Familie kümmern zu müssen und dabei, zumindest wirtschaftlich, abhängig zu sein; die heutigen Frauen wissen, daß Kompetenz bedeutet, finanziell selbständig zu sein *und* Familie und Haushalt zu versorgen. Soziologischen Untersuchungen zufolge erledigen heute immer noch die Frauen den Großteil der Hausarbeit, obwohl sie in viel größerem Umfang erwerbstätig sind. Und davon abgesehen sind meist sie diejenigen, die die Hausarbeit *planen*.

Die moderne Frau mit finanziellem und beruflichem Erfolg hat niemanden, der ihre emotionale und physische Umwelt gestaltet. Sie muß selbst dafür sorgen, und meistens tut sie es dann für die übrige Familie mit. Sie muß sich ihre Nische in den Anforderungen der Arbeitswelt selbst schaffen – nur gibt es für sie eigentlich keine Nische, weil ihr Zuhause auch eine Arbeitswelt ist. Auch eine Haushaltshilfe ist nur eine teilweise Entlastung, weil sie jederzeit kündigen kann. Außerdem hat sie einen genau umrissenen Job und ist nicht für einen Menschen als ganzen zuständig.

Kompetenz als Ideal

Die Forderung, kompetent zu sein, führt uns in vielfältige Schwierigkeiten. Sie setzt als Maßstab die »perfekte« Frau, ein Ideal, das die meisten von uns niemals hoffen zu erreichen und vielleicht auch gar nicht sollten. Die Analyse dieser Forderung macht nur zu deutlich, in welcher Zwangslage wir als Frauen uns befinden.

Woran messen berufstätige Frauen, ob sie kompetent sind? Die Antworten, die wir bei einem Seminar auf diese Frage bekamen, lassen sich so zusammenfassen: »Ich bin gut, wenn ich kompetent handele, wenn ich mich nicht überfordert zeige, wenn ich nicht übermäßig emotional handle. Ich bin, was ich tue, und ich bin gut, wenn das, was ich *tue,* gut ist.« Auf die Frage, auf welches Lob hin sich die Frauen gut *fühlten,* kam: »Sie sind kompetent, Sie leisten viel.«

Kompetenz ist zu einem neuen Gütekriterium für Frauen geworden. Die Antworten der Frauen des Seminars zeigen, daß diese Forderung zwei Aspekte hat: selbständig Leistung zu bringen und dabei *zusätzlich* weder überfordert noch verletzlich oder sonstwie emotional zu wirken. Der Streß der modernen Frauenrolle ergibt sich weniger daraus, mit den praktischen Problemen der erhöhten Arbeitsbelastung fertigzuwerden, sondern vielmehr daraus, sich unter der Belastung gut zu behaupten.

Kompetenz hat also nicht nur damit zu tun, wie gut eine Frau mit ihren Pflichten jonglieren kann, sondern sie muß es auch noch scheinbar locker, mühelos tun. Manche Frauen gestehen sich dabei noch nicht einmal das Recht zu, sich gelegentlich zu beklagen: »Eigentlich finde ich, Jammern ist erlaubt. Deshalb *zwinge* ich mich manchmal zu klagen ... Aber wenn wir in Gesellschaft sind, bin ich ruhig und halte Distanz, damit ich nicht zu jammern anfange.«

Frauen, die sich dafür entschieden haben, Karriere und Kinder *nicht* zu verbinden und mit den Kindern zu Hause zu bleiben, leiden trotzdem, wenn auch auf andere Weise, unter der Forderung ›Sei kompetent‹. Selbst wenn sie alle anderen Vorschriften des Codex erfüllen, fühlen sie sich nicht wohl. »Hausfrauen und Mütter werden nicht respektiert. Die sitzen doch bloß den ganzen Tag vor der Glotze! Wenn ich mein Kind aus dem Kindergarten hole, sieht man genau, welche Mütter berufstätig sind und welche nicht – die, die Turnschuhe und Jeans tragen. Beide reden kaum miteinander. Zu Hause ist man den ganzen Tag allein, weil alle anderen arbeiten. Und bei einer Party oder so fällt einem nicht im Traum ein, von sich aus zu erzählen, daß man Hausfrau ist, außer wenn man gefragt wird. Ich denke oft, ich sollte mir eine Arbeit suchen. Man zählt überhaupt nicht, wenn man nicht arbeiten geht.«

Für berufstätige Frauen gibt es inzwischen sogenannte Frauennetzwerke. Mit der emotionalen Belastung des Hausfrauen- und Mutterdaseins jedoch schlagen sich die betroffenen Frauen meist allein herum. Die Forderung ›Sei kompetent‹ verstärkt unsere Neigung, uns so zu verhalten, als käme unser eigenes Gefühlsleben immer erst an zweiter oder dritter Stelle. Eine Psychiaterin formuliert das so: »Das Leben von Frauen, die versuchen, dem herrschenden kulturellen Ich-Ideal gemäß zu leben, gleicht einem dauernden Jonglieren, noch dazu in Konkurrenz zu vielen Frauen, die es anscheinend besser schaffen, immer mehr Ereignisse, Gegenstände, Menschen und Laufbahnen in der Schwebe zu halten . . . Soll man übersehen, daß eine Frau, wenn sie diesen automatischen Identitätswechsel erfolgreich durchführt, nicht mehr weiß, was es heißt, ein menschliches Wesen zu sein und als solches zu fühlen?«[2]

Die Zweischneidigkeit von Kompetenz trifft auch unverheiratete Frauen ohne Kinder. Ein Mann geht zur Arbeit und erfüllt seine Aufgaben. Eine Frau geht zur Arbeit, und ihre Pflichten umfassen nicht nur die jeweilige, konkrete Aufgabe, sondern auch die Auseinandersetzung mit den Menschen an ihrem Arbeitsplatz auf der Beziehungsebene.

Außerdem ist ein Teil ihrer Berufstätigkeit, deren Auswirkungen auf die Beziehungen, die ihr wichtig sind, in diese zu integrieren.
Die Installateurin Nancy schildert die Zusammenarbeit mit ihrem männlichen Chef. »Immer bin ich diejenige, die fragt, ob er unsere Zusammenarbeit gut findet. Er tut dann so, als ob er mir bei den kniffligen Sachen etwas nachsieht, weil ich eine Frau bin. Aber daß ich verantwortlich bin für das, was sich gefühlsmäßig zwischen uns abspielt, ist nicht alles. Die Arbeit läuft dann auch *wirklich* besser. Abgesehen davon muß ich die Arbeit und alle möglichen privaten Interessen und Beziehungen unter einen Hut kriegen. Und die ersten Frauen in Männerberufen müssen nicht nur selber gut sein, sondern für alle Frauen, die nach uns kommen, mit.«
Frauen kämpfen schon lange für ihr Selbstbestimmungsrecht. Die Frauenbewegung hat uns Möglichkeiten eröffnet, die in der Generation unserer Mütter noch undenkbar waren. Weil jedoch immer noch der Codex der weiblichen Pflichten auf uns lastet, ist es oft schwierig für uns, diese Möglichkeiten auch konkret umzusetzen. Statt allmählich größere Machtbefugnisse und Selbstachtung zu erlangen, haben wir uns manchmal noch mehr Verantwortlichkeit aufgeladen – so viel, daß wir nicht einmal mehr unsere Erschöpfung spüren. Manche Frauen haben die Erfolgsmaßstäbe anderer so verinnerlicht, daß sie ihre Kompetenz, ihren Wert ständig beweisen müssen und vergessen haben, ihre Bedürfnisse und ihr Vergnügen zu berücksichtigen.
Wir vergessen, daß wir immer noch Alternativen haben. Häufig ist unsere Arbeit, unsere Kompetenz weniger eine Form der Selbstverwirklichung als vielmehr eine weitere Form der Unterwerfung unter äußerliche Normen. Zwar haben viele Frauen dabei Macht und Einfluß gewonnen, glücklicher sind sie aber deswegen nicht unbedingt.
Die Forderung ›Sei kompetent‹ ist am Werk, wenn Sie:

- zu Perfektionismus neigen und es als persönliches Versagen empfinden, wenn Ihnen nicht immer alles hundertprozentig gelingt.
- nie in Betracht ziehen, beruflichen »Erfolg«, wie er von andern definiert wird, *nicht* zu erstreben.
- sich wertlos oder minderwertig fühlen, wenn Sie etwas, das Sie für wichtig halten, nicht erreicht haben.
- der festen Überzeugung sind, Sie müßten alles ohne Hilfe zuwege bringen.
- es als »Hilfe« empfinden, wenn sich Ihr Partner irgendwie im Haushalt zu schaffen macht, statt prinzipiell einen angemessenen Teil der Hausarbeit zu erledigen.
- sich als hauptverantwortlich für die Kinder empfinden, auch wenn Sie genauso lange arbeiten wie Ihr Partner.
- Menschen gegenüber, die Ihren Arbeitsplan unterbrechen oder stören, kurz angebunden oder reizbar sind.
- sich selbst starre, hohe Maßstäbe setzen und diese ebenso rigide an andere anlegen.
- feststellen, daß Sie wenig Zeit für Freunde, Erholung oder sogar körperliche Bedürfnisse haben, weil Sie zuviel arbeiten.
- das Gefühl haben, keinen Anspruch auf Freizeit zu haben.
- das Gefühl haben, etwas, das Ihnen Spaß macht – eine Unterhaltung, Gartenarbeit, die Wohnung ausstatten, malen –, entspreche nicht einem bestimmten Gütemaßstab.
- es als Versagen empfinden, nein sagen zu müssen.

Widersprüche in dem Zwang, es allen recht zu machen

Das größte Problem an den fünf Forderungen ist, daß sie sich häufig widersprechen. Wenn eine »Dame« nicht konkurriert, wie soll sie dann erfolgreich sein, wo sich doch Erfolgsstreben nur unter Konkurrenzbedingungen realisieren läßt? Wenn eine Frau nie emotional sein soll, wie soll sie dann Beziehungsarbeit leisten? Gefühle sind ein Teil ihrer selbst und ein Teil dessen, was andere Menschen von ihr kennen müssen. Wenn eine Frau selbstlos ist, wie soll sie dann das Streben nach persönlichem Erfolg rechtfertigen? Wenn eine Dame stets nachgibt und sich nie durchsetzen will, wie soll sie dann Kompetenz beweisen? Wenn eine Frau sich um die Gefühle anderer kümmern soll, wie soll sie dann ihre Energie auf ihre eigenen Pläne konzentrieren?

Kurz, je mehr wir uns bemühen, ob bewußt oder nicht, den Forderungen des Codex entsprechend zu leben, desto unwohler fühlen wir uns in unserer Haut. Der Codex stellt eine Reihe unmöglich zu erfüllender Erwartungen dar, die sich in Jahrhunderten herausgebildet haben – mit dem Effekt, uns unserer Selbstbestimmung und unseres Selbstwertgefühls zu berauben. Wir alle leiden unser ganzes Leben lang unter den Auswirkungen dieser Forderungen, manche offensichtlicher als andere. Wir müssen sie in Frage stellen, wenn wir unsere weibliche Identität finden wollen.

4
Wenn ich es doch allen recht machen will, warum geht es mir dann schlecht?

Die grundlegende weibliche Scham

»Ich wollte lange Zeit kein Mädchen, sondern ein Junge sein. Es ging mir schlecht deswegen, und ich glaubte, ich sei nicht normal. Aber im Grunde hatte es in meiner Familie auch überhaupt nichts für sich, eine Frau zu sein. Ich putzte, während meine Brüder fernsahen. Aber das allein war es nicht; es zählte, was man war, und ich war kein Junge.«
Jenn, die Frau, die das erzählt, kam wegen Panikanfällen und Eheproblemen zu uns. Sie trägt stets Jeans und weite, sackförmige Männerpullover; sie findet, das sei sexy und rege die Phantasie an, »weil man nicht sieht, wer drunter steckt«. Jenn versucht symbolisch, sich vor der Welt zu verstecken. Ihre Kleider sollen ihre Identität im unklaren lassen und ihre Weiblichkeit verbergen, weil sie sich genau deswegen für wertlos hielt.
»Ich muß mich immer verstecken. Am liebsten würde ich ganz verschwinden. Draußen hoffe ich, niemanden zu treffen, der mich kennt. Wenn andere Leute mich genauer anschauen, habe ich das Gefühl, auf mir stünde ganz groß ›Versager‹.«
Jenns überwältigendes Gefühl, an ihr sei etwas falsch, wurzelt in ihrer Kindheit. Sie lernte ganz unterschwellig, daß Männer mehr wert waren als Frauen. Es verstärkte sich, als sie versuchte, sich dem Codex der weiblichen Pflichten anzupassen und sich dabei als Versagerin erlebte. Obwohl sie in ihrer Ehe ständig zu kurz kam, fühlte sie sich schuldig, weil ihre Anstrengungen, diese Ehe zu verbessern, nichts fruchteten und

weil sie es im Grunde ablehnte, die Beziehungsarbeit allein zu leisten. Jenn fand sich unattraktiv und unfähig. Sie hatte wenig Selbstwertgefühl.
Warum lehnt sich Jenn selbst ab? Warum haben Frauen im allgemeinen so sehr mit Minderwertigkeitsgefühlen und Depressionen zu kämpfen?[1] Warum zwingen wir uns so sehr, es allen recht zu machen, und warum geht es uns dabei immer schlechter, besonders wenn wir erkennen, daß wir die Forderungen des Codex nicht erfüllen können oder wollen?

Warum wir es allen recht machen müssen

Im allgemeinen wollen alle Menschen »ihre Sache gut machen«, weil sie nach Anerkennung streben. Dieses Bedürfnis verstärkt sich noch, wenn jemand andeutet, wir seien als Mensch nicht akzeptabel.
In Jenns Familie galten Frauen weniger als Männer. Doch die Botschaft von der angeborenen Minderwertigkeit der Frau war und ist seit Jahrhunderten Bestandteil des gesellschaftlichen »Überbaus«. Schon Aristoteles im vierten Jahrhundert vor Christus glaubte an die grundsätzliche Minderwertigkeit der Frau: »Das Weib ist Weib durch das *Fehlen* gewisser Eigenschaften. Wir müssen das Wesen der Frauen als etwas betrachten, was an einer natürlichen Unvollkommenheit leidet.«[2]
Auch heute noch zählt diese Ansicht zu den grundlegenden kulturellen Überzeugungen, wenn auch versteckter und mit weniger drastischen Auswirkungen als zum Beispiel in den Zeiten des Hexenwahns. Es ist schwer, sich gegen etwas zu wehren, was immer noch tagtäglich bestätigt wird. Außerdem macht uns unsere Auflehnung bewußt, wie tief wir erniedrigt wurden.
Wenn wir also übergangen, überhört, benachteiligt, sexuell

belästigt oder mißhandelt werden, kurz, wenn wir tagtäglich auf vielfache Weise erfahren, daß wir weniger wert sind als ein Mann, daß wir also nur »das andere Geschlecht« sind, dann fallen wir zurück in die Trance, zurück in einen Zustand, in dem wir unsere Entwertung nicht einmal mehr spüren. Diesen Zustand nennen wir die grundlegende weibliche Scham.

Was ist weibliche Scham?

Merle Fossum und Marilyn Mason definieren Scham als »das Gefühl, als Mensch völlig unzulänglich oder ungenügend zu sein«. Wenn eine Frau sich schämt, kann sie sich »schlecht, minderwertig, defekt, wertlos oder nicht als vollwertiger Mensch«[3] fühlen.

Alle Menschen erfahren auf verschiedenen Ebenen und in verschiedenen Graden Scham. Doch besonders das Gefühl, kein »vollwertiger Mensch« zu sein, ist Teil des kollektiven Erbteils der Frau. Oft bleibt uns selbst unsere Scham verborgen, weil wir unbewußt davon *überzeugt* sind, daß eine Frau weniger wert ist als ein Mann, und wir diese Überzeugung selten hinterfragen.

Schuld und Scham werden häufig verwechselt, in Wirklichkeit sind es jedoch zwei sehr verschiedene Gefühle. Schuld hat mit einer Übertretung, einem Bruch der Regeln zu tun; Schuld folgt also auf eine Handlung. Scham dagegen bezieht sich auf einen Mangel, eine Einschränkung. Schuld führt zu dem Gefühl, »schlecht« im Sinne von »böse« zu sein, Scham jedoch zu dem Gefühl, »schlecht« im Sinne von »wertlos« zu sein. Jenn zum Beispiel hätte Schuldgefühle, wenn sie egoistisch handelte, weil sie damit den Codex verletzt; sie empfindet jedoch Scham, weil sich ungeachtet all ihrer Bemühungen ihre Ehe nicht verbessert. Sie schämt sich ihrer selbst und verwendet deswegen viel Energie darauf, ihre Minderwertigkeitsgefühle zu verbergen, um sich nicht bloßgestellt zu fühlen.

Die meisten kulturellen Botschaften über die grundlegende Minderwertigkeit der Frau (bis in unsere Zeit galten Frauen zum Beispiel als wahlunmündig) beschämen Frauen nur deswegen, weil sie Frauen sind. Philosophisch gesehen tendiert der Mensch angesichts seiner Endlichkeit, das heißt letztlich der Erkenntnis, nicht göttlich zu sein, zu einer Art existentieller Scham. Die Frau leidet überdies unter der zusätzlichen Scham, nicht einmal als völlig menschlich zu gelten. Wenn schon die Männer nicht so gut sein können wie Götter, so können Frauen nicht einmal so gut sein wie Männer.

In der literarischen und manchmal auch religiösen Tradition – man denke nur an die Geschichte vom Sündenfall – gilt die Frau als Wurzel allen Übels, als das Hindernis, das der Gottwerdung des Mannes im Weg steht. Diese Einstellung hat ernsthafte Konsequenzen für unsere gesamte Kultur. Sie führt zu einer Abwertung all derjenigen Eigenschaften, die als prinzipiell »weiblich« gelten – Eigenschaften, die mit Emotionalität, Fürsorglichkeit und Einfühlung zu tun haben.

So verwundert es nicht, daß eine wichtige Forderung des Codex ›Sei eine Dame‹ lautet – beherrsche dich und verberge deine Gefühle. Bei dem Wert, den unsere Gesellschaft Qualitäten wie Selbstbewußtsein, Konkurrenzdenken, Stärke, Aggressivität und Gewinnstreben beilegt, haben wir die Neigung entwickelt, jedes Gefühl als Schwäche zu sehen, dessen man sich schämen muß. Wir entwerten diese »weiblicheren«, gefühlsbetonten Anteile unseres Charakters. Wenn wir unsere Gefühle kontrollieren oder verleugnen können, erleben wir uns als kompetenter und selbständiger. Wir haben die Illusion, Vollkommenheit erreichen zu können.

Scham und die gestörte Familie

Unter psychologischen und psychiatrischen Fachleuten setzt sich allmählich die Erkenntnis durch, daß gestörte Familien mittels Scham erziehen. Eine gestörte Familie ist, grob gesagt, gekennzeichnet durch Konflikte und Angst. Die Familienmitglieder können ihre grundlegenden emotionalen Bedürfnisse nicht befriedigen und versuchen mit allen Mitteln, psychisch zu überleben. In solchen Familien wird wenig Zeit und Energie darauf verwendet, auf Gefühle einzugehen oder sie zu würdigen. Die Mitglieder fühlen sich weder sicher noch geborgen. In einem derart verunsichernden Milieu treten so schwerwiegende Probleme wie Sucht und Mißbrauch auf.

Jemand, der in einer gestörten Familie aufwächst, entwickelt eine »schamgebundene«[4] Identität. Mit anderen Worten, wenn die Familie die Bedürfnisse eines Kindes im Verlauf seiner Entwicklung fortgesetzt ignoriert und das Kind wiederholt mit Scham bestraft wird, wenn es diese Bedürfnisse äußert, lehnt es sich schließlich selbst ab.

Obwohl Jungen und Mädchen in gestörten Familien gleichermaßen Scham erfahren können, unterscheiden sich die dahinterstehenden Lektionen für beide radikal. Frauen sollen sich dafür schämen, wenn sie aus der Rolle fallen. Wenn sie aggressivere, »männlichere« Züge annehmen, wirft man ihnen vor, sie seien unweiblich, das heißt nicht mütterlich genug. Sie sollen sich schämen, weil sie nicht nach moralischen Maßstäben leben, die für Männer nicht gelten.

Männer dagegen sollen sich schämen, wenn sie sich wie eine Frau verhalten. Scham allein ist schon unangenehm, die schlimmste Art Scham für einen Mann resultiert jedoch aus dem Vorwurf, er sei »feminin«, das heißt emotional, gefühlsbetont, weich, verletzlich.

Kate war wegen ihrer chronischen Depression zu uns gekommen. In ihrer Lebensgeschichte spielte die Scham eine große Rolle. Sie berichtete von einem Ereignis, das für sie besonders traumatisch gewesen war. Sie war mit ihrem Mann zu einem Kongreß gefahren. Abends fand eine Cocktailparty statt. Wegen der für sie neuen Situation fühlte sie sich äußerst unbehaglich und brauchte sehr lange zum Anziehen. Daher betrat sie den Festsaal später als ihr Mann.

»Ich öffnete die Tür und stand vor etwa dreihundert Männern. Ich war eine der wenigen Frauen. Als ich allein durch den Saal ging, hatte ich das Gefühl, als ob mich alle Männer anstarrten. Manche waren betrunken. Ich suchte Joe. Die Männer fingen an, mich aufzuziehen. Einer fragte mich, warum ich denn so ›ernst‹ sei und was los wäre. Ich solle doch lächeln und fröhlich sein. Je mehr ich versuchte, Aufmerksamkeit zu vermeiden, desto verkrampfter wurde ich. Dabei dachte ein Teil von mir immerzu, ich sollte wirklich lächeln und nicht so abweisend sein. Schließlich rannte ich in unser Zimmer zurück, schloß mich ein und brach in Tränen aus. Ich fand Joe erst viel später wieder.«

Eine andere Frau hätte sich vielleicht nicht geschämt. Aber bei Kate löste diese Situation viele, schmerzliche Minderwertigkeitsgefühle aus. »Mein Vater sagte immer zu mir, ich wäre zu ernst. Er mochte es nicht, daß ich so gewissenhaft war. Ich fühlte mich schon immer schrecklich bei geselligen Anlässen – nicht richtig gekleidet, nicht attraktiv genug. Ich *war* ein ernster Mensch. Ich konnte nicht lachen und flirten wie andere Mädchen. Es paßte einfach nicht zu mir, und trotzdem hatte ich deswegen das Gefühl, daß mir etwas fehlte. Ich wußte, eine Frau sollte so sein. Als die Männer anfingen, mich aufzuziehen, da kamen diese ganzen Minderwertigkeitsgefühle wieder hoch.«

Bei Kate kommen zwei Dinge zusammen. Erstens hatte sie

sich in ihrer Familie schämen müssen, weil sie ihrem Vater nicht »feminin« genug war. Zweitens aber hatte sie im Lauf der Zeit die Forderungen des Codex der weiblichen Pflichten verinnerlicht. Sie war davon überzeugt, wenn sie eine gute Frau wäre, müßte sie sich auch erwartungsgemäß verhalten, also kokett und verspielt. Sie kam gar nicht auf die Idee, daß die Männer in Wirklichkeit aufdringlich und brutal gewesen waren, daß sie sie belästigt hatten. Sie kam auch nicht auf die Idee, empört zu sein oder die Kritik ihres Vaters in Frage zu stellen. Sie spürte nur unbewußt, daß sie diese speziellen Erwartungen nicht erfüllen konnte, und empfand eine brennende Scham.

Die Therapie soll Kate helfen, ihre eigenen Überzeugungen zu hinterfragen. Kate soll die Überzeugung »Ich bin minderwertig, weil ich ernst bin« verändern zu »Ich bin großartig, weil ich so lebendig und intensiv denke«. Wenn sie ihr Selbstbild bewußt ändert, ist sie nicht mehr so anfällig für Scham. Sie kann sicherer auftreten, weil sie nicht mehr anderen die Macht zuschreibt, ihren Wert als Mensch festzulegen, sondern selbst darüber bestimmt, was das Frausein für sie bedeutet.

Stimmen im Kopf

Die meisten von uns haben ein hochentwickeltes System aus negativen Selbsteinschätzungen. Diese Überzeugungen sind Wegweiser zu den Bereichen, wo wir das Gefühl haben, nicht »mithalten« zu können. Häufig verinnerlichen wir die Stimmen anderer und schämen uns, wenn wir nicht »gut genug« sind. Wie eine Platte mit einem Sprung leiert eine innere Stimme immer wieder all das daher, was wir über die weiblichen Pflichten verinnerlicht haben, und hält uns in einem Dauerzustand der Scham gefangen.

Jede von uns hat eine andere »Platte« aus dem Spottchor unserer Familie und der übrigen Welt. Es folgen einige Beispiele verbreiteter Überzeugungen, die das Verhalten vieler Frauen beeinflussen:

- Egal, was ich tue, es ist nie genug.
- Er oder sie ist unglücklich, und ich bin daran schuld.
- Ich bin egoistisch.
- Ich finde mich zu gut. Mir geht's zu gut.
- Wenn mir jemand wehtut, bin ich selbst daran schuld.
- Ich kann nicht sagen, was ich denke; es könnte einem anderen wehtun.
- Ich fühle mich schlecht, wenn ich wütend bin.
- Ich darf nicht nein sagen.
- Es ist schlecht, Sex zu mögen.
- Ich muß mich um ihn (oder sie) kümmern.
- Ich bin nicht begehrenswert, weil ich nicht attraktiv genug bin.
- Ich bin nicht gut genug, so wie ich bin.

Gesehen und nicht gehört werden

Der Kern der Scham ist die Angst vor Bloßstellung. Wenn wir uns zu sehr auf unsere Kleidung und unseren Körper zentrieren, wollen wir damit häufig das Gefühl überdecken, als Mensch nicht akzeptabel zu sein. Oberflächlich wollen wir unserer Umwelt kein abstoßendes Äußeres zeigen, in Wahrheit aber wollen wir ihr kein abstoßendes Selbst zeigen.

Scham ist dann am schmerzlichsten, wenn wir uns vor uns selbst bloßgestellt fühlen. Wir schämen uns häufig dann, wenn wir mit unserem eigenen Bedürfnis nach Anerkennung oder mit der Scham eines *anderen* Menschen konfrontiert werden.

Auch wenn eine Frau wie Kate ihre Attraktivität nicht in

Frage stellt, sondern wegen ihrer intellektuellen Leistungsfähigkeit anerkannt werden möchte, kann sie mit Scham reagieren. Janice, eine sehr attraktive Sinologin, erregt das Interesse eines Experten ihres Faches. Als er sich – vorgeblich? – für ihr Buchmanuskript interessiert, sie aber dann zum Essen einlädt, fühlt *sie* sich wie der letzte Mensch.

Kate und Janice fühlen sich beide aus demselben Grund bloßgestellt: Ihr Wunsch nach Anerkennung und Wertschätzung wurde »entdeckt«. Sie schämen sich, weil sie dem Codex der weiblichen Pflichten nicht entsprochen haben und dabei »ertappt« wurden.

Am stärksten ist die Scham jedoch, wenn Dritte oder sogar die jeweilige Frau selbst bemerken, daß sie gar nicht nach dem Codex leben *will.* Sich das überhaupt einzugestehen, ist sehr schwierig, und meist versucht sie, dieses »Geheimnis« vor anderen zu verbergen.

Formen der Kompensation der Scham

Um dem Gefühl der Scham entgegenzuwirken, versuchen wir häufig entweder verstärkt, unsere Pflichten zu erfüllen, oder wir bestrafen uns in irgendeiner Weise selbst. Im folgenden beschreiben wir die wichtigsten Strategien zur Vermeidung von Scham.

Zu viel für andere tun

Der Codex der weiblichen Pflichten ist im Grunde ein Patentrezept für weibliche Scham. Er setzt unrealistische Maßstäbe, die keine Frau erfüllen kann; er schreibt vor, ganz für andere da zu sein. Dieser Codex scheint der gesellschaftliche Hebel zu sein, der an der Scham ansetzt und die Frauen so dazu zwingt, überverantwortlich zu handeln. Überverant-

wortlichkeit wird zur wichtigsten Definition von Pflichterfüllung.
Nach dem Codex leben heißt sich einzureden, unwichtig zu sein und sich dessen zu schämen – daher die Zentrierung auf die Bedürfnisse anderer und die Blindheit gegenüber den eigenen sowie die Neigung zu Überforderung und Perfektionismus. Dahinter steckt immer der Wunsch nach Anerkennung. Und es scheint auf diese Weise möglich, Scham zu vermeiden. Doch insgeheim leiden wir. Wir setzen anderen keine Grenzen; wir sagen nicht, was wir wirklich denken und fühlen. Wir tun dies, um anerkannt zu werden und uns wohl zu fühlen, doch das Gegenteil tritt ein – Erschöpfung und Verletzlichkeit. Der Codex gibt uns nur die *Illusion,* wir könnten die Scham überwinden.

Sich selbst schaden
Überverantwortlich für andere zu sein, schadet immer indirekt. Manchmal aber ist der Versuch, die Scham zu kompensieren, unmittelbar schädlich. Frauen, die diesen Weg gehen, vernachlässigen zum Beispiel ihre körperliche und seelische Gesundheit, überarbeiten sich bis zur Erschöpfung, bleiben in Beziehungen verstrickt, in denen sie mißhandelt oder mißbraucht werden, entwickeln Zwangs- oder Suchtverhalten wie etwa Bulimie oder Anorexie, um ihre Gefühle zu betäuben oder loszuwerden.
Die »Schamfalle« ist entscheidend für das Verständnis von Frauen, die sich nicht aus Beziehungen lösen können, in denen sie mißhandelt werden, oder die sich scheinbar mit Mißbrauch »abfinden«. Diese Frauen empfinden sich dermaßen als gescheitert und minderwertig, daß sie sich gar nicht (mehr) vorstellen können, ihre Situation zu verändern.[5] Je mehr sie mißhandelt werden, desto mehr schämen sie sich, und je mehr sie sich schämen, desto eher »akzeptieren« sie die Mißhandlung: ein Teufelskreis von Wert- und Hilflosigkeit.

Die gleiche Falle steckt, wenn auch weniger offensichtlich, hinter Beziehungen zu unerreichbaren oder sehr weit entfernten Menschen. Weil wir ihnen den Erfolg, den Charme, die Attraktivität, die Kompetenz, die Charakterstärke zuschreiben, die wir gerne hätten und glauben nicht zu besitzen, fühlen wir uns zu ihnen hingezogen und meinen, wir könnten quasi *durch* diese Menschen selbst wertvoll werden. Wir meinen, wenn *wir uns deren* Liebe und Anerkennung erwürben, könnten wir unsere Scham überwinden. Zurückweisungen oder »unglückliche« Liebesbeziehungen führen aber nur dazu, daß sich unsere Scham und unsere Selbstzweifel verstärken.

Schweigen als Stimme der Scham

Während manche Frauen sich selbst schaden, ziehen sich andere einfach zurück. Sie nehmen am Leben nur noch als schweigende Zuschauer teil und haben Angst, offen zu zeigen, was sie wirklich fühlen und wer sie wirklich sind. Das sind die Frauen, die »zu höflich« sind, um andere zu unterbrechen, die immer meinen, was andere zu sagen haben, sei wichtiger als ihre eigenen Ansichten. Sie kompensieren ihre Scham, indem sie sich außen vor lassen.

Das Schweigen der Frau steht im Zentrum der Forderung ›Sei eine Dame‹. Von Kindheit an sollen wir schweigen und hören – anderen zuhören und gehorchen, damit sich deren Wünsche entfalten können. Die negative Einstellung unserer Gesellschaft zu Gefühlen im allgemeinen hindert uns Frauen daran, unsere Persönlichkeit auszudrücken. Wenn wir stumm bleiben, bestärken wir damit die Meinung, Gefühle seien irgendwie suspekt und auf das »Gerede« einer Frau sei wenig zu geben.

Das Schweigen aus Scham hindert uns vor allem daran, privat und öffentlich für unsere Rechte einzutreten und auf unsere Benachteiligung aufmerksam zu machen. Paradoxerweise reagieren mißhandelte oder mißbrauchte Frauen vorwiegend mit Verstummen, mit Unfähigkeit darüber zu sprechen. In ihrem tiefsten Innern sind sie davon überzeugt, daß sie an dem Mißbrauch irgendwie selbst schuld sind. Sie schämen sich so sehr dafür, daß sie schweigen und sich aufgrund ihres Geheimnisses noch mehr schämen. Die Forderung ›Sei eine Dame‹ hindert uns nicht nur daran, selbstsicher und offen aufzutreten, sondern verspricht uns auch, wir würden akzeptiert und geliebt oder müßten uns zumindest nicht mehr schämen, wenn wir unsere Stimme nicht erheben. Dieses Versprechen hält sie nicht.

Stolz auf die Pflichterfüllung

Schließlich gehen manche Frauen ganz in der Pflichterfüllung auf und entwickeln eine Art falschen Stolz auf ihre Fähigkeit, den Forderungen des Codex der weiblichen Pflichten nachzukommen. Karen Horney spricht in diesem Zusammenhang von »idealisierten Selbstbildern«. Wir konstruieren sie, um die Erkenntnis zu vermeiden, daß wir einen von außen gesetzten Gütemaßstab nicht vollkommen erreichen; indem wir aber genau dies glauben, schützen wir uns vor Ablehnung oder Scham.[6] Wir entwickeln einen besonderen Stolz auf unsere Selbstlosigkeit, unsere Fürsorge, unsere Kompetenz.
Wenn wir uns aber dem Codex rückhaltlos unterwerfen und nicht den geringsten Zweifel an unserer Vollkommenheit zulassen können, entwickeln wir illusorische Vorstellungen über unsere wahre Persönlichkeit. Wir verurteilen andere wegen ihrer Mißerfolge hart; und die eigene Scham bedrückt uns weniger, wenn wir andere insgeheim beschämen. Gelingt es uns, in einem bestimmten Bereich dem Codex gemäß zu leben, in einem anderen aber nicht, empfinden wir uns häufig als »Betrügerinnen«, wenn man uns irgendeine Art von Anerkennung zollt. Wir denken in Extremen – entweder wir sind perfekt, oder wir sind wertlos.

Wir müssen perfekt sein oder scheinen, um uns vor Kritik zu schützen, da Kritik unsere Scham verstärkt. Jede Rückmeldung von anderen, wir seien weniger als perfekt, wird zu einer tiefen Kränkung. Wir fordern von anderen, unser Selbstbild vorbehaltlos zu bestätigen. Teilt uns unser Partner mit, wir hätten ihn verletzt, fühlen wir uns angegriffen und rechtfertigen uns. Wenn andere merken, daß wir etwas brauchen oder bedrückt sind, ziehen wir uns zurück und schweigen. Auf diese Weise wird es uns aber unmöglich, unsere wahren Gefühle zu erkennen und uns selbst zu akzeptieren. Wir sind unfähig, *keine* Superfrauen zu sein.

Der Teufelskreis der Scham[7]

Wir haben schon erwähnt, daß es einen Teufelskreis von Scham und Pflichterfüllung gibt: Die Scham treibt uns zu vermehrten Anstrengungen, den Forderungen des Codex der weiblichen Pflichten nachzukommen, weil diese Anpassung die zeitweise Befreiung von der Scham zu garantieren scheint.

Sehen wir uns diesen Teufelskreis an einem konkreten Beispiel näher an, weil er unsere Reaktionen auf Scham entscheidend beeinflußt. Pamela, eine im Doppelsinn des Wortes »gewichtige« Frau, findet Selbstbestätigung in ihrer Arbeit, wird aber aufgrund eines Zerwürfnisses mit ihrem Chef entlassen, worüber sie sich mit Unmengen von Schokoladentorte zu trösten versucht. Sie schämt sich wegen der Entlassung, und sie schämt sich darüber hinaus wegen ihrer »Freßsucht«. Diese ist um so schlimmer, als sie ihre grundlegende Scham bestärkt, weil sie der Forderung ›Sei attraktiv‹ nicht genügt. Sie macht einen Versuch, sich von diesem Gefühl zu befreien, indem sie den Haushalt ihrer kranken Schwester mit übertriebenem Einsatz versorgt. Zwar fühlt sie sich auf diese Weise eine Zeitlang »gut«, weil sie sich selbstlos und großzügig verhält, da sie aber zugleich die Bedürfnisse ihrer Schwester überbetont und ihre eigenen ignoriert, erreicht sie letztlich das Gegenteil – und gibt sich wieder der Torte hin. Der Teufelskreis beginnt von vorn.

Pamelas schamgebundene Überzeugungen orientieren sich allesamt an *von außen gesetzten* Maßstäben. Pamela stellt sie nicht in Frage, sie versucht einfach, mit den unangenehmen Gefühlen fertigzuwerden, die sie auslösen. Zu diesen Gefühlen gehören Wut, Schuld, Angst, Demütigung und Depression. Da sie sie aber unterdrückt, verliert sie in einem anderen Bereich die Beherrschung: Hätte sich Pamela offen gegen ihre Entlassung gewehrt, hätte sie vielleicht nicht zwanghaft essen müssen. Auch der Zwang, sich quasi zum Ausgleich für ihre Schwester aufzuopfern, wäre ihr dann vielleicht erspart geblieben.

In der Therapie sprach Pamela über ihre verdrängten Gefühle, und sie erfuhr, daß auch andere Frauen ähnliches erleben. Ihr Zwang, es allen recht zu machen, ließ nach. Gefühle wie Zorn und Schuld verlieren viel von ihrer Macht, wenn wir sie aussprechen. Die Scham überwinden beginnt damit, sich unseren negativen Gefühlen offen zu stellen, sie auszudrükken und zu hinterfragen. Dann erst können wir uns selbst akzeptieren und zu einem neuen Selbstbild kommen. Die Scham reicht nur so tief wie unser Verschweigen.

Was halte ich von mir?

Unsere unbewußten Überzeugungen lösen Schamgefühle aus. Wenn wir noch nicht aus der Trance erwacht sind, merken wir nicht einmal, daß zumindest ein Teil unseres angepaßten Verhaltens den Zweck hat, die Scham zu unterdrükken.

Mit der folgenden Übung können Sie herausfinden, welche schamgebundenen Überzeugungen Sie beeinträchtigen. Nehmen Sie sich etwas Zeit für die Fragen, aber denken Sie nicht zu lange darüber nach. Schreiben Sie, was Ihnen spontan einfällt.

Das, was ich mir am meisten vorwerfe, war (oder ist) . . .

Das, was ich niemandem je von mir erzählen könnte, ist . . .

Wenn ich ehrlich bin, widerstrebt es mir am meisten, für . . . zu tun.

Wenn die Leute wüßten, wie ich wirklich bin, würden sie sehen, daß . . .

Ganz tief innen glaube ich, die Wahrheit über mich ist . . .

Ich glaube, die Leute würden mich mehr mögen, wenn . . .

Ich kann mir nicht vorstellen, jemanden zusehen zu lassen, wenn ich . . .

Am wenigsten kann ich an mir leiden . . .

Wenn ich etwas von jemandem brauche, fühle ich mich . . .

Der Zug an mir, auf den ich am meisten stolz bin, ist . . .

Ich wäre zutiefst verletzt und beleidigt, wenn mir jemand sagen würde, ich sei . . .

Damit mich die Leute mögen, tue ich . . .

Wenn ich mich ablehne, tue ich . . .

Ich bin mit mir zufrieden, wenn . . .

Ihre Antworten zeigen Ihnen, wo Sie sich Ihrer selbst schämen und wie Sie gegen diese Gefühle ankämpfen. Erstellen Sie aus Ihren Antworten eine Liste Ihrer negativen Überzeugungen. Ein Beispiel: »Ich muß viel arbeiten, damit mich die anderen mögen.« Versuchen Sie, sich vorzustellen, wie Sie leben würden, wenn Sie diese Überzeugungen nicht hätten.

Wo bleibt das Positive?

Natürlich schämen wir uns nicht unausgesetzt oder wegen allem und jedem in unserem Leben. Wir alle werden von den Forderungen des Codex in unterschiedlicher Weise beeinflußt. Jede hat ihre besondere »Kernregel«, deren Verletzung sie besonders beschämt, sei es nun die der Kompetenz oder die der Selbstlosigkeit.

Ebenso geht »richtiges« Verhalten nicht ausschließlich auf das Motiv zurück, die weibliche Scham zu überwinden. Manchmal entscheiden wir uns auch bewußt dafür. Sich mit allen Fähigkeiten für einen Menschen oder eine Arbeit einzusetzen, etwas zu leisten, ist ein berechtigter Grund zum Stolz. Selbstverständlich tun uns Anerkennung und Zuneigung gut.

Es kommt jedoch darauf an, wer die Maßstäbe für »gutes und richtiges« Verhalten setzt. Sind wir es selbst, dann handeln wir in Einklang mit unseren eigenen Werten, in Übereinstimmung mit unseren eigenen Regeln. Dann macht es uns vielleicht sogar Spaß, gelegentlich die »weibliche«, die »selbstlose« oder die »kompetente« Frau zu spielen, weil das ein Teil unseres *selbstbestimmten* Verhaltens ist. Dann können wir uns auch in einer Gruppe engagieren, die uns anzieht.

In dieser Weise »gut und richtig« handeln, ist etwas völlig anderes, als nach dem Codex der weiblichen Pflichten zu leben. Es heißt, nach Werten zu leben, die wir selbst als gut für uns definiert haben und die es uns erlauben, uns auch *wohl zu fühlen*. Die fünf Forderungen des Codex der weiblichen Pflichten aber berauben uns unserer Entscheidungsfreiheit. Wir werden nur noch getrieben von unserem Bedürfnis nach Anerkennung und unserer Angst, zu hilflos zu sein, um uns Anerkennung zu verschaffen. Dann beherrscht uns die grundlegende weibliche Scham, und wir leben für andere auf unsere Kosten.

5
Der hohe Preis der Pflichterfüllung

Ann war die einzige Tochter eines im doppelten Sinn des Wortes sehr nüchternen Ehepaares, das viel arbeitete. Sie wuchs auf in einer Familie, die sie förmlich vergötterte. Doch die Erwartungen an sie waren hoch. Sie war praktisch tagtäglich mit den Forderungen des Codex der weiblichen Pflichten konfrontiert. Streng dich an. Sieh gut aus. Sei einfühlsam. Trag das Herz nicht auf der Zunge. Gib dein Bestes.

Zuviel Gefühl zu zeigen, war nicht gut für Ann; besonders wenn sie zornig wurde, steckte man sie als Kind in eine Badewanne mit eisigem Wasser, bis sie sich »wieder beruhigte«.

Sie bekam Schauspiel-, Tennis- und Tanzunterricht, damit sich ihre gesellschaftlichen Fähigkeiten vervollkommneten. Sie mußte sich nie um Freunde sorgen, war begabt und ging auf eine gute Schule. Ihre Zukunft schien gesichert.

Auf dem College begann Ann zu trinken. Es fing ganz allmählich an, doch bald vernachlässigte sie das Studium, geriet in katastrophale Beziehungen, machte einen Selbstmordversuch, trank aber trotz aller psychotherapeutischen Bemühungen weiter.

Dennoch gelang es ihr, einen Arbeitsplatz zu finden, den sie aber bald wieder verlor. Dann ging es rapide bergab – »Filmrisse«, Autounfälle, Gefängnis. Schließlich lebte sie isoliert und heruntergekommen in einer völlig leeren Wohnung. Aus dem Musterkind war in kürzester Zeit ein Wrack geworden.

Anns Geschichte zeigt, daß der Zwang zur Superfrau eine

Frau so stark unter Druck setzen kann, daß ihr die Sucht als einziger Ausweg erscheint. Sie zeigt, daß die Möglichkeit des völligen Kontrollverlustes im Codex der weiblichen Pflichten stets latent vorhanden ist. Als Therapeutinnen sehen wir Anns Alkoholismus zwar als Rebellion, doch als eine unbewußte. Ihr Leben glich einem Drahtseilakt, und schließlich riß das Seil. Sie stürzte ab.

Andere Frauen könnten ähnliche Geschichten erzählen. Sie alle leiden unter tiefen Minderwertigkeitsgefühlen und versuchen deshalb verzweifelt, Menschen und Dinge um sich herum unter Kontrolle zu halten. Manche sind völlig unfähig, überhaupt noch Gefühle auszudrücken, weil ihnen jedes Gefühl bedrohlich erscheint. Entwickeln sie eine Sucht oder werden sie mißbraucht, wird es ihnen vollends unmöglich, so etwas wie Selbstwertgefühl zu entwickeln.

Gestörtes Gleichgewicht – Selbstvernachlässigung – Sucht

Was ist mit Ann passiert? Was erfahren wir durch sie über den Prozeß, der Frauen in die Sucht oder in neurotische Zwänge treibt, weil sie mit ihrem Leben nicht mehr zurechtkommen?

Bei Ann begünstigten drei Faktoren die Entwicklung eines mangelhaften Selbstwertgefühls und schließlich der Sucht:

1. Die gesamte Familie war übermäßig auf sie zentriert. Jede Entscheidung wurde ihr abgenommen. Sie wurde unterverantwortlich und fühlte sich daher unfähig, ihr Leben allein zu führen.
2. Ann war mit ungeheuren Erwartungen konfrontiert, die sich noch dazu manchmal widersprachen. Sie zentrierte sich völlig auf die Bedürfnisse und Ansprüche ihrer Eltern, um deren Anerkennung zu gewinnen. Wenn sie versagte,

reagierten ihre Eltern hochgradig ängstlich. Ann spürte das, und um ihre Eltern vor ihrer Angst zu schützen, bemühte sie sich aufs äußerste.

3. Eigene emotionale Bedürfnisse wurden für Ann zu einem Grund für Scham. Sie erhielt Zuwendung ausschließlich für ihre Leistungen. Sie glaubte, ihre wahren Gefühle nicht zeigen zu dürfen, weil sie fürchtete, dann nicht geliebt zu werden.

Solange Ann zu Hause lebte, kam sie mit dieser Lage der Dinge einigermaßen zurecht. Als sie jedoch aufs College ging, war sie plötzlich allein mit völlig neuen Situationen und Gefühlen, denen sie hilflos gegenüberstand, sie war nicht mehr der Familienstar, sondern nur noch eine unter vielen.

Ann versuchte, ihre Angst und Verwirrung mit Alkohol zu betäuben, bildete sich aber ein, sie werde Schriftstellerin, und da sei es chic, »ein bißchen zu trinken«. In Wirklichkeit floh sie vor ihren Gefühlen und einer für ihr Leben entscheidenden Situation; der Alkohol zog sie in eine Spirale der Selbstzerstörung, aus der sie beinahe nicht wieder herauskam.

Ann wurde physisch und psychisch abhängig vom Alkohol.[1] Nicht jede/r wird physisch abhängig, doch der Prozeß, der Ann an den Rand der Selbstvernichtung brachte, verläuft bei allen den Frauen ähnlich, die in einem wie auch immer gearteten Sucht- oder Zwangsverhalten gefangen sind.

Letztlich ist eine Sucht ein Versuch, Scham zu vermeiden. Wir möchten unsere Gefühle mit einer Methode »korrigieren«, die sich gegen uns richtet. Jedesmal, wenn wir vor dem Codex der weiblichen Pflichten versagen, sind wir dem Schluck oder dem Schuß näher, der uns über das Gefühl des Versagens hinweghelfen soll, damit wir uns erneut anstrengen können. Doch wie gesagt steckt in Überverantwortlichkeit immer die Möglichkeit des Kontrollverlustes. Die Droge entwickelt ein Eigenleben und wird zur Krankheit. Statt uns um uns selbst zu kümmern, vernachlässigen wir uns selbst.

Wie wir in Kapitel 4 gezeigt haben, schämen sich fast alle Frauen insgeheim ihrer Weiblichkeit. Die Frau jedoch, die süchtig wird oder sich in dem Bemühen, diese Gefühle zu beherrschen, zu ändern oder zu unterdrücken, zwanghaft verhält, gerät in einen Teufelskreis der Scham, in eine absteigende Spirale des Kontrollverlustes. Für eine nicht süchtige Frau kann sich diese Art Teufelskreis jedoch genauso entwikkeln, wie wir später noch sehen werden.

Ist eine Frau in diesem süchtig machenden Teufelskreis der Scham gefangen, dann ist das den Menschen, die ihr nahestehen, gewöhnlich klar, auch wenn sie vielleicht nicht wissen, was sie da sehen. Zu Beginn des Zyklus sehen sie die Freundin oder Mutter, Tochter oder Geliebte »selbstbewußt« und selbstbeherrscht handeln. Sie scheint alles für alle zu regeln, und sie erhält vielleicht eine Beziehung aufrecht, in der sie mißbraucht wird, und besteht zwanghaft darauf, daß ihr Partner sie schon lieben werde, wenn sie sich nur ändere.

In dieser Phase handelt sie möglicherweise überkontrolliert und überkontrollierend. Sie ist vielleicht stolz darauf, alles »im Griff zu haben«, und leugnet üblicherweise, daß manches eher *sie* »im Griff« hat. Sie redet sich ein, mit allem fertigwerden zu können und auch zu müssen. Sie sieht keine Alternativen mehr und kümmert sich kaum noch um sich selbst.

Dabei hat sie ein trügerisches Selbstbild. Sie glaubt, dem Leitbild der »Superfrau« zu entsprechen. Obwohl sie offensichtlich das hat, was man gemeinhin einen »Märtyrer-Komplex« nennt, lehnt sie Hilfe ab und versucht eine Fassade von Unabhängigkeit aufrechtzuerhalten, die ihr niemand mehr so recht abnimmt.

Manche Frauen können diesen Teufelskreis an dieser Stelle durchbrechen. Am wahrscheinlichsten ist dies, wenn ein Freund, Verwandter oder auch der Arbeitgeber erkennt, daß die Frau tatsächlich in Not ist, und darauf besteht, daß sie

Hilfe in Anspruch nimmt. Solange eine Frau jedoch für alle anderen zu »funktionieren« scheint, wird ihre Not häufig so lange ignoriert, bis ihre Sucht weit fortgeschritten ist. Dann bröckelt ihre so sorgfältig konstruierte Fassade allmählich ab. Ihre Abhängigkeit, egal wovon, wird offensichtlich. Sie trinkt mehr, ißt mehr, zentriert sich noch mehr auf ihren Mißhandler. Sie nimmt mehr Beruhigungsmittel, arbeitet länger, wird unvernünftig, überkritisch, wütend, verstimmt, stark depressiv. Sie steuert offensichtlich auf eine psychische Krise zu, die andere zu einer Reaktion zwingen soll. Sie verhält sich geistesabwesend und unzugänglich, streitet aber immer noch ab, daß etwas nicht stimmt.

Wenn sie in die letzte Phase des Zyklus eintritt, verliert sie entweder die Kontrolle oder wendet ihren Streß in Form von körperlichen Krankheiten, Vertiefung der Depression, Phobien oder/und chronischer Angst mit Panikattacken nach innen. Ihr Sucht- oder Zwangsverhalten ist auf dem Höhepunkt. Sie hat Räusche, Eß- und Brechanfälle oder ähnliches, kurz, sie bricht zusammen. An diesem Punkt vernachlässigt sie tatsächlich ihre Pflichten. Sie kümmert sich nicht mehr um ihre Kinder, geht nicht zur Arbeit, gerät in einen Kaufrausch, läßt sich mißbrauchen. Sie fühlt sich von Wut, Groll und Ekel vor sich selbst überwältigt. Sie glaubt, daß sie der egoistischste und abscheulichste Mensch der Welt sei und daß alle anderen sie völlig im Stich lassen. Ihre Gefühle und ihr Verhalten sind vollständig außer Kontrolle, und nur ein verzweifeltes Wiederbeleben von Selbstbeherrschung, Verleugnung und falschem Stolz kann ihr Selbstgefühl retten.

Dieser Teufelskreis kann sich täglich, wöchentlich, monatlich, jährlich vollziehen. Die Frau, die in einem solchen Muster gefangen ist, verzehrt sich in einem Kampf gegen ihre eigenen Gefühle und ihren verinnerlichten Selbsthaß. Im Lauf der Zeit bringen sie die physiologischen oder praktischen Auswirkungen der jeweiligen Drogen oder Zwänge an den Rand des Abgrunds.

Wenn sie Hilfe sucht, hat sie die Chance, sich aus der Falle der weiblichen Scham zu befreien. Dazu aber braucht sie die Unterstützung vieler Frauen, süchtiger und nicht süchtiger, die sich gemeinsam gegen den Druck unserer Gesellschaft wehren, der Frauen mit Scham bestraft und ihnen das Recht nimmt, ihr Leben selbst zu bestimmen. Noch dringender als die meisten anderen Frauen muß sich die süchtige Frau von dem Diktat des Codex der weiblichen Pflichten befreien, denn er verstärkt die Scham, die sie süchtig bleiben läßt.

Zwänge und Wut

Die meisten Frauen können nicht nein sagen. Als Kinder können wir uns den Forderungen unserer mächtigeren Eltern nicht entziehen. Als Erwachsene können wir uns häufig den Forderungen der Gesellschaft nicht widersetzen, die es erwartet, daß wir uns ganz für die Bedürfnisse und Erwartungen anderer aufopfern. Kein Wunder, daß dann manche Frauen auch nicht nein sagen können zu Drogenkonsum oder anderem riskantem Verhalten.

Das Gefühl, mit dem wir die meisten Schwierigkeiten haben und das häufig hinter einem Zwang steckt, ist Zorn oder genauer gesagt Wut – Wut auf die unmöglichen Erwartungen, Wut wegen unserer unerfüllten Bedürfnisse, Wut auf unsere Abhängigkeit, Wut auf unsere Unfähigkeit, nein zu sagen. Diese Wut oder auch ihr Ausmaß kann bewußt oder unbewußt sein. Kern der Wut ist meist das Gefühl, wir würden in der Aufopferung für andere der eigenen Identität beraubt.

Mißbrauchte Frauen sprechen in unseren Therapiegruppen häufig über ihre unterdrückte Wut. Süchtige Frauen ersäufen ihre Wut buchstäblich in Alkohol. Ann muß als Kind mit so starkem Jähzorn reagiert haben, daß ihre Eltern sie brutal in kaltes Wasser steckten.

Bei vielen Frauen haben eine Sucht oder ein Zwang entweder die Funktion, ihre Gefühle zu dämpfen, zu beruhigen oder beherrschbarer zu machen oder aber ihnen ein Ventil zu schaffen.[2] Eine Frau, die etwa eine Phobie entwickelt, verwandelt ihre Wut in eine bestimmte Angst. Ihre Gefühle liegen so tief unter Schichten von Abhängigkeit und Loyalität verborgen, daß sie die Wut nicht einmal mehr wahrnimmt, sondern nur noch oberflächliche Angstgefühle. Eine Frau mit Eßstörungen versucht weitgehend, Gefühle zu vermeiden; sie versucht, ihre Nahrungsaufnahme zu kontrollieren, will aber eigentlich *sich selbst* kontrollieren, statt die Wut direkt gegen die zu richten, die sie auslösen.

Die Sucht und der Codex

Die Sucht ist für Frauen nicht nur ein Versuch, mit ihrer Wut fertigzuwerden, sie hilft ihnen auch, so paradox das klingt, ihrer Rolle zu entsprechen. Immer wieder sagen süchtige Frauen, der Alkohol oder die Droge habe ihnen geholfen, die Fassade aufrechtzuerhalten und die Forderungen des Codex zu erfüllen[3] – selbstsicher, charmant, attraktiv zu sein, Kompetenz und Beziehungsarbeit zu verknüpfen oder auch nur die Verantwortung zum Beispiel für ihre Kinder tragen zu können.
Ein zentrales, immer wiederkehrendes Thema abhängiger Frauen stellt die Forderung ›Sei eine Dame‹ dar, die Regel, keine Gefühle oder Bedürfnisse zu zeigen. Wenn sie – mit Hilfe der Droge – ihre Gefühle immer wieder »erfolgreich« unterdrücken, glauben sie endlich, sie besäßen gar kein Recht auf Gefühle, kein Recht darauf, sie selbst zu sein.
Schließlich hat diese Entstellung und Unterdrückung von Gefühlen und die daraus resultierende Überverantwortlichkeit und Scham ernsthafte Konsequenzen für die Fähigkeit

einer Frau, sich selbst zu akzeptieren. Die meisten abhängigen Frauen glauben, keine noch so große Leistung, Liebe oder Anerkennung könne ihr grundlegendes Gefühl der Wertlosigkeit aufwiegen.[4]

Gestörtes Gleichgewicht und Ko-Abhängigkeit

Aufopferung für andere

Manche Frauen leiden selbst an einer Sucht, andere sind von der Sucht eines anderen Menschen betroffen. Es hat sich in jüngster Zeit eingebürgert, solche Menschen als ko-abhängig zu bezeichnen.[5] Der/die Süchtige kann ein Elternteil, ein Ehe- oder Lebenspartner oder auch ein Kind sein. Der Ausdruck bedeutet, daß auch das eigene Verhalten und die eigenen Gefühle gestört werden, wenn man innerlich an die Sucht oder die Störung eines anderen gebunden ist. Der/die Süchtige ist abhängig von einer Droge, und der/die Ko-Abhängige ist abhängig von dem/der Süchtigen.

Wie wir schon in Kapitel 1 erwähnt haben, ist »Ko-Abhängigkeit« schnell zu einem Schlagwort geworden, das man den Verhaltensweisen überstülpt, die traditionell Frauen zugeschrieben werden. Der Ausdruck bezieht sich auf eine typische Reaktionsweise: Wenn das Verhalten eines anderen beunruhigend wirkt, tut man mehr für diesen Menschen, versucht ihm zu helfen, und zentriert sich so auf das, was er tut, sagt und denkt, daß die eigenen Gefühle in den Hintergrund treten. Das Leben des/der Abhängigen gewinnt mehr Gewicht als das eigene. Der/die Ko-Abhängige versucht, »die Sache in Ordnung zu bringen«, den Abhängigen in Schutz zu nehmen und sich mit seinem selbstschädigenden Verhalten abzufinden. Er/sie übernimmt die Hauptverantwortung für das, was »schiefgeht«, im Grunde sogar für alles.

In Wirklichkeit aber ist Ko-Abhängigkeit eine extreme Form der Forderung ›Leiste Beziehungsarbeit‹. Genau das aber lernen Frauen seit Jahrhunderten. Der Kern ihrer Identität ist die Selbstaufgabe für Liebe und Anerkennung. Wenn der Mensch, der die Macht hat, Anerkennung zu geben, abhängig ist, gibt auch der sehnliche Wunsch, den »Tag zu retten«, der Forderung ›Sei kompetent‹ eine weitere Ausformung. Menschen, die in einer suchtgeprägten Umgebung leben, wissen genau, daß etwas ganz und gar »schiefgeht«, und setzen alles ein, was ihnen zur Verfügung steht, um die Lage zu verändern.

Verwirrend an dem Ausdruck »Ko-Abhängigkeit« ist jedoch, daß Frauen sich schon immer angepaßt und sich auf andere zentriert haben. Wenn man diesen Verhaltensweisen jetzt das Etikett »krank« aufklebt, wirft man den Frauen genau das Verhalten vor, das sie gelernt haben. Statt dieses Verhalten aber als krankhaft abzustempeln, müssen wir es vielmehr als potentiell gutes Verhalten betrachten, das in bestimmten Situationen aus dem Gleichgewicht in ein Extrem verfällt und allen Betroffenen schadet, statt ihnen zu nützen.

Wenn nun aber die Beziehungsarbeit eine so bedeutende Rolle im Selbstbild einer Frau spielt und ein so starkes Element des Codex der weiblichen Pflichten ist, was macht dann diese Art Überreaktion auf Sucht so schädlich und dysfunktional?

Unter normalen Umständen folgt eine Frau vielleicht einfach den typisch weiblichen Pflichten. Sie sorgt hingebungsvoll für ihren Mann und ihre Kinder. Sie macht die Hausarbeit. Sie hat schon immer von sich erwartet, die Hauptverantwortung für bestimmte Aspekte des Familienlebens zu tragen.

Wenn nun aber ihr Mann trinkt und das im Familienleben immer größeren Raum einnimmt, bekommt sie voraussichtlich Angst. Sie fragt sich nicht nur, was mit ihrem Mann nicht stimmt, sondern auch, was mit *ihr* nicht stimmt, weil die Sache so aus dem Ruder läuft. Ihre weibliche Scham wird akti-

viert. Sie reagiert mit vermehrten Anstrengungen, die Beziehungen in der Familie in Ordnung zu bringen. Und je mehr sie sich bemüht, desto mehr gerät er außer Kontrolle.
Sie beginnt, das Verhalten ihres Mannes zu entschuldigen. Sie glaubt, wenn er sie mehr liebe, würde er aufhören zu trinken, und versucht, sich für ihn begehrenswerter zu machen. Je mehr sie um ihn kämpft, desto abweisender und brutaler wird er. Statt sich zu schützen, will sie ihn immerzu verstehen. Schließlich schlägt er sie, wenn er betrunken ist. Ihr weibliches Pflichtbewußtsein hat sich in selbstzerstörerische Aufopferung und Duldung von Mißhandlung verwandelt.
Von solchen Frauen sagt man im allgemeinen, sie würden »zu sehr lieben«. Man darf jedoch nicht übersehen, daß Frauen, die in Beziehungen mit gewalttätigen oder süchtigen Menschen verstrickt sind, in Wirklichkeit nur versuchen, ein Problem zu lösen, wie sie es *als Frauen* gelernt und verinnerlicht haben.
Viele Frauen leisten Beziehungsarbeit um jeden Preis. Wenn ein Mann sich aggressiv verhält, glauben sie, sie hätten sich nicht genügend angepaßt oder beherrscht. Wenn sie nicht so denken, sind sie keine »richtigen« Frauen. Sie sind ihrem Selbstzweifel und ihrer Scham so sehr verhaftet, daß sie den Fehler eher bei sich als bei einem Mann suchen.
Die Frau, die von Sucht betroffen oder mitbetroffen ist, stellt ein Extrem auf einer Skala der Unausgeglichenheit dar. Diese Unausgeglichenheit beeinträchtigt jede Frau, die sich dem Codex der weiblichen Pflichten zu sehr anpaßt. Zu viel für andere und zu wenig für sich selbst zu tun, sich zu sehr um andere und zu wenig um sich selbst zu kümmern, das sind destruktive Verhaltensmuster für alle Frauen. Den Codex abzuschütteln ist schwer, doch wenn eine Sucht dazukommt, wird es noch schwerer.
Jede Frau muß ihr Leben selbst führen, sich entscheiden, ein Gleichgewicht finden zwischen der Zentrierung auf andere und der Zentrierung auf sich selbst. Wenn sie süchtig wird

oder in die Sucht eines anderen verwickelt ist, muß sie sich zuerst von der Droge befreien. Dann muß sie, wie alle anderen Frauen auch, die Forderungen des Codex hinterfragen und sich dabei selbst aus der Trance, die ihre wahren Gefühle, Bedürfnisse und Stärken betäubt, aufwecken.

Teil II
Wege der Befreiung

6
Der neue Codex der Ausgeglichenheit

In Teil I haben wir gezeigt, wie hoch der Preis ist, den viele Frauen für ihr Pflichtbewußtsein bezahlen. Sie leben nach dem Codex der weiblichen Pflichten, weil sie sich seiner Macht nicht bewußt sind. Sie erkennen nicht, daß sie auch andere Möglichkeiten haben.

Wir haben gesehen, daß dieser Codex uns zu Sklavinnen der Erwartungen anderer macht. Er macht uns verantwortlich für andere statt für uns selbst. Bei dem Versuch, diesen Codex umzusetzen, geraten wir in den Teufelskreis der Scham und werden in Muster der Aufopferung gepreßt, die uns selbst unausgeglichen machen. Wir entwickeln ein Selbst, das kompetent, verantwortungsbewußt, beflissen und auf die Bedürfnisse anderer zentriert ist, kaum aber eines, das genußfähig ist und sensibel für die eigenen Bedürfnisse und Gefühle. Wir schätzen nicht unsere Person, sondern nur unsere Leistungen.

Wenn wir aber diese Regeln, nach denen wir leben, durchschaut haben, können wir sie auch verändern. Wir können Pflichterfüllung durch Wohlbefinden ersetzen. Diese Möglichkeit gibt uns der neue *Codex der Ausgeglichenheit.* Mit Hilfe dieses neuen Codex haben wir die Chance, sowohl innerlich als auch äußerlich in unseren Beziehungen zu anderen ausgeglichener zu werden. Im Rahmen des neuen Codex sind Selbst und Beziehung gleichwertig. Eine Frau definiert sich nicht mehr über Beziehungsarbeit und Fürsorge, sondern sie soll sich als ein ganzheitliches, menschliches Wesen entwik-

keln können, das über ein breites Spektrum von Verhaltensweisen, Interessen und Fähigkeiten verfügt. Der neue Codex der Ausgeglichenheit muß zeigen, wie sich Frauen positiv *in Beziehungen einbringen* können, nicht, *wie* sie Beziehungen *herstellen* und *pflegen* sollen.
Dieser neue Codex schreibt uns nicht vor, wie wir sein sollen und was wir tun müssen, um die Bedürfnisse anderer zu erfüllen. Der neue Codex arbeitet nicht mit Scham. Er wird getragen von der Überzeugung, daß wir als Frauen stark, mächtig und wichtig sind. Der neue Codex geht davon aus, daß wir die Kraft und das Recht haben, uns auf der Grundlage unserer eigenen Überzeugungen und Werte zu entscheiden. Der neue Codex ist nicht starr und droht nicht mit Sanktionen – jede Frau hat das Recht, selbst zu bestimmen, was sie für richtig hält.

Neue Richtlinien

Als Gegenstück zu dem alten Codex der weiblichen Pflichten schlagen wir neue, allgemeine Grundsätze vor, mit denen wir unsere Ziele und unser Verhalten neu definieren können. Diese Grundsätze sind uns angemessener, weil wir mit ihrer Hilfe ein besseres inneres Gleichgewicht erreichen können. Es ist an Ihnen zu bestimmen, welche dieser Grundsätze für Sie am besten zutreffen.

Der Codex der Ausgeglichenheit

ACHTE AUF DEIN WOHLBEFINDEN: Eine ausgeglichene Frau bewertet es höher, sich wohl zu fühlen, als gut auszusehen.

SEI OFFEN: Eine ausgeglichene Frau sagt ehrlich, was sie denkt und fühlt.

SEI VERSTÄNDNISVOLL: Eine ausgeglichene Frau fühlt sich in andere ein, ohne sich einzumischen.

FÖRDERE PERSÖNLICHES WACHSTUM: Eine ausgeglichene Frau gibt sich selbst und anderen Kraft.
SEI ENTSCHLOSSEN: Eine ausgeglichene Frau setzt Grenzen.

Ausgeglichenheit statt Pflichterfüllung

Jeder Grundsatz dieses neuen Codex wirkt einer Forderung des alten entgegen. Im Vergleich tritt der Unterschied zwischen den beiden Codices noch deutlicher hervor.

- Eine Frau, die sich vom Codex der weiblichen Pflichten befreit hat, stellt *Wohlbefinden* über Attraktivität. Sie mag ihren Körper und akzeptiert sich so, wie sie aussieht. Gleich für welche Gelegenheit sie sich anzieht, ihre Kleidung soll bequem sein. Sie zieht sich so an, wie ihr es gefällt und ihrem Geschmack und Stilempfinden entspricht. Sie hat eine positive Einstellung zu ihrem Körper, kann ihn genießen und pflegen und hat das Bedürfnis, gesund und fit zu bleiben. Sie ist fähig zu den verschiedensten sinnlichen Genüssen; sie genießt ihre Sexualität. Ihr Gefühlsleben ist ihr genauso wichtig wie ihre äußere Erscheinung, und sie glaubt nicht, daß sie nur so gut ist wie sie aussieht.
- Statt darauf bedacht zu sein, eine Dame zu bleiben, ist eine befreite Frau *offen*. Sie kann ehrlich zeigen, was sie denkt und fühlt, weil sie ihre Bedürfnisse und Gefühle nicht unterdrückt. Wenn sie ein Problem hat, spricht sie darüber. Sie erwartet, gehört und respektiert zu werden. Sie läßt es andere sofort wissen, wenn sie ihr zu nahe treten. Sie kann sich körperlich und sexuell so ausdrücken, wie es ihr entspricht. Sie wird von ihrem eigenen Wertempfinden gesteuert statt von äußerlichen Regeln. Sie empfindet sich als lebhaft und lebendig.
- Eine befreite Frau ist nicht selbstlos und verfügbar auf

andere zentriert, sondern *verständnisvoll*. Sie kann die Bedürfnisse und Gefühle anderer anerkennen, ohne sich gezwungen zu fühlen, sich um sie zu kümmern. Vielmehr kann sie sich in andere einfühlen und ihr Verständnis zum Ausdruck bringen. Sie hält es für richtig, nein zu sagen, wenn sie nein meint, und sie weiß, daß es oft gar nicht im Interesse anderer ist, sich »um sie zu kümmern«. Sie kann von anderen etwas annehmen. Sie ist ein ganzer Mensch mit den unterschiedlichsten Gefühlen und Interessen, der seine ganz besonderen Bedürfnisse und Wünsche hat. Sie gibt, nicht wenn sie muß, sondern wenn sie will, und nie so, daß sie auf sich selbst dabei keine Rücksicht nimmt.

– Statt sich für Beziehungsarbeit schlechthin verantwortlich zu fühlen, *fördert* eine befreite Frau ihr *persönliches Wachstum*. Sie geht in einer Weise mit anderen um, die sowohl sie selbst wie auch andere physisch, psychisch und geistig bereichert. Sie will sich an Beziehungen freuen statt an ihnen zu arbeiten. Ihr Umgang mit anderen ist geprägt von wechselseitigem Respekt, von Freundlichkeit und Selbstbestätigung. Sie setzt voraus, daß sie selbst und andere ein Recht auf Alleinsein wie auch auf Kontakt haben. Und weil sie denkt, daß immer alle Beteiligten für eine Beziehung verantwortlich sind, hält sie sich auch nicht für alleinschuldig, wenn Probleme auftreten.

– Eine befreite Frau ist nicht klaglos kompetent, sondern *entschlossen*. Sie trifft Entscheidungen und setzt Prioritäten. Sie weiß, daß sie Grenzen hat, und sagt nein bei unvernünftigen Erwartungen. Sie bittet um Hilfe, wenn sie Hilfe braucht, und erwartet von anderen, ihren Teil zu leisten. Sie sucht sich eine Arbeit, bei der ihre wirklichen Talente, Werte und Bedürfnisse zur Geltung kommen. Sie leistet etwas, weil sie ihre Arbeit liebt, und nicht, damit sie geliebt oder weil es von ihr erwartet wird oder weil sie sich sonst schlecht fühlt. Sie weiß, daß niemand alles kann und daß Überforderung ihren Preis hat. Sie kann sich entspannen und vergnügen – sie muß nicht perfekt sein, und sie muß nicht arbeiten, um eine »richtige« Frau zu sein.

Eine Frau, die nach dem neuen Codex lebt

Sosehr der alte Codex der weiblichen Pflichten uns auch bedrücken mag, er ist nicht unüberwindbar. Doch Ausgeglichenheit kann man lernen; man muß nur üben. Es ist vielleicht sogar leichter, als es zunächst aussieht. Um zu illustrieren, wie ein Leben in innerer Ausgeglichenheit aussehen könnte, stellen wir jetzt eine hypothetische Frau namens Barbara vor.

Barbara ist verheiratet, Anfang vierzig und hat zwei halbwüchsige Töchter, Abby und Linda, mit den üblichen Problemen. Sie arbeitet in einer Software-Firma und ist beruflich stark eingespannt, liebt aber ihre Arbeit. Hypothetisch ist sie deshalb, weil für sie, im Gegensatz zu den meisten von uns, die Forderungen des alten Codex der weiblichen Pflichten keine Rolle spielen. Sie soll uns als Modell für drei der Grundsätze des neuen Codex dienen.

Die Situation: Tom, Barbaras Ehemann, und die Töchter werden am Wochenende nicht zu Hause sein. Barbara ist in letzter Zeit aufgrund starker beruflicher Belastung reizbar und abgespannt. Sie beschließt, das Wochenende zu verlängern und ganz für sich zu nutzen, mit einer Freundin essen zu gehen, zu lesen, vielleicht zu malen. Sie teilt ihrem Chef mit, daß sie am Freitag nicht arbeiten wird. Ihrer Familie sagt sie, sie »nehme frei« ab Donnerstagabend, und alle möchten das Haus bei ihrer Abreise ordentlich zurücklassen.

Es ist Dienstagabend, Tom und Barbara gehen zu Bett. Da sagt Tom: »O je, ich habe vergessen, daß meine Mutter am Wochenende Geburtstag hat. Ich habe noch kein Geschenk für sie gekauft. Diese Woche wird fürchterlich – ich komme erst am Sonntagabend aus Chicago zurück. Sie ist sicher gekränkt, daß wir das Wochenende nicht für sie reserviert haben.«

Darauf antwortet die hypothetische Barbara: »Ich weiß, daß du diese Woche stark im Druck bist. Es ist schlimm, wenn man soviel Arbeit und sowenig Zeit hat. Könntest du nicht was besorgen, bevor du zurückkommst, vielleicht am Flughafen? Und wenn nicht – deine Mutter weiß doch, daß du an sie denkst, und ich bin sicher, sie versteht deine Lage.«

Am ersten Abend »ihres« Wochenendes will Barbara gerade mit einem Buch in die Badewanne steigen, da klingelt das Telefon. Es ist Abby. »Mami, ich hab ein Riesenproblem. Ich hab mein Geld zu Hause vergessen, und jetzt kann ich nicht mit den andern ausgehen. Was soll ich nur machen?«

Barbara sagt: »Abby, ich möchte dir wirklich helfen, aber gib mir die Telefonnummer und warte eine halbe Stunde, bis ich mein Bad beendet habe.«

»Aber Mami, ich will mit den andern weggehen.«

»Tut mir leid, Liebling, aber wenn ich dir helfen soll, mußt du mich zuerst das zu Ende machen lassen, was ich gerade tue. Was willst du also?«

Abby beschließt zu warten. Barbara beendet ihr Bad und ruft zurück. »So, Abby, was willst du unternehmen?«

»Ich hab gedacht, weil du doch nichts vorhast, könntest du herfahren und mir Geld bringen.«

»Abby, das ist eine Lösung, bei der ich etwas tun soll. Sag mir, was *du* tun willst.«

»Mami, ich *weiß* es doch nicht. Du sollst mir helfen. Was kann *ich* denn schon tun?« (Abby beginnt zu weinen.)

»Abby, ich verstehe, daß du sehr aufgeregt bist. Bestimmt ist es dir peinlich, und du ärgerst dich auch, daß du ohne Geld dasitzt. Aber ich glaube, wenn du ein bißchen nachdenkst, fällt dir schon etwas ein. Vielleicht hilft dir dort jemand aus. Oder vielleicht deine Schwester.«

»Linda?! Die würde doch eher sterben! Die frag ich nicht!!«
»Abby, schrei mich nicht an, wenn wir weiterreden wollen, ja?«
»Ja, Mami.«
»Wenn du ihr dein Problem erklärst, hilft sie dir vielleicht doch. Und wenn du niemand anders fragen magst, mußt du eben zu Hause bleiben.«
»Du bringst mir also kein Geld?«
»Nein, tut mir leid, Liebling. Dieses Wochenende habe ich für mich geplant, und das bleibt auch so.«
»Ich versteh dich nicht, Mami. Warum ist es denn so wichtig für dich, allein zu sein? Du tust ja, als ob du uns alle nicht ausstehen kannst und uns los sein willst.«
»Nein, Abby, das bestimmt nicht. Aber ich brauche das jetzt. Ich lege jetzt auf. Ich liebe dich. Ich weiß, daß du das irgendwie hinkriegst. Ich wünsche dir wirklich schöne Tage. Bis Sonntagabend.«
Barbara widmet sich wieder ihrem Buch, und es gelingt ihr, den Gedanken an Abby beiseite zu schieben. Sie weiß, daß ihre Tochter ihr Problem lösen kann. Während ihres Alleinseins wird ihr schließlich klar, warum sie so gestreßt ist. Sie hat zuviel Verantwortung für ein neues Projekt übernommen. Sie beschließt, ihrem Chef zu sagen, daß sie Unterstützung braucht.
Dann geht ihr durch den Kopf, daß sie und Abby in letzter Zeit Probleme miteinander haben. Sie spürt, daß Abby etwas von ihr will, weiß aber nicht genau was. Sie beschließt, mit Tom darüber zu sprechen und sich Abby mehr zuzuwenden, um sie besser verstehen zu können.
Barbara beginnt, sich wohler und entspannter zu fühlen. Sie ist froh, daß sie mit einigen ihrer Probleme ins reine gekommen ist. Am Sonntagmorgen ruft sie ihre Schwiegermutter an, gratuliert ihr und lädt sie für das nächste Wochenende zum Essen ein. Tom hat ihr Blumen geschickt. Am Nachmittag

fängt Barbara an, Tom zu vermissen. Sie beschließt, ihn selbst abzuholen und ihn zum Abendessen einzuladen, weil sie weiß, daß er gerne allein mit ihr essen geht.
Barbara ist offensichtlich eine selbstsichere und eigenverantwortliche Frau. Sie sorgt aktiv für ihr Wohlbefinden und Wohlergehen. Es gibt kaum »Stimmen« in ihrem Kopf, die sie ständig in Frage stellen. Barbara ist offen. Sie sagt allen ruhig und freundlich, was sie denkt und fühlt. Ihr Beispiel zeigt eindringlich, daß sich mit den folgenden drei Grundsätzen des neuen Codex der Ausgeglichenheit Beziehungen ganz anders gestalten lassen:
Sei verständnisvoll
Fördere persönliches Wachstum
Sei entschlossen

Verständnisvoll sein

Verständnisbereitschaft oder auch Einfühlungsvermögen können sich in einer Beziehung nur dann entfalten, wenn diese darauf beruht, daß keiner für die Gefühle, Bedürfnisse, Erwartungen oder Aufgaben des anderen verantwortlich ist. Wirklich verständnisvoll sein setzt voraus, daß man auf die Gefühle eines anderen Menschen eingehen kann, ohne direkt auf sie zu reagieren oder sie auf sich zu beziehen. Was der andere zu sagen hat, ist eine Aussage über ihn selbst und nicht über Sie, und Sie bemühen sich, diese Gefühle zu würdigen, indem Sie dem anderen zu verstehen geben, daß Sie ihn verstehen. Manchmal kann das heißen, daß Sie selbst ähnliche Gefühle empfinden, sie dem anderen mitteilen und ihm so vermitteln, daß er verstanden wird. Psychologen, die untersuchen, wie Frauen Beziehungen zu anderen herstellen, bezeichnen diese Fähigkeit als Empathie.[1] Frauen können diese Fähigkeit besonders dann nützen, wenn sie auf die Gefühle eines anderen Menschen weder mit Schuldgefühlen noch mit Scham oder Verantwortlichkeit reagieren.

Zuerst überrascht an Barbara vielleicht das, was sie *nicht* tut. Als Tom sein Problem mit seiner Mutter anspricht, bezieht sie das weder auf sich, noch macht sie ihm Vorwürfe. Sie sagt weder: »Daran hättest du auch früher denken können« noch »Du willst wohl, daß ich jetzt losrenne und ein Geschenk kaufe.« Auch gibt sie Tom keine Ratschläge. Sie geht nicht auf Abwehr, und sie rechtfertigt ihre Entscheidung, sich das Wochenende zu gönnen, nicht. Sie vermittelt Tom, daß sie davon ausgeht, er werde sich selbst um den Geburtstag seiner Mutter kümmern.

Weil sie nicht nach den Forderungen ›Leiste Beziehungsarbeit‹ oder ›Sei selbstlos‹ lebt, kann Barbara Tom gegenüber verständnisvoll sein. Sie erkennt seine Empfindungen an und zeigt ihm zusätzlich ihre Bereitschaft, mit ihm darüber zu reden. Dabei teilt Barbara, ohne es auszusprechen, eindeutig mit, daß sie in keiner Weise davon ausgeht, es sei ihre Aufgabe, sich um Toms Problem zu kümmern, daß sie aber trotzdem ein offenes Ohr für ihn und sein Problem hat.

An diesem Punkt könnte Tom dreierlei tun. Wenn er wirklich insgeheim erwarten würde, daß Barbara ihre Zeit auf sein Problem verwendet, könnte er weiter darauf herumreiten, daß er zu wenig Zeit habe, und Barbara damit indirekt mitteilen, daß sie für ihn einkaufen gehen solle. Barbara, die ja gegen diese Art Verantwortlichkeitsgefühl immun ist, würde diese verborgene Botschaft spüren und eine nähere Erklärung erbitten. »Tom, es kommt mir so vor, als ob du mich bitten wolltest, für dich einzukaufen. Wenn das so ist, dann sag es mir lieber offen.« Wohlgemerkt, Barbara »springt« nicht einfach auf Tom »an«. Bevor sie nicht weiß, ob Tom wirklich etwas von ihr will, kann sie nicht entscheiden, ob sie diesen Wunsch erfüllt oder nicht. So ist es an Tom, sich zu erklären.

Als zweite mögliche Reaktion könnte Tom offen zu Barbara sagen: »Könntest du mir helfen und für mich einkaufen oder meine Mutter besuchen?« In diesem Szenario drückt Tom aus, daß er von Barbara nicht erwartet, sich seines Problems anzunehmen, und daß er ihre Zeit und Zeiteinteilung respektiert. Er bittet direkt um Hilfe. Barbara hat die Freiheit, ja oder nein zu sagen. Wenn sie ja sagt, dann aufgrund ihrer freien Entscheidung. Dahinter steht dann auch nicht die Annahme, daß Tom wichtiger sei als sie selbst oder daß ihr Selbstwertgefühl davon abhinge, ihm etwas zu geben. Wenn sie ja sagt, dann ist das eine Vereinbarung zwischen zwei Menschen, die sich mögen und von Zeit zu Zeit gegenseitig Hilfe in Anspruch nehmen. Barbara kann Tom genauso um Hilfe bitten, wenn sie sie braucht.

Das Wichtigste dabei ist, daß Barbara in sich zentriert bleibt; sie ist fähig, ihre Entscheidungen sowohl aufgrund ihrer eigenen Bedürfnisse wie auch der Toms zu treffen. Sie kann verständnisvoll sein, weil sie nicht versucht, irgendwelche Pflichten zu erfüllen. Sie kann nein sagen, wenn sie nein meint. Ein Nein ist eine legitime Antwort auf eine offene Frage. Tom paßt das vielleicht nicht, aber Barbara hat keinen Zweifel an ihren Grenzen gelassen. Er hat das Recht, darüber unglücklich zu sein, aber Barbara muß ihre Position nicht weiter rechtfertigen oder verteidigen.

Schließlich kann Tom sein Dilemma einfach mit Barbara diskutieren und zu einer eigenen Lösung gelangen. Wenn er sie fragt, wie sie sein Problem angehen würde, kann sie ihm ihre Vorschläge durchaus mitteilen.

In diesen Interaktionen zwischen Barbara und Tom verhält sich Barbara verständnisvoll und ohne Anzeichen von Überengagement. Barbara hegt keinen unterschwelligen Groll gegen Tom; sie spürt weder Druck noch Angst, ihm zu mißfallen; sie wird nicht mißtrauisch, weil sie nicht vermutet, sie »solle« etwas für ihn tun, obwohl sie nicht will. Sie macht sich auch keine Vorwürfe wegen ihres »Egoismus«. Kurz, sie ist überzeugt, daß es legitim und angemessen ist, auf sich selbst zentriert zu bleiben. Die Beziehung zu Tom ist ausgeglichen; sie wird nicht überverantwortlich auf ihre Kosten.

Weil Barbara hypothetisch ist, kann sie konsequent bleiben. Als Abby anruft, wird sie nicht böse, sondern zeigt Verständnis für ihre Lage, fühlt sich aber auch nicht verantwortlich für Abbys Problem. In ihrer Mutterfunktion versucht sie zu leiten, Rat zu geben und zu zeigen, daß sie Vertrauen in Abbys eigene Fähigkeiten setzt. Kritik, Vorwürfe und Überverantwortlichkeit hat sie nicht nötig.

Außerdem spürt sie in ihrer Beziehung ein Problem. Statt die Schuld bei Abby zu suchen, beschließt sie, mehr Verständnis für Abbys Gefühle aufzubringen. Damit beweist sie für ihre Aufgabe als Mutter angemessenes Verantwortungsbewußtsein.

Einfühlungsvermögen ist eine Fähigkeit, die Frauen nur dann entfalten können, wenn sie nicht ständig mit den Gefühlen, Bedürfnissen, Erwartungen oder Aufgaben eines anderen Menschen befaßt sind. Wenn Sie verständnisvoll sind, erkennen Sie die Gefühle des anderen an und vermitteln ihm, daß Sie ihm nachfühlen können. Sie nehmen seine Aussagen, wie sie sind, und beziehen sie nicht auf sich, müssen sich also auch nicht angegriffen fühlen und sich verteidigen. Wenn Sie eine versteckte Erwartung spüren, bitten Sie um Erklärung.

Ob Sie es glauben oder nicht, es tut gut, Verständnis für andere zu empfinden, weil Sie sich dann ihnen und sich selbst näher fühlen. Um verständnisvoll sein zu können, müssen Sie Kontakt zu Ihren eigenen Gefühlen haben, statt auf fremde Gefühle zu reagieren oder sich dieser *fremden* Gefühle zu schämen. Da Sie die Probleme eines anderen nie wirklich lösen können, tut es gut, von dieser Last frei zu sein und anderen dennoch zu vermitteln, daß Sie Anteil nehmen.

Eigenes und fremdes Wachstum fördern

Sie mögen einwenden, daß ein Verhalten, das Wachstum fördert, sich doch überhaupt nicht unterscheidet von dem, was von Frauen normalerweise erwartet wird. Damit haben Sie zugleich recht und unrecht. Frauen neigen zwar angeblich von Natur aus zu allen Tätigkeiten, die mit Pflege, Erziehung, Liebe, Unterstützung etc. zu tun haben, doch daß sie sich auch zu sich selbst so verhalten sollten, das propagiert niemand. Zudem wird »Förderung von Wachstum« häufig zu eng definiert, so daß zahlreiche Facetten des liebevollen Verhaltens, zu dem wir fähig sind, ausgeblendet bleiben. Oft versteht man unter »Förderung« nur Bemuttern.

Wachstum zu fördern, ist ein weiteres Mittel gegen Überverantwortlichkeit. Als neue Verhaltensgrundlage einer Beziehung kann es sehr verschiedene Formen annehmen – reden, zuhören, ermutigen, unterstützen, Gefühle anerkennen, lehren, helfen, anleiten, Sicherheit und Wertschätzung vermitteln, beruhigen, trösten, einfach da sein, wenn jemand Probleme hat – *seine* Probleme. Im Grunde bedeutet es, Anteilnahme und Mitgefühl zu vermitteln und dem anderen Menschen zu zeigen, daß man seine Eigenständigkeit, seine Erfahrung und sein Wachstum respektiert und bestärkt.

Wenn Sie aus einem Gefühl von Fülle und Freiheit heraus geben und Wachstum fördern, können Sie im Geben Erneuerung und Erfüllung erfahren. Wenn Sie aber wenig Reserven haben und sich innerlich leer fühlen, führt der Versuch zu geben zu Groll und Erschöpfung. Zuwendung erhalten ist genauso wichtig wie Zuwendung geben. Als Erwachsene können wir lernen, Beziehungen aufzubauen, die auf diesem wechselseitigen Prozeß beruhen.

Unsere hypothetische Barbara ist in hohem Maße fähig, Wachstum zu fördern, und sie beginnt damit bei sich selbst. Als Barbara merkt, daß es ihr nicht gut geht, ist ihre erste Reaktion, nach Möglichkeiten der Erholung zu suchen. Fast instinktiv weiß sie, was sie dazu braucht – Zeit für sich allein, frei von Druck und Verantwortung, um wieder zu sich selbst zu finden.

Statt wütend auf andere zu werden, statt sich Vorwürfe wegen ihrer Bedürfnisse zu machen und Ausflüchte gegen ihren

Wunsch nach Freizeit zu suchen, nimmt sie sich, was sie braucht, um ihre Reserven wieder aufzufüllen. Nachdem sie das erreicht hat und wieder in sich zentriert ist, stellt sich ganz von selbst ihr Bedürfnis ein, den Menschen, die sie liebt (Tom und Abby), Verständnis und Unterstützung entgegenzubringen.

Wachstum fördern muß nicht, kann aber bedeuten, tatsächlich etwas für andere zu tun. Es bedeutet weniger, sich um *andere* zu kümmern, als sich vielmehr um die *Beziehung* zu ihnen zu kümmern. Tom und Abby müssen ihre Probleme selbst lösen und können das auch. Barbara vermittelt ihnen nur, daß sie Anteil daran nimmt und möchte, daß es ihnen gut geht. Sie teilt das durch ihr Verhalten mit. Sie nimmt den anderen ihre Probleme nicht ab und versucht auch nicht, sie zu dirigieren oder ihr Verhalten zu kommentieren.

Noch etwas tut Barbara nicht: Sie versucht nicht, von jemandem Zuwendung und Anteilnahme zu bekommen, der ihr das im Augenblick wahrscheinlich nicht geben kann. Unser hypothetischer Tom ist zwar ebenfalls ein liebevoller Mensch, steht aber offensichtlich in der fraglichen Zeit stark unter Streß. Barbara trifft eine positive Entscheidung, wie sie ihre Bedürfnisse dennoch wirklich befriedigen kann – sie nimmt Kontakt zu einer Freundin auf, weil sie weiß, daß ihr das gut tun wird. Könnte sich Barbara mit ihrem Bedürfnis nach Verständnis und Zuwendung jedoch niemals an Tom wenden, wäre die Beziehung unausgeglichen, weil sie nicht auf Gegenseitigkeit beruht. Auch wenn Tom sich keine Zeit für seine Töchter nähme, wäre Barbara überverantwortlich.

Wie fördert man persönliches Wachstum?

Wenn wir aus der Falle unserer eigenen Definitionen ausbrechen, können wir sehen, daß alle Menschen, auch Kinder, die Fähigkeit haben, Wachstum zu fördern. In unserer Gesellschaft gilt dieses Verhalten jedoch nicht viel, deshalb hat es in

unserer Kultur und unserem Gefühlsleben einen geringen Stellenwert. Wahrscheinlich ist es daher in unserer perfektionistischen und leistungsbezogenen Welt sehr selten, und deshalb fehlt uns allen etwas. Sogar unsere Umwelt leidet, weil wir zwar unserer Wirtschaft, nicht aber der Umwelt »Wachstumsbedarf« zuschreiben. Dummerweise ist genau dieses Verhalten entscheidend für unser Wohlbefinden.
Als Erwachsene leiden wir zwar unter diesem Mangel, doch wir glauben, wir seien zu alt, um noch etwas zu erreichen. Traditionell tragen die Frauen die Verantwortung für Wachstum, weil sie die Kinder gebären und großziehen. Männer lernen meist erst gar nicht, Wachstum zu fördern. Außerdem verleugnen sie oft ihr Anlehnungsbedürfnis, erwarten aber von Frauen unterschwellig genau diesem Bedürfnis entgegenzukommen. Frauen wiederum lernen, ihr eigenes Anlehnungsbedürfnis zu verleugnen und ihre ganze Energie auf andere zu zentrieren.
Was uns am meisten daran hindert, unser eigenes Wachstum zu fördern und uns von anderen stützen zu lassen, ist unsere Überzeugung, daß wir es eigentlich nicht verdienen. Was uns am meisten daran hindert, das Wachstum anderer zu fördern, ist die Verwechslung mit dem Gefühl, verantwortlich für sie zu sein. Die folgende Liste führt Verhaltensweisen auf, die einer wechselseitigen, liebevollen Beziehung förderlich bzw. hinderlich sind.

Förderlich

- Sie zeigen offen, wenn Ihnen an jemandem wirklich etwas liegt, ob Freund, Familienmitglied, Geliebter, Klient, Schüler, Arbeitskollege, Kind. Sie zeigen es sooft und soviel Sie wollen.
- Sie folgen Ihrer inneren Stimme, die Ihnen sagt, was Sie jetzt brauchen.
- Sie tun sooft und soviel Sie können, was Ihnen Freude macht.

- Sie wissen, daß Unterstützung und Zuwendung, Geben und Nehmen in unserer Gesellschaft tendenziell ungleich verteilt sind. Wenn Sie das Gefühl haben, in einer Beziehung findet überhaupt kein positiver oder wechselseitiger Austausch statt, dann ist sie gestört.
- Sie glauben, daß Sie es verdienen, glücklich zu sein, respektiert zu werden und zu bekommen, was Sie brauchen.
- Sie geben, indem Sie zulassen, daß andere Ihnen geben.
- Sie lernen, um das zu bitten, was Sie brauchen, und zu akzeptieren, daß andere manchmal nein sagen müssen.
- Sie geben so, daß das persönliche Wachstum, das Wohlbefinden und die Eigenständigkeit anderer bestätigt werden, denn der Kontakt zwischen Menschen mit klaren Grenzen ist tiefer.
- Sie fördern das Wachstum Ihrer Kinder selbstlos, vergessen aber nicht, sich in Ihren Beziehungen zu anderen Erwachsenen zu erholen.
- Sie wissen, daß unsere Umwelt von Natur aus Wachstum fördert und daß nur Menschen mit negativen Überzeugungen und destruktivem Verhalten diesen Prozeß blokkieren.
- Sie erkennen und respektieren die Bedürfnisse anderer. Wachstum zu fördern ist unangebracht, wenn es der andere nicht braucht oder will.
- Achten Sie sorgfältig darauf, Ihr eigenes Wachstum zu fördern, wenn Sie sich schlecht fühlen oder mehr als üblich unter Streß stehen.
- Sie wissen, daß nicht nur das Wachstum von Menschen, sondern auch von Beziehungen, Talenten, Projekten, Umgebungen – von allem, was lebendig ist und sich verändert – gefördert werden muß und im Gegenzug Bestätigung und Belohnung geben kann.
- Sie wissen, daß Sie sich um so wohler fühlen, je mehr Sie Wachstum fördern und fördern lassen.

Hinderlich
- Sie denken negativ über sich, bestrafen sich selbst und akzeptieren die negativen Definitionen anderer.
- Statt andere in ihrem Wachstum zu fördern, versuchen Sie, ihnen alles abzunehmen und sich für sie aufzuopfern.
- Sie geben, auch wenn Sie nicht können oder wollen.
- Sie schieben den Gedanken weg, daß anderen etwas an Ihnen liegt.
- Sie wollen Zuwendung und Unterstützung von Menschen, die das nicht geben können.
- Sie suchen Ausflüchte, wenn Sie eigentlich Zeit oder Aufmerksamkeit für sich brauchen.
- Sie hindern andere daran, Ihnen zu geben, weil Sie sich sonst verpflichtet fühlen, Ihrerseits zu geben.
- Sie glauben, Ihnen stünde nur ein bestimmtes Maß an Zuwendung und Unterstützung zu, oder Sie sollten nur ein bestimmtes Maß davon geben.
- Sie erwarten von anderen, daß sie geben, und verhindern damit, daß sie es von sich aus tun.
- Sie erwarten von sich, daß Sie geben. Wenn Sie das aber eigentlich nicht wollen, geben Sie Probleme statt Zuwendung.

Dinge, die Wachstum fördern
- Schreiben Sie Ihrer Freundin eine Karte.
- Verbringen Sie allein oder mit Freunden einen Tag in der Natur.
- Wenn Ihre Freundin Probleme hat, hören Sie zu.
- Sagen Sie Ihrer Schwester, wie gut Sie sie finden.
- Lassen Sie sich bekochen.
- Kaufen Sie sich das neue Buch, das Sie lesen wollten, und lesen Sie es.
- Verbringen Sie mit jedem Ihrer Kinder einen Tag allein.
- Nehmen Sie ein paar Tage Urlaub, und denken Sie an nichts.

- Lassen Sie sich massieren oder massieren Sie jemanden.
- Planen Sie ein Fest zu Ihrem Geburtstag.
- Setzen Sie sich hin, tun Sie nichts, und denken Sie über alles nach, was Ihnen durch den Kopf geht.
- Geben Sie Ihrem Partner oder Ihrer Partnerin etwas, von dem Sie wissen, daß er oder sie es braucht oder gern hätte.
- Reden Sie mit anderen Menschen über das, was Sie über das Leben denken.
- Hören Sie anderen zu, um wirklich zu verstehen, was sie fühlen und denken.
- Versuchen Sie, jemanden zu trösten, der Kummer hat.
- Malen Sie, schreiben Sie, singen Sie etwas.
- Führen Sie ein Tagebuch.
- Rufen Sie alle Ihre Freunde an und erkundigen Sie sich nach ihrem Befinden; machen Sie das auch bei Ihrer gesamten Familie.

Wachstum zu fördern, erfordert manchmal schwere Entscheidungen. Unsere Zeit ist begrenzt und vielfältig verplant. Um unser eigenes oder fremdes Wachstum zu fördern, müssen wir manchmal etwas anderes liegenlassen. Dennoch muß es Priorität haben.
Dieser Grundsatz gilt in Beruf und Privatleben gleichermaßen. Wenn wir ständig das Gefühl haben, daß wir nicht in der Lage sind zu geben, weil unsere Arbeit zu belastend und aufreibend ist, und unser Arbeitsplatz unser Wachstum nicht fördert, dann sind wir unausgeglichen und müssen die Situation diesem Grundsatz gemäß ändern.

Entschlossen sein

Das letzte Gegenmittel gegen Überverantwortlichkeit ist Entschlossenheit. Entschlossenheit heißt Grenzen ziehen, heißt andere darauf aufmerksam machen, daß sie Ihre Eigenständigkeit und Ihre Person zu respektieren haben. Durch

Entschlossenheit zeigen Sie, was Sie bereit sind zu akzeptieren und zu tun und was nicht. Sie können weder Wachstum fördern noch verständnisvoll sein, wenn Sie nicht zugleich entschlossen sind, denn Entschlossenheit schützt Sie davor, anderen auf Ihre Kosten zu geben. In der Therapie nennen wir Entschlossenheit »Selbstbehauptung« oder »eine Position beziehen können«.

Der Frau, die es allen recht machen will, gelingt es häufig nicht, entschlossen zu sein. Weil sie zuviel für andere fühlt und tut, kann sie nicht festlegen, was für sie akzeptabel ist und was nicht. Sie übernimmt einfach die Last anderer Menschen – egal, ob das angemessen ist, und ohne ihre eigenen Grenzen zu bedenken. Weil sie sich leicht dazu verleiten läßt, ihre Grenzen durchlässig zu machen und nachzugeben oder mehr zu tun, wenn ihr bedeutet wird, sie sei »schlecht«, ist sie anfällig für Mißbrauch durch andere. Wenn eine Frau keine Grenzen setzt, können andere ungehindert übertriebene Ansprüche an sie stellen. Es gelingt ihr nicht, ihnen Respekt abzufordern. Weil ihr andere ihre Fassade bestätigen müssen, kann sie kein realistisches Selbstbild entwickeln.

Sehen wir uns an, wie Barbara sich selbst behauptet und wie sich das auf ihre Beziehungen auswirkt. Zunächst behauptet sie sich gegenüber ihrem Chef; sie nimmt Urlaub. Viele von uns trauen sich nicht, das so einfach selbst zu bestimmen. Barbara gelingt das vermutlich deshalb, weil sie davon überzeugt ist, ein Recht auf die Erholung zu haben, die sie braucht, und weil sie ihre Überzeugung auch vermitteln kann. Zweifelsohne hat sie ihrem Chef klargemacht, daß sie davon ausgeht, er werde ihren Wunsch verstehen und respektieren.

Barbara bleibt entschlossen und nimmt Tom sein Problem mit seiner Mutter nicht einfach ab. Sie hat ihre Zeit für sich reserviert. Das ist ihr wichtig, und deshalb hält sie an ihrer für Tom oder für ihre Schwiegermutter möglicherweise unpopulären Entscheidung fest. Sie hat entschieden, daß in diesem Fall ihre eigenen Bedürfnisse vorgehen. In dem Gespräch mit

Abby schließlich bleibt Barbara ebenfalls durchweg bestimmt, aber freundlich.
Spätestens jetzt wäre eine weniger hypothetische Person als unsere Barbara fix und fertig von dieser andauernden Entschlossenheit. Um etwas relativ Geringfügiges für sich selbst tun zu können, muß sich Barbara mit fast allen wichtigen Menschen in ihrem Leben auseinandersetzen und sich von ihnen abgrenzen. Es demonstriert aber, welche zentrale Rolle wir in Familie und Beruf spielen und wie hoch die Erwartungen sind, die man gewohnheitsmäßig an uns stellt, ohne daß wir das auch nur merken. Nichts löst so sicher eine heftige Reaktion aus wie eine Frau, die dem Geben Grenzen setzt und sich entschlossen behauptet.
Aber schauen wir uns die positiven Auswirkungen an. Barbara bekräftigt ihre Selbstachtung und kann deshalb zeigen, daß sie Respekt von anderen erwartet. Sie fühlt sich verantwortlich für die eigenen Bedürfnisse und erwartet von anderen dasselbe. Sie fördert Wachstum und zeigt Verständnis, aber sie kennt ihre Grenzen. Da sie sich nicht in Toms und Abbys Probleme einmischt, finden sie selbst Lösungen. Tom muß die Beziehung zu seiner Mutter selbst pflegen, und Abby muß lernen, daß unabhängig sein auch heißt zu wissen, wie man Hilfe bekommt.
Barbara muß nicht abweisend und böse werden, um ihre Position zu behaupten. Als Abby ihr vorwirft, keinen »leiden zu können«, geht sie nicht auf den Vorwurf ein. Sie nimmt die Äußerung als Ausdruck von Abbys Ärger, der nichts mit ihren wahren Gefühlen zu tun hat. Sie läßt Abby daher nicht im ungewissen, stellt aber auch ihr Bedürfnis nach Alleinsein nicht in Frage.
Entschlossenheit, Grenzen setzen und Positionen beziehen kann zunächst negative Reaktionen auslösen, besonders wenn die Umwelt dieses Verhalten nicht gewöhnt ist, führt aber letztlich zu mehr Wohlbefinden für alle Beteiligten. Die Frau fühlt sich wohl, weil sie bekommt, was sie braucht, und

weil dadurch ihr Selbstbewußtsein steigt. Sie und ihre Beziehungen sind ausgeglichen. Dies kommt nicht zuletzt auch ihrem Lebensgefährten zugute.
Kinder fühlen sich sicher und geborgen, wenn sie Regeln und Grenzen kennen. Wenn ein Kind sieht, wie ein Erwachsener Grenzen setzt, hat es zudem ein Vorbild für ausgeglichenes, statt für »richtiges« Verhalten.
Wie gesagt, Barbara ist hypothetisch. Ihr fällt es leicht, nach einem neuen Codex zu leben, weil sie nie an den alten geglaubt hat. Um Ausgeglichenheit und Wohlbefinden zu erreichen, werden jedoch die meisten von uns den steinigen Weg der Veränderung gehen müssen.

7
Pflichterfüllung gleich Verantwortlichkeit

Die Gleichung wird geändert

Wohl kaum eine Frau verfügt über die Ausgeglichenheit der hypothetischen Barbara aus dem letzten Kapitel. Ihr fällt es nicht schwer, nein zu sagen, weil sie nicht fürchtet, das könne ihren Beziehungen schaden. Andererseits dürften auch nur wenige von uns so sehr vom Codex der weiblichen Pflichten beherrscht werden wie Ann aus Kapitel 5. Die meisten von uns schaffen es zumindest manchmal, nein zu sagen – ein wichtiger Grundsatz des neuen Codex – und werden prompt von Schuldgefühlen geplagt. Wir schämen uns, daß wir überhaupt Grenzen setzen müssen. Wir stehen also irgendwo zwischen völliger Ausgeglichenheit und extremer Pflichterfüllung.

Unser Dilemma besteht meist darin, daß wir unsere Grenzen nicht entschlossen behaupten können, ohne uns schlecht zu fühlen. Für Barbara zum Beispiel folgt eine Situation auf die andere, in der sie ihre Entscheidung für sich selbst gegen die Ansprüche von Mann, Tochter und Schwiegermutter durchsetzen muß. Wie erreichen wir diese Ausgeglichenheit? Wie können wir die Balanceakte zwischen fremden Bedürfnissen und unseren eigenen, zwischen Verständnis und Verantwortlichkeit bewältigen und uns dabei wirklich wohl fühlen?

In jedem dieser Balanceakte stecken sogenannte Pflichtkrisen, die den Anstoß zur Veränderung geben. Offensichtlich müssen wir unsere Überzeugungen und unsere Definitionen von Pflichterfüllung ändern, bevor sich unser Lebensgefühl ändert. Die meisten von uns behalten jedoch ihr überverantwortliches Verhalten bei. Häufig erkennen wir erst dann, wenn wir etwas tun – obwohl wir es eigentlich nicht wollen – oder etwas unterlassen – und uns dann schlecht fühlen –, daß der Codex der weiblichen Pflichten eine Zwangsjacke ist.
Die Ereignisse, die uns schließlich zur Veränderung der Situation treiben, können scheinbar geringfügig sein. Immer aber spielt darin die Motivation eine Rolle, die eigenen Verhaltensmuster zu hinterfragen. Eine Klientin schildert ihr »Damaskus-Erlebnis« wie folgt:
»Ich hatte gerade mit einem Mann Schluß gemacht. Ich war allein in meiner Wohnung, und aus irgendeinem Grund genoß ich es an diesem Abend, allein zu sein. Ich kochte mir gerade etwas Gutes und las ein gutes Buch. Er rief an und wollte mit mir reden, als gerade die Zwiebeln bräunten. Mein Bedürfnis, allein zu sein und das zu tun, was ich grade tat, war so stark, daß ich nein sagte und auflegte. Das war völlig ungewöhnlich. Irgendwie war mir klar, daß sich etwas bei mir geändert hatte – ich merkte zum ersten Mal, daß es für mich wichtig war, mich selbst in den Mittelpunkt zu stellen. Ich hatte sonst immer alles stehen und liegen lassen, wenn er etwas wollte, weil ich so abhängig von seiner Zuwendung war.«
Diese Frau steht einen Konflikt durch und erlebt sich dabei auf eine Weise, die ihr alte Verhaltensmuster bewußt werden läßt. In Ausdrücken wie »ich merkte«, »mir fiel auf« oder »ich erkannte« schlägt sich nieder, daß wir aus der Trance erwacht sind und nach neuen Wegen suchen.
Solch eine Pflichtkrise ist eine Krise der *Zentrierung*; sie

zwingt uns zu entscheiden, ob wir fremdbestimmt oder selbstbestimmt handeln wollen. Sie zwingt uns, unsere Definitionen von Pflicht zu überdenken und neue Prinzipien für unser Verhalten zu entwickeln. Die Veränderung unserer Überzeugungen und unseres Verhaltens führt schließlich zu einer Veränderung unseres Selbstwertgefühls.

Veränderung erleben

Anfangs kann der Übergang zum Codex der Ausgeglichenheit genauso mühevoll sein wie das Leben nach dem Codex der weiblichen Pflichten. Dieser Übergang kostet Zeit und emotionale Kraft. In Übereinstimmung mit sich selbst zu leben und nein sagen zu können wie Barbara ist das Ziel – der Weg dorthin kann so beschwerlich erscheinen, daß manche Frau lieber bleibt, wo und wie sie ist. Jeder Weg jedoch hat ein Ende, und wir glauben, daß sich das Ziel lohnt.
Eine Klientin berichtet, wie sie eine wichtige Veränderung erlebt hat: »Als Don und ich beschlossen zu heiraten, wollten wir eine kleine, intime Feier im engsten Kreis. Meine Mutter wollte aber eine Riesenhochzeit mit allem Tamtam. Zuerst ging ich wie immer auf ihre Wünsche ein und schleifte Don in alle möglichen Etablissements, wie sie sich meine Mutter vorstellte. Don und ich diskutierten monatelang darüber. Schließlich sagte ich mir: ›Nein, ich mach' das nicht.‹ Als ich es ihr sagte, kam: ›Wie kannst du mir das nur antun? Ich habe mein Leben lang auf diesen Tag gewartet!‹ Ich sagte ganz ruhig: ›Mama, dein Tag ist vorbei. Das ist meiner.‹
Danach war es viel leichter für mich, mich nicht immer nach ihren Wünschen zu richten. Sie verzieh es mir niemals, aber irgendwie falle ich jetzt nicht mehr so leicht auf sie rein.«
Dieses Buch soll Ihnen vor allem in den Stadien des Veränderungsprozesses helfen, in denen die meisten Frauen die größ-

ten Schwierigkeiten haben. Wenn Sie die Erfahrung machen, daß Sie sie durchstehen können, haben Sie mehr Energie für die Veränderung. Gewöhnlich ist es leichter, wenn Sie diesen Prozeß gemeinsam mit anderen durchmachen, zum Beispiel in einer Therapie- oder Selbsthilfegruppe oder nach den Programmen der Anonymen Alkoholiker oder von Al-Anon.

Die erste Hilfe, die wir anbieten, besteht darin, Kriterien zu entwickeln, nach denen Sie entscheiden können, ob eine Veränderung für Sie nötig ist. Wenn es Ihnen nicht oft schlecht geht, wenn Sie so gut wie nie eine Pflichtkrise erleben, wenn Sie sich selten schämen, dann sollten Sie sich nicht ändern. Doch damit Sie sich sicher sein können, wollen wir noch genauer definieren, was Pflichterfüllung bedeutet, und aufzeigen, welche Vorteile eine Veränderung mit sich bringt, beziehungsweise welche Konsequenzen es hat, so zu bleiben, wie man ist.

Die Verantwortlichkeit der Frau

Zuviel des Guten

Ein anderes Wort für Pflichterfüllung ist Überverantwortlichkeit. Wir hätten den Codex der weiblichen Pflichten auch den Codex der Verantwortlichkeit der Frau nennen können, denn unterschwellig vermittelt er, daß Frauen für Wohlergehen, Vergnügen, Glück, Zufriedenheit und Erfolg anderer Menschen in ihrem Leben verantwortlich sind. Wenn wir glauben, in dieser Hinsicht versagt zu haben, reagieren wir, wie gezeigt, meist mit vermehrten Bemühungen. Versagen bedeutet nämlich Scham.

Der Codex der weiblichen Pflichten verwischt jedoch den Unterschied zwischen *Anteil nehmen* und *verantwortlich sein*. Im Grunde speist sich zwar die Fähigkeit, Wachstum zu fördern, die der Codex der Ausgeglichenheit propagiert, aus derselben Energiequelle wie Verantwortlichkeit. Doch wenn wir Wachstum fördern, bleiben wir auf und in uns zentriert. Wenn wir uns dagegen verantwortlich fühlen, betrachten wir die Probleme, Bedürfnisse und Gefühle eines anderen Menschen als unsere eigenen. Zudem vergessen wir nur allzu leicht, daß wir für uns selbst mindestens genausosehr verantwortlich sind.

Die Zentrierung auf andere kann manchmal sogar dazu führen, daß wir es im Grunde vermeiden, uns auf uns selbst einzulassen. Außerdem werden wir auf diese Weise völlig von den Reaktionen dieser anderen auf uns abhängig. Wir machen sie implizit für unser Selbstwertgefühl verantwortlich, weil unser Wert als Person von ihrer Anerkennung abhängt.

Natürlich haben Interaktionen mit anderen Menschen immer Rückwirkungen sowohl auf die eigenen Gefühle als auch auf die der anderen. Außerdem beeinflussen sie die Regeln der Interaktion, die sich zwischen uns und anderen entwickeln. Die Forderungen, sich immer gutherzig und verantwortungsbewußt zu verhalten, mögen wie einfache, völlig unschädliche Regeln erscheinen. Sie haben jedoch tiefgreifende und vielfältige Konsequenzen. Insofern sie Frauen betreffen, haben sie mittelbar auch enorme Auswirkungen auf Männer und Kinder. Sie beeinflussen also alle unsere wichtigen Beziehungen und Aktivitäten nicht nur in Freundeskreis und Familie, sondern auch in Gesellschaft und Politik.

Die folgende Liste führt einige konkrete Anzeichen von Überverantwortlichkeit auf.

- Sie nehmen Rücksicht auf die Gefühle anderer, indem Sie verschweigen, was Sie denken.
- Sie haben Schwierigkeiten, nein zu sagen.
- Sie glauben zu wissen, was andere denken und wünschen, und richten Ihr Verhalten danach aus.
- Sie haben Schuld- oder Wutgefühle, wenn sich andere aufregen.

- Sie meinen, nicht um das, was Sie brauchen oder wünschen, bitten zu können.
- Sie meinen, es sei Ihre Aufgabe, andere glücklich zu machen, indem Sie ihnen Ihre Zeit oder Aufmerksamkeit widmen.
- Sie nehmen anderen etwas ab, das diese selbst tun könnten oder sollten.
- Sie meinen, andere bei ihrem Tun beraten, anleiten oder kritisieren zu müssen.
- Sie übernehmen in Familie, Beziehung, Gruppe oder Beruf mehr als den gerechten Anteil der Arbeit.

Zuviel Verantwortlichkeit schadet

Die Verantwortlichkeitstretmühle

Wenn wir nach dem Codex der weiblichen Pflichten leben, führen die Regeln, nach denen wir unsere Beziehungen gestalten, zu Unausgeglichenheit. Wenn wir glauben, *für* andere verantwortlich zu sein, glauben wir auch, weniger wert zu sein als sie, und das vermitteln wir ihnen auch. Und wenn wir für andere *zuviel* Verantwortlichkeit übernehmen, dann übernehmen wir schließlich *zuwenig* Verantwortung für uns selbst. Die Auswirkungen dieses Minderwertigkeitsgefühls haben wir in Kapitel 4 und 5 kennengelernt: den Teufelskreis von Scham und Wut. Bei dem Versuch, wieder ins Gleichgewicht zu kommen, geraten manche Frauen in Extreme – Süchte, physische und geistige Erschöpfung, Schwanken zwischen Verhaltensextremen. All diese Reaktionen lassen sich als Rebellionen interpretieren, die jedoch meist unweigerlich in dem Gefühl enden, schlecht, egoistisch oder einfach verrückt zu sein. Die Funktionsweise dieses Teufelskreises illustriert die *Verantwortlichkeitstretmühle* auf S. 112.[1]

Am oberen Pol dieses Kreises opfern wir uns für andere auf. Wir haben die Illusion von Selbstbeherrschung und sind stolz auf unsere Fähigkeit, für andere da zu sein. Weil wir aber unsere wahren Gefühle und Bedürfnisse ignorieren, bewegen wir uns langsam, aber unaufhaltsam auf den unteren Pol des Kreises – den Kontrollverlust – zu. Gefühle von Scham und Wertlosigkeit gewinnen die Oberhand. Es geht uns schlecht, und wir schaden uns selbst.
Die Scham treibt uns wieder hinauf zum oberen Pol. Wir nehmen erneut Zuflucht zu Aufopferung und Selbstbeherrschung, um uns wieder wohler zu fühlen.
Der goldene Mittelweg aber führt zwischen den beiden Extremen hindurch: Es kommt darauf an, im Mittelbereich des Kreises zu bleiben – der Zone der Ausgeglichenheit. Dort empfinden wir weder Scham noch falschen Stolz. Wir sind weder zu sehr auf andere zentriert noch zuwenig auf uns selbst. Wir sind selbstsicher, unsere Beziehungen werden getragen von wechselseitigem Respekt und fördern unser Wachstum. Statt uns überverantwortlich zu fühlen, tragen wir angemessene Verantwortung für uns selbst. Mit einem Wort: Wir leben nach dem neuen Codex.
Das gelingt uns vor allem mit Hilfe und Unterstützung von anderen, sei es durch eine Therapiegruppe oder das informelle Beziehungsgeflecht, in das die allermeisten Menschen eingebettet sind. Wir brauchen ihre Rückmeldung, um ausgeglichen zu bleiben: Andere haben manchmal ein besseres Bild von uns als wir selbst, und ihre Anteilnahme und Anerkennung kann den negativen Signalen des Codex der weiblichen Pflichten entgegenwirken.
Mit Hilfe des Tretmühlenschemas können wir uns immer wieder vergewissern, wer für was verantwortlich ist, damit wir in unseren Funktionen für andere nicht aus dem Gleichgewicht geraten. Das ist vor allem deshalb wichtig, weil unsere Gefühle und Überzeugungen tagtäglich davon geformt

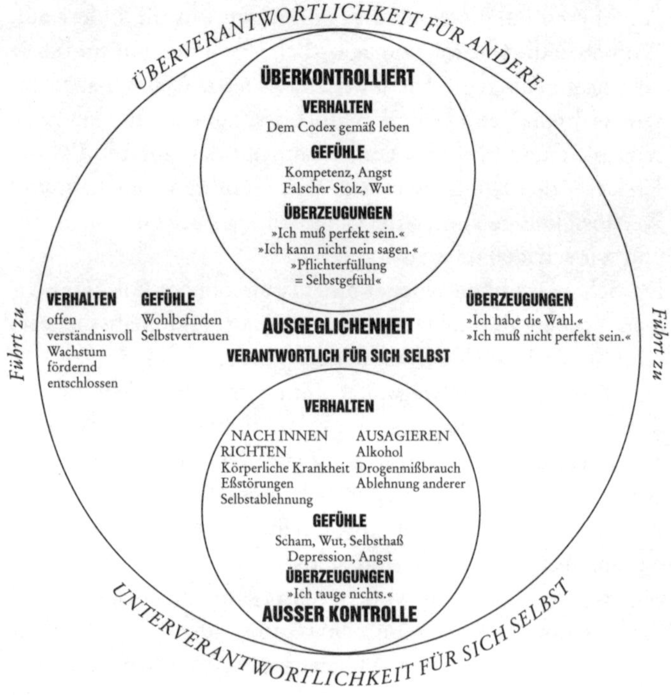

werden, welche Verantwortung wir uns zuweisen und welche nicht. Letztlich bedeutet es, daß die Entfaltung unserer Persönlichkeit davon abhängt. Wenn wir uns für andere verausgaben, bleibt uns nur innere Leere.

Überverantwortlichkeit und Ehrlichkeit

Die Botschaft weiblicher Wut

Wir haben schon viele negative Konsequenzen des Codex der weiblichen Pflichten erwähnt. Eine davon und vielleicht diejenige, auf die wir am meisten achten sollten, ist Aggression.

Aggression oder Wut ist ein Signal.[2] Wie wir dem Kreis entnehmen können, empfinden wir häufig Aggressionen, wenn wir überverantwortlich sind oder unsere Bedürfnisse nicht befriedigen können. Wenn das oft passiert, staut sich schließlich eine tiefsitzende Wut an. Im Grunde wünscht sich ein Mensch, der es allen recht machen will, nichts so sehr wie Zuwendung. Ein Mensch, der sich vernachlässigt fühlt, ist ein aggressiver Mensch.

Eine Klientin berichtet: »Am Wochenende habe ich für meine Tochter eine große Party ausgerichtet. Ich habe wochenlang geplant und mir schier ein Bein für sie ausgerissen. Als alles vorbei war, wurde ich ganz deprimiert, richtig traurig. Ich erkannte, daß niemand so was für mich täte. Es kam mir vor, als ob ich mir wünschte, jemand würde mir das geben, was ich ihr gab. Ich glaube, ich bin wütend auf meine Mutter, daß sie sich nicht so für mich eingesetzt hat.«

Die Wut bricht sich schließlich in irgendeiner Weise Bahn. Sie wird entweder nach innen gerichtet oder ausagiert, manchmal in Form einer Sucht. Häufiger sind jedoch die »kleinen Fluchten«, die Rebellionen des Alltags, hinter denen jedoch meist nichts anderes steht als Kontrollverlust und Unterverantwortlichkeit für sich selbst.

Wenn eine Frau ihre Wut »hinunterschluckt«, entwickelt sie vielleicht körperliche Streßsymptome wie Kopfschmerzen, chronische Müdigkeit, Reizbarkeit, Magenbeschwerden oder Herzsensationen. (Diese Streßsymptome dürfen nicht mit echten organischen Krankheiten verwechselt werden; bei Frauen werden sie häufig nicht diagnostiziert, weil die Ärzte gesundheitliche Probleme von Frauen meist für »seelisch bedingt« halten.) Im schlimmsten Fall wird eine Frau depressiv und leidet unter chronischen Gefühlen von Wert- und vor allem Hilflosigkeit.

In unserer Gesellschaft sind Wut und Aggression für Frauen tabu. Deshalb fürchten wir oft, unsere Wut könnte so übermächtig werden, daß wir, wenn sie ausbricht, »durchdrehen«.

Und wir haben Angst, die anderen könnten »es nicht ertragen«.
Wenn aber eine Frau ihre Wut verleugnet, verliert sie auch den Zugang zu der Wut, die ihr die Kraft gäbe, ihren Standpunkt entschlossen zu behaupten. Sie wendet ihre Wut gegen sich selbst, statt sie in Entschlossenheit gegenüber anderen umzuwandeln. Weil sie nicht offen aggressiv werden kann, bewahrt sie ihre Mitmenschen davor, ihre unangemessenen Erwartungen hinterfragen zu müssen. Lieber wertet sie sich selbst ab.
Manche Frauen lernen zwar, selbstsicher aufzutreten, doch an ihren Schuldgefühlen und ihrem Unbehagen ändert sich nichts. Es gelingt ihnen, ihr Verhalten zu ändern, doch insgeheim halten sie unerschütterlich an dem Glauben fest, sie verdienten es nicht zu bekommen, was sie brauchen, und sie seien »schlecht«, wenn sie es fordern.

Überverantwortlichkeit schadet Beziehungen

Wenn zwei Menschen eine Beziehung haben und die Regeln der Verantwortlichkeit sind unklar, neigen sie dazu, zwei starre Rollen einzunehmen: einer übertreibt, einer untertreibt. Einer ist überverantwortlich, der andere unterverantwortlich. Wie das Übertreiben Konsequenzen für den Übertreiber selbst hat, so hat auch das Untertreiben bestimmte emotionale Folgen für den Partner. Ein Gleichgewicht zu erreichen, in dem beide Menschen gleichermaßen verantwortlich und emotional befriedigend miteinander umgehen, scheint an Hexerei zu grenzen.
Welchen Schaden Überverantwortlichkeit bei einer Frau anrichten kann, haben wir schon dargestellt. Gibt es auch – möglicherweise negative – Auswirkungen auf ihren Partner oder ihre Familie?

Die folgenden Wenn-dann-Aussagen beschreiben, welche Probleme in Beziehungen mit ungleich verteilter Verantwortlichkeit auftreten können. Natürlich sind unsere Beziehungen in sehr unterschiedlicher Weise unausgeglichen:

- Niemand verhält sich in allen skizzierten Bereichen und jederzeit in Extremen. Und niemand will ein derartiges Ungleichgewicht bewußt aufrechterhalten. Männer übertreiben in manchen Bereichen oft genauso wie Frauen.
- Wenn ein Partner zu pflichtbewußt oder zu verantwortlich ist, wird oder fühlt sich der andere minderwertig und pflichtvergessen.
- Wenn einer immer kompetent ist, bleibt der andere immer inkompetent.
- Wenn einer alle Arbeit macht, lernt der andere nie, wie man sie macht, und erfährt auch nie die Befriedigung daraus.
- Wenn einer immer emotional verfügbar ist, lernt der andere nie, allein zu sein oder mit seinen Gefühlen allein fertigzuwerden.
- Wenn einer automatisch jedem Bedürfnis entgegenkommt, lernt der andere nie zu bitten und glaubt schließlich, es sei sein gutes Recht, daß seine Bedürfnisse immer befriedigt werden.
- Wenn einer immer weiß, was richtig ist, kann der andere nie etwas entscheiden.
- Wenn einer an alles denkt, denkt der andere über nichts mehr nach.
- Wenn einer immer das Glück des anderen im Auge hat, glaubt der andere schließlich, nur sein Glück sei wichtig.
- Wenn einer immer »die Scherben zusammenkehrt«, muß sich der andere nie mit den Konsequenzen seines Verhaltens und seiner Entscheidungen auseinandersetzen.
- Wenn einer immer auf den anderen zentriert ist, existiert im Grunde auch nur einer – es gibt eigentlich gar keine Beziehung.

Diese Aussagen beschreiben alle das gleiche:
Überverantwortlichkeit eines Partners führt zu Unterverantwortlichkeit beim anderen. Wenn Sie sich aufopfern, hat das zur Folge, daß Ihre Mitmenschen immer weniger Verantwortung für sich selbst übernehmen.
All Ihre Mühe kann also zu dem scheinbar paradoxen Ergebnis führen, daß der Mensch, um den Sie sich so kümmern, sich bevormundet, abgewertet, inkompetent und wütend fühlt. Sein Selbstwertgefühl leidet genauso wie Ihres.
Und trotzdem kann Ihnen dieser Mensch sehr ambivalente Rückmeldungen über Ihre Bemühungen geben. Wer würde es schließlich nicht genießen, wenn sich alles um ihn dreht und alles für ihn getan wird? Welche Frau hätte nicht auch gern jemanden, der ihr ihre vielen Pflichten abnimmt?
Wenn jemand in seiner Herkunftsfamilie im Mittelpunkt gestanden hat, erwartet er das vielleicht auch weiterhin, ohne zu erkennen, daß eine Seite seiner Persönlichkeit verkümmert, weil er nicht gelernt hat, Verantwortung für sich selbst zu tragen.
Erwachsene und Kinder, die zu sehr im Mittelpunkt der Aufmerksamkeit stehen und deshalb unterverantwortlich werden, haben oft mit folgenden Gefühlen zu kämpfen:

Schuldgefühle, Frustration, Minderwertigkeit
Das Empfinden, etwas Besonderes zu sein, ohne jedoch wirklich Macht oder Einfluß zu besitzen
Angst, allein etwas auszuprobieren
Wut infolge des Gefühls von Abhängigkeit
Fehlendes Vertrauen in die eigenen Fähigkeiten

Wie Sie vielleicht bemerkt haben, ähneln manche dieser Reaktionen den Gefühlen einer Frau, die sich überverantwortlich verhält. Das liegt daran, daß sowohl die Aufopferung für einen anderen, als auch selbst »Opfer« sein, zu Unterverantwortlichkeit für sich selbst führt. Da keiner in einer solchen

Beziehung an sich und seine Wünsche denkt, wird die Interaktion ein hoffnungsloses Kuddelmuddel, und beide Partner sind unglücklich.[3] Ein relativ harmloses, aber typisches Beispiel dieses Durcheinanders haben wir alle schon erlebt. Es folgt gewöhnlich auf die Frage: Was machen wir am Samstagabend?

Sie: »Was würdest du gern am Samstagabend machen?« (zentriert auf ihn)

Er: »Mir egal, was du willst.« (Schiebt ihr die Verantwortung für die Entscheidung zu.)

Sie (glaubt, er täte das gern): »Dann sehen wir uns doch diesen Kriegsfilm an, den du kürzlich erwähnt hast.«

Er: »Gut, wie du willst.«

Ergebnis: Sie gehen ins Kino. Sie findet es furchtbar. Er ist den ganzen Abend zurückhaltend und schweigsam. Auf dem Heimweg sagt sie zu ihm: »Stimmt irgendwas nicht?« Er: »Ich hätte genausogut zu Hause bleiben und Fernsehen können.« Sie: »Warum hast du das dann nicht gesagt?« Er: »Ich dachte, du wolltest ins Kino gehen.« Der Abend war für beide schrecklich, und genauso fühlen sie sich auch.

In dieser Szene ist sie überverantwortlich. Sie nimmt das vorweg, von dem sie denkt, er wolle es, und versucht, seinem (vermeintlichen) Bedürfnis entgegenzukommen. Er übernimmt keine Verantwortung für den Abend, weil er meint, ihr gefällig sein zu müssen. Insgeheim macht er ihr zum Vorwurf, daß er seine Lieblingssendung versäumt hat. Keiner ist sich selbst und dem anderen gegenüber im klaren, was er/sie selbst wirklich will. Beide sind am Ende verärgert, enttäuscht und frustriert.

Diese Szene hätte sich auch anders abspielen können, zum Beispiel so:

Sie: »Ich hab darüber nachgedacht, was ich heute abend machen möchte. Ich möchte aus dem Haus. Ich würde mir gern in der Stadt den neuen Film ansehen. Wäre dir das recht?«

Er: »Ich würde lieber zu Hause bleiben und fernsehen. Ich bin müde und hab keine Lust auszugehen.«

Sie: »Ich weiß, daß wir normalerweise den Samstagabend zusammen verbringen, aber ich glaube, heute haben wir verschiedene Bedürfnisse. Ich muß einfach raus. Würde es dir was ausmachen, wenn ich allein gehe oder eine Freundin anrufe?«

Er: »Also, ich bin am Samstagabend nicht gern allein.«

Sie: »Ich weiß, mir ist es auch nicht so recht, ohne dich auszugehen. Aber um ehrlich zu sein, ich brauche das jetzt einfach, deshalb werde ich trotzdem gehen. Ich komme früh wieder, und dann haben wir ja noch den Rest des Abends für uns. Und du kannst es dir ja immer noch anders überlegen.«

In dieser Szene ist sie verantwortlich für ihre Bedürfnisse, die sich zufällig von denen ihres Partners unterscheiden. Sie weiß, was sie braucht, sagt es offen, versteht und würdigt seine Gefühle, entscheidet sich aber in dieser besonderen Situation trotzdem für ihre Bedürfnisse. Sie ist verantwortlich für sich, nicht für ihn.

Er hat jetzt die Wahl. Er kann sich auf sein Bedürfnis, zu Hause zu bleiben, zentrieren oder entscheiden, daß dieses Bedürfnis weniger dringend ist als das, mit ihr zusammen zu sein. An einem anderen Abend kann die Situation und die Entscheidung für beide anders aussehen. Der entscheidende Unterschied zwischen der ersten und der zweiten Szene besteht darin, daß sie in der zweiten ihre Wünsche offen ausspricht, statt davon auszugehen, daß sie seinen (vermeintlichen) Wünschen entgegenkommen sollte. Deshalb meint er auch nicht, ihr zuliebe mitgehen zu müssen. Er kann genauso offen sein. Beide können sich entscheiden, was sie wollen und was nicht.

Der Verantwortlichkeitsfalle entkommen – das richtige Maß

Das frustrierende »Verantwortlichkeitsspiel«, das in den meisten Beziehungen abläuft, beweist, daß in unserer Gesellschaft eine allgemeine Unklarheit über die Regeln herrscht, nach denen Verantwortung zugeteilt und bemessen wird. Wenn wir neue Regeln definieren wollen, um mit deren Hilfe ausgeglichene Beziehungen zu erreichen, müssen wir ein neues Grundprinzip festlegen. Wir schlagen diesen Leitsatz vor:

SEI VERANTWORTLICH FÜR DICH UND LASSE ANDERE VERANTWORTUNG FÜR SICH SELBST TRAGEN

Diese Regel könnte man auch so formulieren:
Tun Sie niemals etwas für andere, zu dem sie selbst in der Lage wären

- es sei denn, Sie werden direkt darum gebeten
- es sei denn, Sie haben sich aufrichtig dafür entschieden
- und wenn Sie es tun, dann nur, wenn daraus keine negativen Konsequenzen für Sie oder andere folgen.

Diese neue Regel bricht geradezu revolutionär mit dem nur allzu verbreiteten Verantwortlichkeitsspiel, das alle Beteiligten wie im Nebel umhertappen läßt. Sie kann uns aus der Trance aufwecken, die uns überverantwortlich für andere und dabei unterverantwortlich für uns selbst macht. Konkret bedeutet sie, daß wir nicht automatisch zuständig sind für anderer Menschen

Gefühle / Schwierigkeiten am Arbeitsplatz / Probleme / Arbeiten, mit denen sie nicht fertig werden / Bedürfnisse / Aufgaben, die sie vergessen haben / Aufgaben / verlegte Sachen / Mahlzeiten / unangenehme Situationen / Kleidung / Kummer / Hausaufgaben / wichtige Entscheidungen / Kopfschmerzen / Krankheiten.

Welche Vorteile bringt es, Überverantwortlichkeit aufzugeben?

Weil Frauen gelernt haben, Anteilnahme und Zuwendung mit Überverantwortlichkeit zu verwechseln, stürzt sie der Gedanke, ihre Zentrierung auf andere aufzugeben, in Unsicherheit und Verwirrung. Ihr Rollenverständnis und damit ihr Selbstverständnis und ihre Identität geraten ins Wanken.

In der Tat verfügen wir aufgrund unserer Sozialisation über ein hochentwickeltes Gespür für die emotionalen Bedürfnisse unserer Bezugspersonen. Unsere Fähigkeiten, Beziehungen zu stiften und Wachstum zu fördern, sind stark ausgeprägt. Diese Fähigkeiten stellen Stärken und Energiequellen für unsere gesamte Kultur dar – Fähigkeiten, die es anzuerkennen und sinnvoll zu nutzen gilt und die jeder Mensch stärker kultivieren sollte.

In besonderer Weise »begabt« zu sein, ist jedoch etwas anderes, als diese Begabung zu fremdem Nutzen einsetzen zu müssen. Nur weil Frauen sich im gefühlsmäßigen Bereich des Lebens gut bewegen können, sind sie noch lange nicht automatisch dafür verantwortlich, diesen Bereich für andere bewohnbar zu machen. Emotionale Fähigkeiten und Verantwortlichkeit sind nicht dasselbe und dürfen nicht miteinander vermischt werden.

Der neue Codex der Ausgeglichenheit zeigt uns Alternativen zur Aufopferung unserer eigenen Bedürfnisse und Gefühle in Beziehungen. Wir verweisen dazu wieder auf das Beispiel Barbara. Ihr Selbstwertgefühl hängt nicht von Pflichterfüllung ab. Ihr Selbstbild ist frei von Scham. Sie denkt etwa so:

- Ich bin nicht verantwortlich für Tom und Abby. Sie müssen ihre Probleme selbst lösen.
- Meine Bedürfnisse sind wichtig.
- Es ist positiv, das zu tun, was mir Spaß macht.
- Ich bin in Ordnung, und es macht mir Freude, liebevoll zu Tom und verständnisvoll zu meinen Kindern zu sein.

- Es ist wichtig, mich nicht zu überfordern.
- Ich bin verantwortlich für meine Bedürfnisse.
- Es ist richtig, von anderen zu erwarten, daß sie meine Bedürfnisse respektieren und ihren Anteil tragen.

Als wichtigsten Nutzen aus dem neuen Codex werden Sie in zunehmendem Maße das Gefühl entwickeln, daß Sie um Ihrer selbst und nicht um Ihrer Leistung willen geschätzt und geliebt werden. Je besser Sie lernen, sich offen verständnis- und liebevoll statt überverantwortlich zu verhalten, desto näher werden Sie sich den Menschen in Ihrem Leben fühlen. Diese wiederum werden sich Ihnen gegenüber weniger aggressiv verhalten, sich freier fühlen und stärker auf sich selbst vertrauen.

Je größeren Wert Sie Ihren Gefühlen und Bedürfnissen zumessen, desto weniger Scham, Schuld und Wut werden Sie empfinden. Bisher gebundene Energien können frei werden. Sie werden kreativer, entspannter, genußfähiger, ausgeglichener – mit einem Wort, Sie fühlen sich wohl. Wenn Sie sich mehr auf sich zentrieren, werden Sie Ihr Leben mit neuen Augen sehen und es neu gestalten wollen.

Am wichtigsten ist jedoch, daß Sie nicht mehr entwürdigt, erniedrigt oder mißhandelt werden wollen. Sie werden in jeder Situation, in der eine derartige Gefahr besteht, sei es in einer Beziehung, in der Familie oder im Beruf, nachdrücklich auf Respektierung Ihrer Person bestehen.

Neue Lebensziele

Wenn Sie sich ändern wollen, werden Sie Ihre Pflichten neu definieren. In den folgenden Bereichen müssen Sie Ihre Bedürfnisse besonders berücksichtigen, wenn Sie sich wohl fühlen wollen. Nach dem Grundprinzip des neuen Codex sind Sie automatisch verantwortlich für:

- positive soziale Beziehungen und Freundschaften
- ein Vertrauensverhältnis zu den Menschen, denen Sie vertrauen möchten
- ein (für Sie) angenehmes Sexualleben
- eine befriedigende Beziehung zu Ihrem/n Kind/ern
- eine befriedigende Beziehung zu Ihren Eltern und Geschwistern
- Mittel zum Lebensunterhalt
- Einsamkeit und Zeit für sich selbst
- befriedigende Arbeit
- schöpferischen Ausdruck
- körperliches Wohlbefinden
- Vergnügen und Erholung
- Sinnstiftung
- dafür, bei allem Genannten, wo nötig, für Unterstützung zu sorgen

Überverantwortlichkeit für andere aufzugeben, bedeutet nicht notwendig auch Verantwortung für sich selbst zu übernehmen. Daran, welchen der folgenden Aussagen Sie zustimmen, können Sie ermessen, inwieweit Sie für sich selbst Verantwortung tragen können und woran Sie noch arbeiten müssen.

Selbständigkeitsfragebogen

- Ich bin (oder kann sein) ökonomisch völlig unabhängig.
- Ich kann die Familienfinanzen verwalten und unser Einkommen angemessen einteilen.
- Ich bin voll informiert über meine oder die steuerliche Situation der Familie. Ich nehme an eventuellen Besprechungen mit einem Steuerberater teil.
- Ich kann alle Wartungsarbeiten an Wohnung/Haus und Auto durchführen oder von den entsprechenden Fachleuten durchführen lassen.
- Ich kann problemlos allein reisen, nötige Reservierungen

vornehmen und Zubringer zu Flughäfen, Bahnhöfen etc. organisieren.

- Ich kann mindestens ein Wochenende außer Haus allein verbringen, ohne eine Freundin zu brauchen.
- Ich kann allein ein Seminar oder eine Versammlung besuchen und mich dort mit den Leuten unterhalten.
- Ich kann eine gute Mahlzeit für mich allein planen und zubereiten, auch wenn niemand sonst zu Hause ist.
- Ich kümmere mich selbst um nötige medizinische und zahnmedizinische Untersuchungen.
- Ich kann über meine berufliche Karriere selbst entscheiden und, wenn nötig, Hilfe dabei in Anspruch nehmen.
- Ich bleibe in Kontakt mit Interessen, denen ich gern nachgehen würde. Ich habe zumindest einen telefonischen Versuch unternommen, diesen Interessen nachzugehen. Ich kann sie weiter verfolgen, wenn es meine Zeit zuläßt.
- Wenn ich einen Film sehen möchte und niemand geht mit mir, kann ich problemlos allein ins Kino gehen.
- Wenn ich essen gehen möchte, macht mir das auch Spaß, wenn niemand mitkommt.
- Ich weiß, was ich unternehmen muß, wenn ich niedergeschlagen bin, und bin dafür verantwortlich, das auch wirklich zu tun.
- Wenn ich eine Pause und Entspannung brauche, kann ich mir das zugestehen, ohne Schuldgefühle zu bekommen.
- Wenn ich mich nicht wohl fühle, kann ich ohne allzu viele Gewissensbisse einen Tag frei nehmen.
- Wenn ich mich angegriffen fühle, aggressiv werde oder sonst die Beherrschung verliere, übernehme ich die Verantwortung für meinen Teil des Problems gegenüber jedem, den ich vielleicht verletzt habe. Wenn ich meinen Alkohol-, Drogen- oder Nahrungskonsum nicht mehr kontrollieren kann, bin ich dafür verantwortlich, ein Selbsthilfeprogramm oder eine sonstige Behandlung in Anspruch zu nehmen.

- Wenn ich an Depressionen oder Ängsten leide und nicht damit fertigwerde, bin ich dafür verantwortlich, mir professionelle therapeutische Hilfe zu suchen.
- Wenn ich in meiner Partnerschaft unglücklich bin, teile ich meine Sorgen mit meinem Partner und bringe zum Ausdruck, daß ich bereit bin, meinen Teil der Interaktion zu ändern. Ich erwarte dasselbe von meinem Partner.
- Wenn mir das Leben sinnlos erscheint, versuche ich durch Lesen und den Besuch entsprechender Veranstaltungen, mögliche metaphysische Antworten auf die Frage nach dem Sinn des Lebens zu finden. Oder ich engagiere mich politisch oder sozial.
- Wenn ich mich einsam fühle, bin ich dafür verantwortlich, zu anderen Menschen Kontakt aufzunehmen und Teil einer Gemeinschaft zu werden.
- Wenn mir ein Freund oder eine Freundin wehtut, rufe ich ihn/sie an und spreche offen und ehrlich über die Probleme zwischen ihm/ihr und mir.
- Ich bin aufrichtig zu mir und anderen.
- Im Beruf erwarte und fordere ich, gerecht bezahlt zu werden.
- Wenn ich anfange, jemandem oder den Umständen Schuld zuzuschieben, versuche ich zuerst meinen Anteil an dem Problem herauszufinden.
- Ich sorge für mein körperliches Wohlbefinden, und wenn ich unter Streß leide, gönne ich mir Freizeit und/oder sonst etwas Gutes.
- Ich lasse meinen Sexualpartner wissen, was mir Vergnügen macht. Ich habe im allgemeinen nicht nur dem anderen zuliebe Verkehr.
- Wenn ich mich unfair behandelt fühle, wehre ich mich. Wenn mich zum Beispiel ein Arzt oberflächlich untersucht und meine Fragen nicht beantwortet, sage ich ihm das.
- Wenn ich das Gefühl habe, jemand erwartet insgeheim etwas von mir, muß ich das klären, statt mich zu ärgern.

– Wenn ich mißhandelt oder mißbraucht werde, unternehme ich Schritte dagegen und beende, falls nötig, die Beziehung.

Wenn Sie sich für den Codex der Ausgeglichenheit entschieden haben, müssen Sie sich darüber klar werden, welche Forderungen des Codex der weiblichen Pflichten Ihr Denken und Ihr Verhalten in Beziehungen am nachhaltigsten beherrschen. Deshalb müssen wir im nächsten Schritt auf dem Weg der Veränderung zurückverfolgen, wie die Vorstellungen von Pflichterfüllung und die entsprechenden Verhaltensmuster in unseren Familien geformt und bestärkt wurden. Denn wer nicht aus der Vergangenheit lernt, ist dazu verdammt, sie zu wiederholen.

8
Von der Vergangenheit in die Zukunft

Die Wurzeln des Codex der weiblichen Pflichten

Eine Pflichtkrise enthüllt, daß uns tagtäglich die Forderungen des Codex beeinflussen. Täglich erleben wir Verantwortlichkeitskonflikte. Die Wurzeln dieser Konflikte, die Ursprünge unserer Trance müssen wir jedoch in unseren Herkunftsfamilien suchen. Wir müssen einen Blick auf die Generationen unserer Eltern und Großeltern werfen und uns dann die Familien ansehen, die wir heute gründen, um zu erfahren, wie das Schlafmittel angerührt und angewendet wurde und welche verborgenen Kräfte seine Wirkung andauern lassen. Wir tragen unsere Vergangenheit in die Gegenwart hinein. Der Codex der weiblichen Pflichten und seine Verantwortlichkeitsregeln bilden zwar den Stoff, aus dem die weibliche Sozialisation ist, doch unsere vergangenen und gegenwärtigen Beziehungen weben ihren je besonderen Faden in das Leben einer jeden von uns ein.

Geschichten definieren weibliche Pflichten

Wichtiger als unsere Lebensgeschichte, wie wir sie selbst erzählen würden, sind die Geschichten, die uns unsere Familien über uns und über wichtige Ereignisse im Familienleben erzählen.[1] So wie die Medien (Bücher, Filme, Fernsehen, Werbung) bestimmte Frauenbilder und -rollen vermitteln, so erzählen auch die Familien Lieblingsgeschichten, die die

Regeln, nach denen wir leben sollen, genauso wirksam übermitteln. Manche dieser Geschichten werden zu »Familienmythen«, die bestimmten Menschen oder Ereignissen eine besondere Wichtigkeit oder Bedeutung zuschreiben. Sie haben die Macht, uns in Trance zu versetzen und zu halten.

Diese Familienmythen verleihen einerseits eine Art magischer Besonderheit, stellen andererseits aber auch eine Bürde, eine übertriebene Verantwortlichkeit dar. Wenn also ein Kind in einer bestimmten Weise »besonders« ist oder dazu gemacht wird, ist einsichtig, daß man später mehr oder minder von ihm erwartet, perfekt zu sein: Sei kompetent und klage nicht. Häufig warnt uns auch so ein Familienmythos unterschwellig vor den Folgen, die einer Frau bei einem Verstoß gegen den Codex der weiblichen Pflichten drohen.

Denken Sie einmal über die sagenhaften Figuren in Ihrem Familiendrama nach. Waren das Männer oder Frauen oder beides? Die Umstände einer Geburt oder eines Todes liefern oft den Stoff für Mythen. Wer erscheint in den Geschichten, die über ihn umgehen, als Übermensch? Hat Ihre Familie ein »schwarzes Schaf«, einen »Rebellen« oder eine »sensible Künstlernatur«? Worum dreht sich die Mythologie? Um gute Taten oder böse? Um große Abenteuer, die schlecht ausgehen? Um richtige Entscheidungen, die das Glück Ihrer Familie bestimmt haben? Wie sehen die Frauen- und Männerrollen in dieser Mythologie aus?

Mythen idealisieren bestimmte Persönlichkeitszüge und fordern von uns, uns an die »Geschichte« anzupassen, die über uns erzählt wird. Sie hindern uns daran, unsere eigene Geschichte zu schreiben. Durch unsere Kultur ziehen sich allgemeinere Mythen über Weiblichkeit, Mutterschaft und Pflichterfüllung. Nun müssen wir lernen, zwischen der Geschichte, die unsere Familie uns über uns erzählt, und uns selbst zu unterscheiden.

Geschichten und Mythen übermitteln indirekte, in Bilder gekleidete Botschaften über Pflichterfüllung. Familienrituale geben diese Botschaften weiter.[2] Die Art, wie Feiertage und andere besondere Ereignisse begangen werden, sagt häufig etwas darüber aus, wer für was verantwortlich ist. In den meisten Fällen zementieren diese Anlässe die Rolle der Frau als Trägerin der familiären Beziehungen. Wenn in Zeiten, in denen Rituale eine besondere Rolle spielen, Rollen und Funktionen zusammenbrechen, dann erfahren wir viel über die familiären Erwartungen an Männer und Frauen. Wenn wir bei der Gründung unserer eigenen Familie diese Erwartungen erfüllen, werden wir weiter bestärkt, unsere Pflichten als gegeben hinzunehmen.

Die Rituale der Herkunftsfamilie vermitteln, wer für *was* verantwortlich ist; der sehr viel wirksamere Druck emotionaler Loyalität jedoch prägt das Empfinden, wer für *wen* verantwortlich ist. Der Ausdruck »Loyalität« meint hier eine besondere Bindung an eine Person der Herkunftsfamilie.

Für die meisten von uns, wenn nicht sogar für alle Frauen, tritt an irgendeinem Punkt in den Familienbeziehungen ein Loyalitätskonflikt auf, ein sogenanntes emotionales »Dreieck«.[3] Das bedeutet, daß die Beziehung zu einer bestimmten Person in einer Familie die Beziehung zu einer anderen Person beeinflußt. Je mehr wir uns der einen Person nähern, desto mehr wird die andere ausgeschlossen. Je mehr wir uns auf die eine Beziehung zentrieren, desto weniger beteiligen wir uns an der anderen.

Wir lernen die Lektion des emotionalen Dreiecks in unseren Herkunftsfamilien. Doch überall, wo sich drei oder mehr Personen in einem beliebigen Kontext aufeinander beziehen, besteht die Möglichkeit eines derartigen Dreiecks. Wenn wir uns zu einem Menschen in besonderer Weise hingezogen füh-

len und deswegen in Konflikt mit einem anderen Menschen geraten, dann sind wir Teil eines emotionalen Dreiecks.
Folgendes Beispiel zeigt, wie sich Loyalitäten aus der Kindheit ins Erwachsenenalter fortsetzen. Nehmen wir an, Ihr Bruder möchte das Sommerhaus der Familie verkaufen. Ihre erste Reaktion ist Unbehagen und der Wunsch, Ihren Vater anzurufen, weil Sie wissen, daß er an diesem Haus besonders hängt. Jedesmal, wenn die Sprache auf das Haus kommt, wird er traurig. Sie wissen, auf wessen Seite Sie stehen. Vielleicht glauben Sie auch, Sie seien jetzt besonders gefordert, weil Sie Ihren Vater am besten verstehen und immer seine Interessen gewahrt haben.
Doch Sie haben das Problem, daß die Bindung an Ihren Vater häufig die Beziehung zu Ihrem Bruder stört. Ihren Bruder ärgert es, daß Sie Ihren Vater unterstützen und nicht ihn und daß Sie mit Ihrem Vater über ihn reden. Wenn Sie mit Ihrem Bruder zusammensein möchten, ihn zum Beispiel an seinem Geburtstag allein zum Essen einladen möchten, haben Sie das leise Gefühl, Ihren Vater auszuschließen. Besondere Loyalitäten schaffen auch besondere Verantwortlichkeiten.

Loyalitäten entstehen früh

Loyalitätsdreiecke sind unproblematisch, wenn sie nicht zu stark sind. Es ist ganz normal, eine engere Bindung an manche Familienmitglieder oder Bekannte zu haben als an andere. Ein Dreieck wird nur dann zum Problem, wenn es so starr wird, daß die Beziehung zu einer Person die zu anderen stark beeinträchtigt.
Die ausgeprägtesten Dreiecke in Familien entstehen zwischen Eltern und Kleinkindern. Wenn sie sich in extremer Weise weiterentwickeln, können sie schaden, weil sie unseren Sinn dafür, was recht und billig ist, verformen und von uns for-

dern, auf Kosten unseres Selbstgefühls überverantwortlich für andere zu werden. Ein Dreieck definiert unsere Pflichten; Loyalität ist nur ein anderes Wort für Pflichtbewußtsein.

Zwischen Eltern und Kindern entwickeln sich häufig dann Dreiecke, wenn die primären, kindlichen Bedürfnisse eines Elternteils in dessen Kindheit nicht befriedigt wurden, diese auch in der ehelichen Beziehung unbefriedigt bleiben und er den ihm fehlenden emotionalen Kontakt bei seinen Kindern sucht. Im Grunde benutzt dieser Elternteil die Kinder als Vater- oder Mutterersatz und bindet das Kind sehr eng an sich. Der andere Elternteil und vielleicht auch die Geschwister bleiben gewissermaßen draußen. Im Endeffekt geraten dadurch die gesamten Familienbeziehungen aus dem Gleichgewicht.

Loyalitätsdreiecke fordern von einem Kind, zuviel Verantwortlichkeit zu übernehmen. Der Druck aus der engen Bindung belastet alle anderen, auch künftigen Beziehungen. Das Gefühl, Bindungen frei eingehen und auflösen zu können, wird massiv gestört. Diese Kinder dürfen keine Kinder sein; sie müssen in unangemessener Weise für die Eltern verfügbar oder verantwortlich sein und können kein Gefühl für das eigene Selbst entwickeln.[4]

Dies gilt nicht nur für Kinder geschiedener Eltern oder für Kinder in extrem schwer gestörten oder Alkoholikerfamilien. Der Codex der weiblichen Pflichten prädisponiert alle Frauen schon in frühestem Alter, überverantwortlich und ihren Eltern gegenüber übermäßig loyal zu sein. Die Dreiecke, in denen wir Frauen uns wiederfinden, haben aufgrund der Forderungen des Codex, die im allgemeinen an die Frauenrolle geknüpft sind, eine besondere Bedeutung. Schon als kleine Mädchen betrachtet man uns als fürsorgliche Beschützerinnen und Pflegerinnen. Die meisten Frauen fühlen sich – vielleicht weil wir alle Frauen sind – stark, wenn auch oft unbewußt, an ihre Mutter gebunden. Der Druck dieser Loyalität kann einerseits für zahlreiche Konflikte in der Beziehung sorgen, er kann aber auch dazu führen, daß sich die Tochter den Gefühlen ihrer Mutter tief verpflichtet fühlt. Im Fall einer überstarken Bindung an den Vater kann eine Frau das Gefühl entwickeln, ohne eine Beziehung zu einem Mann »existiere« sie nicht; unter Umständen hält sie sogar an einer Beziehung fest, in der sie mißhandelt wird.

In Interaktionen innerhalb von Loyalitätsdreiecken lernen wir zahlreiche Lektionen des Codex der weiblichen Pflichten. Wir spielen Eltern für unsere Eltern und zentrieren uns auf eine einzige Beziehung. Wir berauben uns damit der Unterstützung und Zuwendung, die uns vielleicht andere Familienmitglieder von sich aus geben könnten. Wir erfahren nicht, daß unsere Bedürfnisse zu befriedigen sind, weil unsere Rolle, wie versteckt auch immer, uns vorschreibt, die Bedürfnisse anderer zu befriedigen. Wir lernen nicht, mit unseren eigenen Gefühlen umzugehen, weil wir auf die anderer zentriert sind. Und schließlich lernen wir auch nicht, zu erkennen, was wir brauchen, geschweige denn, es zu fordern.[5] Für ein Kind ist die Aufgabe, die Bedürfnisse der Eltern zu befriedigen, unerfüllbar, da es gar nicht über die psychischen Mittel dazu verfügt. Wir müssen also notwendig scheitern, Scham empfinden und uns mit verstärkter Anstrengung, aber aussichtslos bemühen, den Ansprüchen zu genügen.

Wenn wir als Kinder Teil von Loyalitätsdreiecken waren, übertragen wir diese Strukturen und Regeln auf unsere Beziehungen als Erwachsene. Ein weiterbestehendes Dreieck mit einem Elternteil kann darüber hinaus die Beziehung zu einem Ehemann oder Partner stören. Wir sind dann nicht in der Lage, uns unserem neuen Partner emotional völlig zuzuwenden, weil wir glauben, diesem Elternteil verpflichtet zu sein und zuerst ihn zufriedenstellen zu müssen. Auf diese Weise vererben sich solche abträglichen Verhaltensmuster von Generation zu Generation.

Wirklich erwachsenes Verhalten bedeutet, uns von Loyalitätsdreiecken frei zu machen und voneinander getrennte Beziehungen zu allen Menschen zu unterhalten, die uns wichtig sind. Die Beziehung zu einem Menschen sollte die zu einem anderen nicht beeinflussen oder gar beeinträchtigen. Zu diesem Zweck müssen wir uns von unserem Pflicht- und Loyalitätsbewußtsein lösen, das uns an die Erwartungen anderer bindet und verhindert, daß wir uns in uns selbst zentrieren. Einer der wichtigsten Schritte auf dieses Ziel hin ist die Änderung dieser Loyalitätsbeziehungen in unserer Herkunftsfamilie.

Welche Loyalitäten binden mich?

Eine der verbreitetsten Formen des Loyalitätsdreiecks findet sich in Familien mit starker Mutter-Tochter-Bindung, bei der der Vater ausgeschlossen ist. Vielleicht haben auch Sie schon die Erfahrung gemacht, daß Ihr Vater Ihnen am Telefon automatisch Ihre Mutter gibt, wenn Sie anrufen. Er geht, wie alle andern auch, einfach davon aus, daß er in der Position des Ausgeschlossenen ist.

Machen Sie die folgende Übung, um zu prüfen, wie stark dieses Dreieck in Ihrer Familie ist. Wenn Sie die Übung zu beängstigend finden, dann ist das wahrscheinlich ein Hinweis darauf, daß dieses Dreieck Sie stark beeinflußt. Versuchen Sie dann statt dessen, die Übung in Ihrer Phantasie durchzuführen. Schon wenn Sie sich eine derartige Veränderung vorstellen, wird Ihnen dieser Versuch zeigen, wieviel Macht emotionale Loyalitäten haben.

Dreiecksübung

Stellen Sie sich vor, Sie rufen bei Ihren Eltern an, und Ihr Vater ist am Telefon. Wenn er sagt: »Moment mal, ich geb dir deine Mutter«, sagen Sie: »Nein, Vater, hol' sie nicht. Ich habe angerufen, weil ich mit dir reden will.« Unterhalten Sie sich mit ihm, ohne Ihre Mutter zu erwähnen, und legen Sie auf.

Ausbruch aus dem Dreieck

Die folgenden Vorschläge, mit deren Hilfe Sie Beziehungsdreiecke aufklären und in kleinen Schritten durchbrechen können, mögen Ihnen schwierig und angsterregend erscheinen. Die meisten Menschen können diesen Prozeß nur mit der Hilfe eines Familientherapeuten bewältigen. Doch schon der Versuch, einige der Formen von Dreiecken zu verstehen, kann Ihnen helfen, Beziehungsgeflechte zu durchschauen, die Sie belasten und behindern. Versuchen Sie, die vorgeschlagenen Änderungen nur dann zu verwirklichen, wenn Sie innerlich dazu bereit sind und über den nötigen Mut verfügen.

Sie sind wahrscheinlich Teil eines emotionalen Dreiecks, wenn Sie:

- feststellen, daß Sie für eine Person in deren Auseinandersetzungen mit einer dritten Person bewußt Partei ergreifen. Versuchen Sie, auch mit der dritten Person zu reden und sie zu verstehen. Versuchen Sie, nicht Partei zu ergreifen, wenn Sie Wert auf getrennte Beziehungen zu beiden Personen legen.
- viel über eine Seite Ihrer Familie wissen und fast nichts über die andere. Versuchen Sie, mehr über den »vergessenen« Teil Ihrer Familie herauszufinden.
- Ihnen ein Familienmitglied Geheimnisse über ein anderes anvertraut oder wenn Sie als einzige über das Familiengeheimnis dieser Person Bescheid wissen. Versuchen Sie immer, die Rolle des Eingeweihten abzulehnen.
- sich unbehaglich fühlen, wenn Sie mit zwei anderen Menschen, die miteinander Konflikte haben, zusammen sind, wenn es also zum Beispiel schwierig für Sie ist, mit Ihrem Partner und Ihrer Mutter in einem Raum zu sein. Versu-

chen Sie, Ihre Aufmerksamkeit gleich zu verteilen und sich nicht unter Ausschluß des einen um den anderen zu kümmern. Lassen Sie die beiden ihre Probleme miteinander lösen und halten Sie sich heraus.

- Hemmungen haben, eine Beziehung zu einem Familienmitglied aufrechtzuerhalten, weil das die Beziehungen zu einem anderen Mitglied beeinträchtigen könnte. Wenn zum Beispiel Ihre Mutter mit Ihrer Tante zerstritten ist, trauen Sie sich nicht, Ihre Tante anzurufen, aus Furcht, Ihre Mutter könnte sich über Sie ärgern. Versuchen Sie, mit Ihrer Mutter darüber zu reden und Ihre Tante anzurufen. Ihre Beziehung zu Ihrer Tante hat nichts zu tun mit der zu Ihrer Mutter.
- merken, daß Sie über ein Partnerschaftsproblem mit jemand anderem statt mit Ihrem Partner reden. Das bedeutet, daß Sie versuchen, das Problem unter Umgehung Ihres Partners zu bewältigen. Versuchen Sie, Ihre Gefühle offen mit Ihrem Partner zu besprechen, vorzugsweise bevor Sie sich bei anderen Rat holen oder zumindest gleichzeitig.
- in Ihrer Partnerschaft unglücklich sind und eine heimliche Affäre haben. Dies ist eine Art Illoyalitätsdreieck. Versuchen Sie, Ihre Probleme offen mit Ihrem Partner zu besprechen, und entscheiden Sie dann, inwieweit Sie intime Beziehungen mit anderen haben wollen. Versuchen Sie, keine Geheimnisse zu haben – sie erhalten Dreiecke aufrecht, und Dreiecke schaden allen.

Wie sich Regeln in gegenwärtigen Beziehungen entwickeln

Die Loyalitätsmuster aus unserer Herkunftsfamilie übernehmen wir auch in unsere gegenwärtigen Beziehungen, oftmals mit katastrophalen Ergebnissen. Wenn wir als Kinder Partnerersatz waren, tragen wir außerdem das traurige Vermächtnis unerfüllter Bedürfnisse mit uns herum. Diese Gefühle können unsere neuen Beziehungen mit unausgewogenen Regeln und Erwartungen belasten. Wir bleiben vielleicht weiter pflichtbewußt, doch oft trifft unseren Partner eine verborgene Wut. Wir erwarten vielleicht unbewußt, daß in unserer Partnerschaft die Bedürfnisse aus unserer Kindheit endlich gestillt werden, und versuchen trotzdem treu und brav, jedes Bedürfnis unseres jetzigen Partners zu befriedigen. Das Ergebnis sind wahrscheinlich Konfusion und Konflikte.

Wie schon gezeigt, formt und verankert die Herkunftsfamilie die Grundlage unserer jetztigen Verhaltensmuster auf jeweils spezifische Weise. Nicht jede Beziehungsregel, die wir auf diese Weise »erben«, ist fehlerhaft. Diejenigen jedoch, die unser Pflichtbewußtsein stärken, begrenzen unsere Entscheidungsfreiheit als Erwachsene. Solche Regeln lassen sich unweigerlich auf den Codex der weiblichen Pflichten zurückführen.

Die Anpassung an die Regeln von Loyalität und Pflichterfüllung schlägt sich in der Beziehung zu anderen nieder. Wir bringen sie in die Beziehung ein, das heißt in das Geflecht aus Regeln, Interaktionen und Erwartungen, das wir in ständiger Wechselwirkung mit dem Partner oder den Partnern schaffen. Diese wechselseitig bestätigenden Interaktionsmuster nennen wir ein Beziehungs*system*.

Wenn wir eine Beziehung als System betrachten, können wir beschreiben, wie das Verhalten einer Person das Verhalten einer anderen mitbestimmt und umgekehrt. Die Partner können bestimmte Verhaltensweisen ermutigen oder ablehnen; sie schaffen in diesem Wechselprozeß die »Regeln«, die festlegen, welche Interaktionen erlaubt sind.

Wenn Sie sich beispielsweise mit einer neuen Freundin verabredet haben, und sie läßt Sie ohne besonderen Grund zwanzig Minuten warten, haben Sie die Wahl, wie Sie darauf reagieren wollen. Ihre Entscheidung wird die Regeln dieser Beziehung mitdefinieren. Sie kann Ihnen einen Grund für ihre Verspätung nennen oder nicht. Sie können Ihr sagen, daß Sie das Warten geärgert hat oder nicht. Wenn Sie beide nichts sagen, haben Sie schon begonnen, zusammen die Regel festzulegen, daß sie Sie warten lassen darf. Die Regel setzt insgeheim voraus, daß Ihre Freundin wichtiger ist als Sie, und Sie stimmen dem zu, weil Sie sie nicht in Frage stellen. Diese Regel kann sich allmählich auf alle Interaktionen mit dieser Freundin ausweiten.

Meist sind wir uns kaum bewußt, wie wir die Regeln in unseren Beziehungen geschaffen haben. Erst recht merken wir nicht, daß und wie uns der Codex der weiblichen Pflichten und die Reaktionen unserer Bezugspersonen automatisch beeinflussen. Wir sehen nicht, daß eine Beziehung deshalb so schwierig und konfliktgeladen ist, weil wir in kleinen und kleinsten Interaktionen und Entscheidungen Regeln geschaffen haben, die nicht funktionieren und es auch gar nicht können.

In der obigen Situation könnten Sie zum Beispiel das Gefühl haben, es sei »richtig« oder höflich, bei einer neuen Freundschaft aus einer Verspätung kein Problem zu machen. Vielleicht haben Sie die Erfahrung gemacht, daß in Ihrer Familie Frauen das Verhalten anderer prinzipiell nicht kritisierten und sich immer deren Zeitplanung anpaßten. Sie meinen vielleicht, Sie müßten Ihrer Freundin noch eine Chance geben. Falls es Ihnen wieder so geht, fangen Sie vielleicht an, an *Ihren* Erwartungen zu zweifeln.

Unbewußt haben Sie unter dem Einfluß des Codex der weiblichen Pflichten in Ihrer Freundschaft Regeln festgelegt, die nicht ausgeglichen sind. Auf dieses Ungleichgewicht reagieren Sie schließlich mit Enttäuschung, Wut und innerer Distanz zu Ihrer Freundin. Am Ende haben Sie vielleicht das Gefühl, sich zurückzuziehen oder die Beziehung ganz zu beenden, sei die einzige Lösung für Ihr Problem.

Die negativen Auswirkungen des Codex der weiblichen Pflichten zeigen sich am deutlichsten und am schmerzlichsten in unseren Beziehungen zu anderen Menschen. Wenn wir den Zwang, es allen recht zu machen, überwinden wollen, müssen wir also vor allem die Regeln unserer Beziehungen ändern. Das gelingt uns leichter, wenn wir die emotionalen Loyalitäten aus unserer Kindheit durchschaut und erkannt haben, wie sie sich in unseren gegenwärtigen Beziehungen fortpflanzen.

9
Ein Paar verändert sich

Ellen ist seit einigen Monaten unsere Klientin. Seit zwei Wochen hat sie ein ungutes Gefühl, einen »Klumpen im Bauch«. Sie studiert Archäologie und soll als Photographin an einer bedeutenden Grabung in Mexiko teilnehmen. Sie fühlt sich unbehaglich, seit sie weiß, daß sie in der engeren Auswahl ist. Brad, mit dem sie zusammenlebt, spürt das. Er beschwert sich, daß sie so schweigsam und zurückhaltend ist. Ein paarmal haben sie sich gestritten. Brad ist eifersüchtig, doch Ellen will ihn erst aufklären, wenn sie den Job sicher hat.

Sie erhält die Zusage genau zum Jahrestag, an dem sie zusammengezogen waren und den sie immer mit einem romantischen Essen feiern. Als sie – ziemlich aufgewühlt – heimkommt, kocht Brad gerade.

»Weißt du, welcher Tag heute ist?« fragt er.

»Der Tag, an dem ich einen Job bei einer Grabung in Mexiko bekommen habe«, sagt Ellen. »Ich gehe ab Juli für fünf Wochen nach Mexiko.«

Brad ist wie vom Donner gerührt. »Aber da hatten wir uns doch vorgenommen, in den Teton-Bergen zu wandern!«

»Nein, nicht wir. *Du* hattest dir das vorgenommen und wie immer für uns beide geplant.«

»Moment mal, Ellen, Wandern macht dir doch Spaß.«

»Nur weiter so. Sag mir, was ich fühle. Sag mir, was ich mag.«

Jetzt wird Ellen richtig wütend.

»*Was* tue ich? Hattest du etwa keine Lust? Hab ich dich vielleicht nicht gefragt?«

»Du hörst ja sowieso nicht zu.«

»Und da gehst du einfach nach Mexiko. Großartig. Und was soll ich so lange machen? Dir Geld schicken?«

»Ich werde bezahlt«, sagt Ellen kalt.

»Meinst du, dann ist es in Ordnung? Nicht, daß ich was dagegen hätte, du hast mich nur so damit überfallen.«

»Ich weiß es erst seit heute. Tut mir leid. Sag mir nicht, du hättest nichts dagegen. Du bist gegen alles, was ich tue, wenn du es nicht kontrollieren kannst!«

»Ellen, hör auf damit! Was ist eigentlich los?«

»Brad, wenn dir wirklich was an mir liegen würde, würdest du dich freuen. Ich soll bei der größten Grabung in Mexiko photographieren!!«

Brad versucht, sich zusammenzunehmen. »Also gut, erzähl mir davon. Du weißt, daß mir was an dir liegt. Tut mir leid, daß ich nicht gefragt habe.«

»Jetzt ist mir nicht mehr danach.«

»Entschuldige. Du tust nur so, als ob ich dir egal wäre.«

Ellen geht aus dem Zimmer und schaltet den Fernseher an. Er schaltet ihn wieder aus. Der Streit eskaliert. Ellen verbringt die Nacht weinend im Gästezimmer. Am nächsten Tag bittet sie um eine sofortige Therapiesitzung, um eine eventuelle Trennung von Brad zu besprechen.

Prüfung der Regeln

Ellen hatte eine Therapie bei uns begonnen, weil sie sich weniger auf Brad und mehr auf ihre eigenen Ziele und Interessen zentrieren wollte. Der Streit wegen Mexiko ereignete sich in einer Phase, bevor ihr klar war, wie ihre Veränderung ihre Beziehung beeinflussen würde.

»Ich dachte, ich liebe Brad«, sagte sie. »Aber jetzt fühle ich mich so unterdrückt, daß es mir fast den Atem nimmt.«

Nach dem Streit nahm auch Brad an der Therapie teil. Der Streit hatte ihn beunruhigt. Er begrüßte es, daß Ellen ihren Interessen nachging, doch die Aussicht auf über einen Monat Trennung war ihm sehr unangenehm. Außerdem hatte er sich seit Monaten auf die Wandertour gefreut. Offensichtlich war er bitter enttäuscht und wollte nicht, daß Ellen ging.

Ellen hingegen hatte das Gefühl, Brad würde ihre Versuche, sich mehr ihren Interessen zu widmen, untergraben. Der Streit hatte viele unterschwellige Konflikte in ihr zutage gebracht.

Die unausgesprochenen Regeln, die Ellen und Brad gemeinsam geschaffen hatten, liefen in eine Sackgasse.

Eine dieser Regeln drehte sich um Distanz und Nähe. Kurz gesagt, Ellen glaubte, daß Brad entschied, wieviel Distanz sie beide zueinander haben dürften. Ellen interpretierte die Regel so, daß Brad auf Distanz zu ihr gehen durfte, sie aber nicht zu ihm, zumindest nicht so, daß er sich bedroht fühlte. Ihre Interessen mußten gegenüber seinen in den Hintergrund treten. Das Mexiko-Problem hatte diese verborgene Regel in Frage gestellt.

Wie jede Regel hatte sie sich bei vielen kleinen Entscheidungen im Verlauf ihrer Beziehung entwickelt und beruhte auf ihrer beider Vorstellungen von »Nähe«. Brad und Ellen verbrachten fast alle Wochenenden und Ferien zusammen, hatten gemeinsame Freunde, ähnliche Interessen und Ansichten. Wenn Brad auf Ellens Bruder sauer war, erwartete er von Ellen, auch auf ihn sauer zu sein. Wenn einer um elf Uhr müde war, ging der andere auch um elf Uhr schlafen.

Am Anfang ihrer Beziehung hatte sich Ellen noch einige Male mit ihrer langjährigen Freundin getroffen, die Brad nicht mochte. Brad machte ihr einmal eine Szene, als sie sehr spät heimkam, und verdächtigte sie, mit einem anderen Mann zusammen gewesen zu sein. Sie wurde furchtbar wütend, obwohl sie wußte, daß Brad aufgrund seiner Kindheit so reagierte. Seine Mutter hatte seinen Vater verlassen. Sein Vater bekam das Sorgerecht für Brad und seinen Bruder, und Brad fühlte sich immer von seiner Mutter im Stich gelassen. Brad tat es hinterher sehr leid, doch sie blieb nicht mehr so oft und so lange aus.

Das war Ellens erster taktischer Fehler bei der Entwicklung einer Nähe-und-Distanz-Regel, die nicht funktionieren konnte. Weil sie sich in Brads Angst einfühlen konnte, begann sie fast unbewußt auf ihre Kosten darauf Rücksicht zu nehmen. Es kam ihr nicht in den Sinn, daß sie Kompromisse zwischen Brads Angst und ihren Wünschen hätten aushandeln können. Jedesmal wenn sie zu Hause blieb oder nicht das tat, was sie eigentlich wollte, bestätigte sie damit diese Regel.

Eine zweite Regel war in die erste eingebettet und wurde von dieser verstärkt. Auch sie war am Anfang der Beziehung fast unmerklich entstanden.

Brad mochte naturverbundene und urtümliche Campingferien. In ihrem ersten gemeinsamen Urlaub machte Ellen alles mit – tagelange Wanderungen im Regen, stundenlang in der Morgenkälte Tiere beobachten – und fand es romantisch. Als beide auf ihren Vorschlag hin die letzte Woche in einem noblen Stadthotel verbrachten, meckerte Brad unausgesetzt an allem herum. Schließlich sah sie sich genötigt, sich für ihren Wunsch zu entschuldigen.

So entstand die Erwartung, daß Ellen alles, was Brad vorschlug, akzeptierte und daß es ihr Spaß machte. Brad konnte Ellens Entscheidungen kritisieren, und sie fühlte sich verantwortlich, wenn sie ihm nicht paßten. Weil sie nicht offen sagte, welche Art Ferien sie bevorzugte, und weil sie Brads Kritik widerspruchslos hinnahm, schuf sie folgende Regel mit: ›Seine Bedürfnisse sind wichtiger als meine, und gegenseitiger Respekt oder Absprachen sind nicht nötig.‹ Diese Regel steuerte ihre Interaktion so, daß es ihnen unmöglich wurde, als zwei getrennte Menschen mit unterschiedlichen Bedürfnissen und Wünschen eine Lösung auszuhandeln.

Ellen erkannte, daß sie, um Brad zu schonen, vieles von sich selbst aufgegeben hatte, unter anderem die Photographie. Anfangs hatte er sie auf ihre Motivjagden begleitet, doch das wurde ihm rasch langweilig. Weil er oft lange arbeitete und sie viel Zeit in der Dunkelkammer verbrachte, meinte sie, am Wochenende mehr Zeit mit ihm verbringen zu müssen. Brad schrieb Theaterstücke. Allmählich photographierte sie immer weniger und nahm immer mehr an Brads Theateraktivitäten teil.

Insgeheim jedoch spürte sie, daß sie sich aufgab. Das äußerte sich in Ärger und in unspezifischen Vorwürfen, Brad sei arrogant und kümmere sich nur um sich selbst. Im Grunde waren das Versuche, gegen die Regeln aufzubegehren, doch da Ellen das nicht wußte, konnte sie ihren Ärger nicht sinnvoll umsetzen. Wenn Brad sie um Konkretisierung bat, machte sie einen Rückzieher. Wenn er sagte, er brauche sie, war das für sie, auch auf dem Hintergrund seiner Kindheitsproblematik, ein Appell an ihre Selbstlosigkeit, ihr Einfühlungsvermögen und ihre Zuwendungsbereitschaft. *Doch statt Brad mit Hilfe ihrer Sensibilität zu verstehen, entschuldigte sie sein Verhalten und rechtfertigte ihre Überverantwortlichkeit damit.*

Ellens Verhalten geht also eindeutig auf die Regeln des Codex der weiblichen Pflichten zurück. Sie beeinflussen damit auch die Entwicklung des Beziehungsystems. Das Verhalten beider Partner bedingte sich wechselseitig: Je mehr Ellen zurücksteckte, desto mehr Rücksicht erwartete Brad von Ellen. Beide zusammen fingen an, negative Verhaltensmuster zu entwickeln, die die Beziehung gefährdeten.

Ellen und Brad brachten beide bestimmte Selbstbilder und Rollenerwartungen in die Beziehung ein. Ellens Mutter hatte sich immer ihrem Vater angepaßt. Sie wartete stets mit dem Essen auf ihn. Sie ging nicht mehr in die Oper, weil ihr Vater Opern nicht mochte. Sie kritisierte ihn nicht, wenn er Ellen unangemessen bestrafte. Ellens Mutter steckte in einem

Loyalitätsdreieck mit ihrem Mann. Genau diese Lektion wiederholte Ellen in ihrer Beziehung mit Brad.

Brad war aufgrund der Scheidung seiner Eltern und des heimlichen Alkoholismus seiner Mutter zum Mittelpunkt seiner Familie geworden. Sein Vater und seine Stiefmutter bemühten sich sehr, seinen Verlust wiedergutzumachen, und alles drehte sich um ihn und um das, was er *machte*. Seine *Gefühle* jedoch stießen auf wenig Verständnis. So hoffte er, die gleiche emotionale Fürsorge eines Tages bei einer Geliebten zu finden.

Nach dem Streit dachte Ellen in Extremen: »Entweder Brad ändert sich oder ich gehe.« Frühere Versuche, die Regeln durch Wutausbrüche zu ändern, waren erfolglos verlaufen. Sie *fühlte* sich dann zwar selbständiger und stärker, doch in Wirklichkeit änderte sich nichts. Ellen tobte, Brad entschuldigte sich, und Ellen steckte wieder zurück.

Wie funktioniert ein Beziehungssystem?

Wie gesagt bestimmen immer mindestens zwei Menschen die Regeln einer Beziehung. Verantwortlichkeit ist wie eine Wippe. Wenn einer sich auf seinem Ende schwer macht, geht der andere nach oben und umgekehrt. In ausgeglichenen Beziehungen geht die Wippe immerzu auf und ab. Wenn jedoch einer zu »schwer wiegt«, sprich überverantwortlich ist, kommt die Wippe nie ins Gleichgewicht.

Ellen saß mit ihrer Überverantwortlichkeit für Brads Gefühle zwar schwer auf ihrem Ende, doch in anderen Bereichen der Beziehung war es Brad, der zuviel »Gewicht« hatte. In der Therapie stellte sich heraus, daß er in beider Sexualleben die Initiative hatte und wichtige Entscheidungen meist für sie beide fällte.

Es ist ungerecht und auch falsch zu behaupten, Ellen habe

Brads mangelnden Respekt für ihren Distanzwunsch verursacht. Doch Brads Gefühl, er habe ein Recht auf ihre Aufmerksamkeit, wurde durch Ellens Tendenz zur Pflichterfüllung verstärkt.

Beziehungsregeln erfolgreich ändern

Die Distanzregel und die ihr zugrundeliegende Annahme, Brads Bedürfnisse seien wichtiger als ihre eigenen, wurzelten in Ellens Loyalitätsbewußtsein und ihrem Glauben an den Codex der weiblichen Pflichten. Im Verlauf der Beziehung zu Brad nahm ihre Selbstachtung immer mehr ab. Sie litt unter einer Last, die sie nicht benennen konnte. Die Last war die Überverantwortlichkeit, und Ellen erkannte allmählich, daß sie sie abwerfen wollte.

»Ich muß an der Sache mit Brad etwas ändern. Nach Mexiko zu gehen, gehört dazu. Ich war immer für ihn da, und weil ich nichts mehr für mich machte, wurde ich immer unzufriedener. Es kommt mir so vor, als wollte ich ihn dazu bringen, mich zu lieben, indem ich soviel für ihn tat. Aber jetzt merke ich, daß ich mich selbst nicht liebe. Wenn ich mich immer anpasse, bekomme ich sowieso nicht die Liebe, die ich eigentlich will. Das heißt nicht, daß ich Brad nicht liebe. Ich glaube nur, wenn ich jetzt nach Mexiko gehe, heißt das, daß ich mich mehr um mich selbst kümmern möchte.«

Diese Entscheidung stellte den ersten echten Versuch Ellens dar, die Regeln ihrer Beziehung zu ändern. Unglücklicherweise haben die wenigsten von uns gelernt, wie man eine solche Veränderung durchführt, ohne die Beziehung in Frage zu stellen. Meist können wir die ausgelösten Angstgefühle nicht bewältigen und schrecken daher vor Veränderungen zurück.

Da Ellen gegen die Distanzregel verstieß – ausgerechnet die

Beziehungsregel, die sie beide vor Angst und vielen anderen unangenehmen Gefühlen schützte –, war es nicht ungewöhnlich, daß sofort eine Art Guerillakrieg zwischen ihnen ausbrach. Ellen kämpfte, und Brad verteidigte sich.

Positionen gelassen vertreten

Der erste Schwachpunkt von Ellens Änderungsversuch war ihre Entscheidung, Brad die mögliche Teilnahme an der Grabung zu verschweigen. Da Brad sowieso kein großes Vertrauen zu Menschen hatte, bestärkte sie damit unabsichtlich dieses Mißtrauen. Brad blieb ihre Unruhe nicht verborgen, und er machte sich Sorgen um ihre Beziehung. Schließlich platzte sie in einem denkbar ungünstigen Augenblick mit der Nachricht heraus.

Ellen wußte, daß Brad es nicht mochte, wenn sie etwas ohne ihn unternahm. Also nahm sie seine Reaktionen vorweg und war von vornherein auf Abwehr eingestellt, weil sie nicht genau wußte, ob sie nun für die Reaktionen verantwortlich war oder nicht.

Eigentlich hatte Ellen schon begonnen, sich zu ändern. Sie hatte die Photographie wieder aufgenommen. Solche kleinen Veränderungen waren möglich gewesen. Diese Reise jedoch stellte eine echte Krise dar, weil sie auf keinen Fall Rücksicht auf Brad nehmen und zu Hause bleiben wollte. Doch sie fühlte sich unwohl, weil sie wußte, es wäre ihm unangenehm. Weil sie sich aber immer noch verantwortlich fühlte, wurde sie wütend. Sie machte einen Fortschritt, doch sie war dabei innerlich gespannt und abwehrbereit, statt ruhig und gelassen zu sein.

Hätte Ellen auf Brads Reaktion eingehen können, ohne sich dafür verantwortlich zu fühlen, hätte sie vielleicht *verständnisvoll*, aber *entschlossen* bleiben können. Eine Verhaltensänderung stellt eine Veränderung Ihrer *Position* zu einer Beziehungsregel dar; eine Position ist eine klare Aussage darüber, *was Sie zu tun gedenken*, nicht darüber, *was Sie fühlen* oder was der andere Ihrer Meinung nach *tun soll.*

Ellen hätte gelassen bleiben und Brad seine Gefühle zugestehen müssen. Natürlich wollte er keine Änderung der Beziehungsregeln, zumindest nicht gleich. Deshalb müßte sie Verständnis für seine Gefühle zeigen, ihren Veränderungswunsch allerdings äußern und darauf bestehen.

Nach der Therapiesitzung konnte sich Ellen anders mit Brad auseinandersetzen: »Brad, unser Streit tut mir wirklich leid. Ich habe über die Sache mit Mexiko gründlich nachgedacht. Das ist eine große Chance für mich, und ich will es wirklich gerne machen.«

»Prima. Und ich bleibe hier sitzen. Du weißt das doch schon seit Wochen. Wahrscheinlich warst du deshalb so kühl zu mir.«

»Ich verstehe ja, daß du wütend bist. Ich habe mich nicht getraut, es eher zu sagen, weil ich wußte, wie enttäuscht du wegen des Wanderurlaubs sein würdest. Ich glaube, ich habe mich etwas zurückgezogen, weil ich mich davor gefürchtet habe. Ich verstehe, daß du verletzt bist. Aber es geht ja nicht darum, dich zu verlassen. Es geht um eine Chance. Du hast mich doch immer ermutigt.«

»Na großartig. Wenn du mich nicht verletzen willst, dann laß es!«

»Ich werde nach Mexiko gehen, Brad, und wir werden einen anderen Urlaub planen. Ich finde, wir sollten einiges anders machen. Aber jetzt regen wir uns beide zu sehr auf. Ich will mich nicht mit dir streiten; reden wir nach dem Essen weiter.«

In diesem neuen Szenario blieb Ellen gelassen. Sie ging auf Brads verletzte Gefühle und seine Angst ein. Sie war offen, verständnisvoll und entschlossen.

Reaktionen auf Veränderungen vorwegnehmen

Veränderungen in einem Beziehungssystem rufen anfangs fast immer negative Reaktionen hervor, auch wenn der andere schließlich zustimmt und die Veränderung gut findet. Brad reagierte auf Ellens Selbständigkeitsbestrebung mit Wut. Veränderung macht Angst, und Wut ist oft die erste Reaktion auf Angst.

Brad bleibt aber wütend. Ein weiteres Hemmnis für Veränderungen ist der Glaube, wenn wir es nur »richtig anstellten«, würde der andere nicht ablehnend reagieren. Das ist absolut nicht richtig. *Jede Veränderung löst eine spontane, emotionale Reaktion aus.* Sie müssen nur wissen, daß die Reaktion natürlich ist und *daß es darauf ankommt, nicht auf die Reaktion zu reagieren.* Meist kommt nach dem Gefühlsausbruch eine Gegenposition, und erst danach kann der Prozeß des Aushandelns neuer Regeln beginnen.

Wenn Sie gelassen bleiben, zentrieren Sie sich auf Ihre eigenen Ziele, statt den anderen dazu zu bringen, das zu tun, was Sie wollen. Er hat dann auch Zeit, eine eigene Position zu entwikkeln.

Brad konnte schließlich sagen: »Ich glaube, ich war bloß erschrocken, weil wir sonst immer alles zusammen gemacht haben. Ich finde auch, daß das eine tolle Chance für dich ist. Gut, daß du dich von mir nicht hast davon abbringen lassen. Aber ich werde dich vermissen.«

Ellen: »Ich dich auch. Vielleicht wird es leichter, wenn du mich ein Wochenende besuchen kommst.«

»Ich weiß nicht, ob ich das will. Ich habe gemerkt, daß ich mehr Zeit mit meinem Bruder verbringen möchte. Vielleicht könnte ich mit ihm eine Kanufahrt machen, während du weg bist, und wir machen dann im Herbst zusammen Urlaub. Wie wär' das?«

Veränderte Regeln – bessere Beziehungen

Ein tiefes Unbehagen und mangelndes Selbstwertgefühl hatten Ellen zur Veränderung getrieben. Dieser Entschluß war ihr nicht leichtgefallen, weil sie Brad wirklich liebte und von ihm geliebt werden wollte. Sie glaubte jedoch, dazu müßte sie dem Codex der weiblichen Pflichten folgen. Sie brauchte viele Therapiesitzungen, um sich über ihre Gefühle – Scham, Kummer, Wut – klarzuwerden und sich von ihnen zu lösen.

Mexiko war wie eine Befreiung für sie. Sie lernte Menschen kennen, die ihr Talent und ihre Arbeit anerkannten und wichtige Freunde für sie wurden. Sie fand, daß sich ihre Fähigkeiten als Photographin spürbar verbesserten. Sie erwarb neue Selbstachtung und konnte besser mit ihren Ängsten vor dem Alleinsein und vor Eigenverantwortlichkeit umgehen.

Brad nahm den Kontakt zu seinem Bruder auf. Auf der Kanufahrt redeten sie über die Scheidung ihrer Eltern und den Alkoholismus ihrer Mutter und wie sie beide das erlebt hatten. Er erkannte, warum er oft so heftig auf Ellens Interessen und Aktivitäten reagierte. Er fühlte sich seinem Bruder so nahe wie nie zuvor und merkte, daß ihm genau diese Art Kontakt in seinem Leben gefehlt hatte und daß er nicht alles von Ellen bekommen konnte.

Als Ellen zurückkam, verbesserte sich ihre Beziehung dramatisch. Sie fühlte sich ihm näher und umgekehrt. Ellen begann mehr von dem zu tun, was ihr Spaß machte, und war zufriedener mit sich. Brad nahm engere Beziehungen zu seinem Bruder und seinen Freunden auf und brauchte nicht mehr soviel Nähe zu Ellen. Wenn sie zusammen waren, hatten sie sich viel zu erzählen, und jeder nahm Anteil an den Interessen und Erfahrungen des anderen. Die Veränderung der Regeln hatte beiden genützt.

10
Auf dem Weg der Veränderung

Sich von der Last der Verantwortlichkeit zu befreien, erfordert die ganze Frau. Die nötigen Fähigkeiten, um diesen Prozeß erfolgreich durchzustehen, sind jedoch erlernbar. Wir können die Motivation zur Veränderung am besten durchhalten, wenn wir bestimmte Prinzipien verstehen, und das wichtigste dieser Prinzipien besagt, daß jede Persönlichkeitsveränderung sowohl unser Selbstwertgefühl als auch die Art und Weise, wie andere auf uns reagieren, beeinflußt. Zum einen müssen wir uns also anders verhalten, zum anderen die Reaktionen anderer vorhersehen und mit ihnen umgehen.

Die ersten Veränderungsversuche sind meist ungeplant und daher uneffektiv. Je besser wir aber bestimmte Hilfsmittel und Prinzipien anzuwenden lernen, desto mehr werden auch unser Selbstbild und unsere Beziehungen davon profitieren.

So durchlief Ellen verschiedene Stadien, die jeden Veränderungsprozeß kennzeichnen:

Sie erlebte eine »Pflichtkrise« – einen Konflikt zwischen ihren eigenen Bedürfnissen und den Regeln, die für sie und Brad galten.

Sie erkannte, daß ihre Überverantwortlichkeit sie belastete und ärgerte, und beschloß, sich zu ändern.

Sie fand heraus, wie die Regeln und das emotionale Erbe ihrer Familie ihr Loyalitätsbewußtsein gegenüber Brad geprägt hatten.

Sie beschloß, sowohl ihr Verhalten als auch ihre emotionale Verantwortlichkeit Brad gegenüber zu ändern.

Sie lernte, ihre Position gelassen zu vertreten, ohne auf Brads Reaktionen zu reagieren.

Die Reaktionen anderer auf die Veränderung

Gewöhnlich bedeutet eine Veränderung von Beziehungsregeln einen Verstoß gegen die Forderungen des Codex der weiblichen Pflichten. In einigen seltenen Fällen können die Menschen in Ihrem Umfeld aber auch so erleichtert sein, daß Sie Ihre »Übermenschlichkeit« aufgeben, daß sie Ihnen Beifall zollen und die Verantwortung, die Sie abgeben, gern annehmen. Weil jedoch jede Veränderung, auch zum Positiven, zunächst einmal Unannehmlichkeiten mit sich bringt, reagieren andere normalerweise zuerst negativ darauf. Diese negativen Reaktionen treten in zwei Formen auf: direkt als üble Nachrede oder aggressives Verhalten Ihnen gegenüber und indirekt. Bei indirekten negativen Reaktionen verstärkt sich gewöhnlich die Neigung des anderen zu unterverantwortlichem Verhalten. Eine Sucht kann sich verschlimmern, Depressionen oder Ängste können auftreten. Die Reaktion kann sich aber auch in Kleinigkeiten ausdrücken: Adam, den wir in Kapitel 1 kennengelernt haben, »vergißt«, den Filter in die Kaffeemaschine zu legen, wenn er seinen Kaffee selbst kochen muß.

Was diese Reaktionen ausdrücken, sind immer Variationen der Themen »Du bist böse«, »Du bist verrückt« und »Du liebst mich nicht«. Entscheidend für eine fortgesetzte, wirksame Veränderung ist daher, daß Sie auf diese Reaktionen gefaßt sind und gelassen bleiben, wenn sie kommen. Wenn Sie Ihre Veränderungsstrategie planen, schätzen Sie ab, welche Menschen wahrscheinlich wie reagieren werden. Sorgen Sie dafür, daß Sie auf Freunde oder Therapeuten zurückgreifen können, damit Sie mit diesen Reaktionen leben können, ohne

auf sie einzugehen, und damit Sie sich rückversichern können, daß Ihre Entscheidung Sie nicht zu einem schlechten Menschen macht.
Um sich zu verändern und mit den Reaktionen umgehen zu können, ist eine ausgearbeitete Strategie unerläßlich. Die folgenden Schritte gelten für jede Veränderung, gleich wen sie betrifft, Ehegatten, Liebhaber, Freunde, Vorgesetzte, Eltern oder Kinder.

Strategie für eine effektive Veränderung

1. Teilen Sie der jeweiligen Person in ruhigem Ton mit, welche Veränderung Sie vorhaben.
2. Wählen Sie eine Zeit, in der andere Probleme oder Ereignisse Sie nicht aus der Bahn werfen können, oder messen Sie der Veränderung mehr Bedeutung bei, als sie hat.
3. Gestehen Sie verständnisvoll und freundlich ein, daß die Veränderung Härten mit sich bringt – für Sie beide.
4. Gehen Sie nicht auf die Reaktion ein.
5. Bringen Sie Ihre Position immer wieder entschlossen, aber freundlich zum Ausdruck.
6. Wenn die ausgelöste Wut zu heftig ist, verschieben Sie die Auseinandersetzung auf einen anderen Zeitpunkt.
7. Lassen Sie sich Ihr Recht auf Veränderung anderweitig bestätigen.
8. Halten Sie an Ihrer Position fest.
9. Geben Sie der jeweiligen Person Zeit, sich an die Veränderung anzupassen.

Diese Strategie gründet im Codex der Ausgeglichenheit. Sie fördert Ihre Fähigkeiten zu Offenheit, Verständnis und Entschlossenheit. Sie führt dazu, daß Sie nur für Ihren Anteil an der Partnerschaft Verantwortung tragen, statt exzessiv Beziehungsarbeit zu leisten. Ihre Entscheidung zur Veränderung soll sich für Sie auszahlen.

Sich von pflichtorientierten Verhaltensweisen lösen

Ob die intendierten Veränderungen nun so tiefgreifend und dramatisch sind wie Ellens Mexikoreise oder ob sie eher geringfügig erscheinen – von ihrer Bedeutung her sind sie gleichwertig. Wichtig ist, daß, wie bei Ellen, ein verändertes *Verhalten* Rückwirkungen auf das *Selbstwertgefühl* hat. Auch geringste Änderungen überverantwortlicher Verhaltensweisen führen zu einer Neugestaltung von Beziehungsregeln. Da sich diese Regeln auf viele verschiedene Weisen in vielen verschiedenen Situationen ausdrücken, kann schon eine kleine Verschiebung Änderungen auf der *Verhaltensebene* (zu viel für andere tun) *und* zugleich der *Gefühlsebene* (auf andere emotional zentriert sein) bewirken.

Zum Beispiel kamen Ellen und Brad stets zu spät, weil sie sich in ihrer Wohnung trafen, um gemeinsam zur Therapie zu fahren. Brad war prinzipiell unpünktlich. Ellen war das peinlich, und es ärgerte sie. Deshalb stritten sie regelmäßig auf dem Weg zur Therapie. Schließlich entschloß sich Ellen, allein zur Therapie zu fahren und erst dort mit Brad zusammenzutreffen. Innerhalb kürzester Zeit kam auch Brad pünktlich.

Kleine Veränderung, große Wirkung: Ellen verzichtete darauf, sich auf Brad zu zentrieren, und sorgte dafür, daß sie bekam, was sie brauchte. Dadurch entfiel ein Anlaß für Ärger und Streitereien. Bei Brad lag die Entscheidung, mehr Verantwortung für sich selbst zu übernehmen oder nicht.

Wenn Sie bestimmte, überverantwortliche *Verhaltensweisen* ändern wollen, dann probieren Sie folgende Übung aus:

– Wählen Sie etwas, das Sie wiederholt für den anderen tun. Wenn Sie zum Beispiel immer seine Autoschlüssel suchen müssen, dann nehmen Sie besser diese Verhaltensweise ins Visier als beispielsweise die, ein Weihnachtsgeschenk für seine Mutter zu kaufen. Dieses Problem stellt sich nur einmal im Jahr.

- Wählen Sie etwas, das Sie gründlich satt haben und das ganz eindeutig nicht Ihre Aufgabe ist. Zu Anfang empfiehlt sich eine Verhaltensweise, die nur den anderen betrifft, statt einer, an der Sie beide beteiligt sind. Seinen Autoschlüssel zu finden, ist eindeutig sein Problem. Die Verwaltung der Familienfinanzen dagegen geht Sie beide an.
- Wählen Sie etwas, das den anderen genauso ärgert wie Sie. Ellen und Brad ärgerten sich stets übereinander: sie über sein chronisches Zuspätkommen, er, weil er sich von ihr kontrolliert fühlte. Er änderte sich aus Trotz nicht, und sie zentrierte sich noch mehr darauf, ihn zu ändern, statt sich selbst. Suchen Sie nach einem Problem, das immer in derartige Teufelskreise von Frustration und Aggression mündet.
- Wenn Sie ein oder zwei zentrale Verhaltensweisen ausfindig gemacht haben, dann üben Sie mindestens einen Monat lang, durchgängig auf sie zu verzichten. Tun Sie zerstreut und unaufmerksam, wenn der andere Sie darauf anspricht: »Oh, ich glaube, das habe ich vergessen.« Oder: »Ich weiß auch nicht, warum ich das nicht getan habe. Ich glaube, ich habe an was anderes gedacht.« Erinnern Sie auf keinen Fall den anderen daran, das zu tun, was Sie sein lassen, bis derjenige die entsprechende Information braucht; es handelt sich um eine Aufgabe, die bisher immer Sie erledigt haben, und jetzt erwartet man das von Ihnen. Geben Sie keinerlei Kommentar zu Ihrer Veränderung.
- Wenn Sie sich ganz sicher sind, daß Sie diese Veränderung durchhalten können, dann gehen Sie zu anderen überverantwortlichen Verhaltensweisen über. Fangen Sie jetzt an, Ihrem Partner zu erklären, daß und wie Sie Ihre Beziehungsregeln ändern möchten.

Sich von der Zentrierung auf die Gefühle anderer lösen

Ellen schonte Brads Gefühle, indem sie selten etwas tat, das angstauslösend für ihn war. Wenn Sie zu sehr auf die Gefühle anderer zentriert sind, fragen Sie vielleicht andere ständig nach ihren Gefühlen, versuchen, ihre Gefühle in Ordnung zu bringen und ihre Probleme zu lösen, oder sind vorwiegend damit beschäftigt, andere vor Schmerz oder vor den Folgen ihres eigenen Verhaltens zu schützen.

Häufig schützen wir auch andere vor *unseren* Gefühlen. Als pflichtbewußte Frauen spüren wir ganz richtig, daß unsere Gefühle und Bedürfnisse andere in Bedrängnis bringen könnten, wenn wir sie offen ausdrücken würden. Weil wir glauben, selbstlos, verfügbar und eine Dame sein zu müssen und niemals jemanden verletzen oder ihm Unannehmlichkeiten bereiten dürfen, »ersparen« wir anderen die Wahrheit. Es gelingt uns nicht, offen zu sein.

Diese Unfähigkeit kann sich sehr verschieden äußern: Wir täuschen Orgasmen vor, geben nicht zu, wenn wir uns über jemanden ärgern, verbergen vor der Familie, daß wir lesbisch sind oder Opfer eines Inzest wurden. In abgeschwächter, aber genauso gefährlicher Form äußert sie sich darin, daß wir ja sagen, wenn wir nein meinen.

Wie schon gesagt, muß jede Veränderung mit einem kleinen Schritt beginnen.

Es ist wichtiger (und einfacher), mit einem Teilaspekt der Überverantwortlichkeit anzufangen, als alles auf einmal völlig anders machen zu wollen.

Wenn Sie Ihre emotionale Zentrierung auf andere aufgeben wollen, müssen Sie sich als erstes fragen, wessen Problem Sie beschäftigt. Wo liegt Ihr Zentrum der Aufmerksamkeit – beim Ehepartner, Kind, Liebhaber, bei der Freundin, den alternden Eltern? Machen Sie sich über deren Probleme mehr Sorgen als die Betroffenen? Werden Sie unruhig, wenn Ihr

Chef mit seinen Berichten nicht fertig wird? Meinen Sie, Ihrer besten Freundin Ratschläge für ihre Liebesaffäre geben zu müssen, auch wenn Sie sie nicht darum bittet? Ist Ihr Drang, sich um die Gefühle anderer zu kümmern, so umfassend, daß er Ihr ganzes Leben beherrscht? Dann verdrängen Sie darüber wahrscheinlich Ihre eigenen emotionalen Probleme und Bedürfnisse und tippen wahrscheinlich in Überstunden die Berichte Ihres Chefs, statt zur Gymnastik zu gehen, die Ihnen Spaß macht.

Halten Sie Ihr persönliches Zentrum frei

Wenn wir zu sehr auf die Gefühle und Bedürfnisse anderer zentriert sind, opfern wir die Klarheit über unsere eigenen Ziele der Pflichterfüllung. Wenn wir uns über unsere Bedürfnisse und Standpunkte nicht im klaren sind, verwickeln wir uns – wie Ellen und Brad – oft in konfliktreiche, verwirrende und wutgeladene Interaktionen. Wir tun Dinge, die wir gar nicht tun wollen. Oder wir unterlassen Dinge, die wir gern tun würden. Unser wahres Selbst, das verständnisvoll und entschlossen sein, Wachstum fördern und ein Gegenmittel gegen den irrationalen Zwang zur Pflichterfüllung sein könnte, verkümmert.

Ellen erlebte und überstand schließlich eine Pflichtkrise. Wenn wir merken, daß wir wie Ellen in eine negative Interaktionsspirale geraten, können wir uns mit Hilfe eines Merksatzes oder Stichwortes wieder zentrieren. Die folgenden vier Fragen helfen uns, wieder mit uns ins reine zu kommen: *»Was ist das Problem? Was ist meine Position? Wessen Problem ist es? Was, wenn überhaupt etwas, muß ich dazu tun?«*

Eine Pflichtkrise in einer Beziehung kündigt sich immer eindeutig an. Sie spüren eine Art innerer Spannung. Sie sind irgendwie gereizt. Ellen hatte zwei Wochen lang einen »Klumpen im Bauch«. Ihr Partner oder sonst jemand sagt etwas zu

Ihnen oder über Sie, und obwohl Sie sich bemühen, es zu überhören, ärgern Sie sich darüber oder werden aggressiv. Körperliche Reaktionen sind eine Warnung: Ihre Bedürfnisse oder Gefühle geraten in Konflikt mit denen anderer. Die körperliche Spannung deutet darauf hin, daß Ihre wahren Wünsche Ihrem Pflichtbewußtsein widersprechen. Wenn Sie sich die Zeit nehmen, um sich die genannten Fragen zu stellen, können Sie die Klarheit wiedergewinnen, die Sie brauchen, um auf sich zentriert zu bleiben. Damit vermeiden Sie nicht nur Interaktionen, die Sie fertigmachen, sondern wirken auch der Tendenz entgegen, Ihren Veränderungsprozeß abzubrechen.

Wie Sie wieder mit sich ins reine kommen

- Wenn jemand ein Problem an Sie heranträgt, fragen Sie ihn oder sie nach seinen oder ihren Lösungsmöglichkeiten, statt von sich aus eine Lösung vorzuschlagen. Kontrollieren Sie sich unbarmherzig, geben Sie keinen Rat und helfen Sie auch nicht, wenn Sie nicht direkt darum gebeten werden.
- Fragen Sie sich jedes Mal, wenn Sie sich in einer Interaktion ärgern: »Für welche Gefühle des anderen fühle ich mich verantwortlich?« und »Welche meiner eigenen Emotionen unterdrücke ich?«
- Wenn Sie merken, daß Sie auf das Problem eines anderen mit überverantwortlichem Verhalten oder Wut, Angst, Frustration oder Depression reagieren, zentrieren Sie sich neu. Verwenden Sie die vier Fragen, um mit sich ins reine zu kommen.

Übungen gegen emotionale Überverantwortlichkeit

Der neue Codex der Ausgeglichenheit bietet uns Alternativen zur Pflichterfüllung. Mit den folgenden Übungen wird es Ihnen leichter fallen, Pflichtkrisen zu bewältigen, und Sie werden entdecken, wie befreiend die Zentrierung auf sich selbst sein kann.

Verständnisvoll sein

Wenn ein Freund oder ein Familienmitglied mit Ihnen über seine Probleme redet, merken Sie vielleicht, daß Sie sich sehr bemühen, etwas dagegen »zu unternehmen«. Das passiert häufig, wenn wir besonders ängstlich sind. Ihr Vater spricht zum Beispiel mit Ihnen darüber, was mit Ihrer kranken Mutter geschehen soll, wenn er sie nicht mehr pflegen kann. Oder Ihr Mann will sich beruflich verändern. Oder eine Freundin redet endlos mit Ihnen über ihre Eheprobleme. Statt Hilfe oder Lösungen anzubieten, sagen Sie: »Das muß sehr schlimm für dich sein« oder »Welche Möglichkeiten siehst du für dich?« Machen Sie an jedem Punkt des Gesprächs, an dem Sie versucht sind zu helfen, eine ähnliche Bemerkung.

Eigenes und fremdes Wachstum fördern

1. Versuchen Sie, jeden Tag eines Ihrer emotionalen Bedürfnisse genau zu identifizieren. Vielleicht wollen Sie über etwas sprechen, das Sie belastet. Bitten Sie jemanden ganz offen, dieses Bedürfnis zu befriedigen. »Hast du zwanzig Minuten Zeit, um mit mir über das Problem mit meiner Mutter zu reden?« »Könntest du mal durchlesen, was ich geschrieben habe, und mir deine Meinung dazu sagen?« Wenn Sie eine Absage bekommen, suchen Sie sich jemand anderen. Daß Sie fragen, heißt für einen anderen noch lange

nicht, daß er Ihre Bitte erfüllen kann oder will. Üben Sie, sich mit Ihren Bedürfnissen an mehrere Menschen zu wenden.

2. Reservieren Sie sich eine Stunde am Tag, um sich genau das zu gönnen, wonach Ihnen ist. Lesen Sie, hören Sie Musik, telefonieren Sie mit einer weit entfernt lebenden Freundin, ohne an die Kosten zu denken, gehen Sie zur Massage.
3. Denken Sie einmal darüber nach, was ein Mensch, der Ihnen nahesteht, wirklich mag oder haben möchte – nicht, was er Ihrer Meinung nach mögen sollte – und geben Sie es ihm. Das Wachstum anderer fördern heißt, auf ihre wahren Bedürfnisse einzugehen. Das kann etwas so Einfaches sein, wie die Frage danach, wie der Tag verlaufen ist, um dann der Antwort wirklich zuzuhören.

Entschlossen sein

1. Üben Sie, einem anderen offen zu sagen, welche Gefühle – zumindest eines – er bei Ihnen auslöst. Wenn es Sie zum Beispiel stört, bei der Arbeit ständig unterbrochen zu werden, gewöhnen Sie sich an zu sagen: »Es stört mich, daß Sie/du mich dauernd unterbrechen/unterbrichst. Ich rede gern mit Ihnen/dir, wenn ich mit dieser Arbeit fertig bin.«
2. Nehmen Sie eine Situation, in der Sie sich unbehaglich fühlen, weil Sie sich über die Erwartungen eines anderen im unklaren sind. Reden Sie mit dieser Person und fragen Sie sie direkt, was sie will oder erwartet. Sagen Sie offen, was Sie tun können und wollen und was nicht.
3. Wenn Sie das nächste Mal jemand zu lange am Telefon festhält und Sie das Gespräch beenden wollen, sagen Sie: »Ich verabschiede mich jetzt« – ohne Zögern oder Widerruf, also nicht: »Ich *muß* aufhören«, sondern »Ich *werde* aufhören«.
4. Üben Sie solche Sätze wie »Das kann ich nicht akzeptieren; das ist nicht das Problem; das will ich nicht; ich möchte das

anders machen; darüber sind wir verschiedener Meinung; ich bin bereit zu einem Kompromiß; ich verstehe dein Problem, aber ich möchte nicht tun, worum du mich bittest; dieses Verhalten kann ich nicht akzeptieren«.

5. Wenn Sie mit jemandem reden, der Ihnen Schuldgefühle macht oder Sie zu Überverantwortlichkeit drängt, üben Sie, zu sagen: »Es tut mir leid, daß du dich so fühlst; ich höre durchaus, daß du dich über mich ärgerst; es tut mir wirklich leid, daß ich nicht tun kann, was du möchtest.«

Mit den eigenen Reaktionen auf die Veränderung umgehen

So extrem die Reaktionen anderer auf die Veränderung auch sein mögen, im allgemeinen liegen sie in der normalen Bandbreite zu erwartender Reaktionen auf eine Verschiebung von Beziehungsregeln. (Ausgenommen jede Art von Mißhandlung; das darf niemals toleriert werden.) Aber andere Menschen sind nicht die einzigen, die auf Ihre Veränderung reagieren. Sie selbst reagieren auch, sowohl auf die Reaktionen der anderen als auch auf das Gefühl, die Kontrolle zu verlieren. Die Veränderung kann Ihnen Angst machen.

Wenn das Verhalten, das Sie ändern möchten, mit der Versorgung anderer und mit konkreten Aufgaben zu tun hat, dann wird sich Ihre vorherrschende Angst um das Thema »Aber dann macht es keiner/Dann macht es keiner richtig« drehen. Manchmal können Sie damit durchaus recht haben.

Wenn Sie aber hier wirklich etwas ändern wollen, dann müssen Sie akzeptieren, daß es nicht der Weltuntergang ist, wenn jemand einen Fehler macht oder etwas anders macht als Sie. Derartig tiefgreifende Veränderungen erfordern Flexibilität. Sie müssen anderen zugestehen, die Dinge auf ihre Weise und nach ihren Maßstäben anzugehen. Und Sie brauchen die Geduld, den anderen die Zeit zu lassen, damit sie sich Kompetenz in Bereichen aneignen können, die Sie lange Zeit als alleinige Expertin besetzt hielten. Wenn Sie feststellen, daß Ihnen diese Geduld fehlt, sollten Sie lieber Ihr Verhalten in einem anderen Bereich ändern und nicht mehr über die Belastung in diesem Bereich klagen.

Innere Leere als Zeichen der Veränderung

Wenn Sie es geschafft haben, eine bestimmte Verhaltensweise dauerhaft zu unterlassen, kann es sein, daß Sie eine Zeitlang innere Leere und Orientierungslosigkeit spüren. Wenn Sie dem Codex der weiblichen Pflichten Ihr Leben lang fraglos gehorcht und sich stets auf andere zentriert haben, dann kommt es zunächst einem Identitätsverlust gleich, dieses Verhalten zu unterlassen. Es ist möglich, daß Sie buchstäblich nicht mehr wissen, wer Sie sind.

Vielleicht fühlen Sie sich auch verwirrt, wissen nichts mit sich anzufangen, können sich schwer konzentrieren oder sind oft traurig. Sie erleben aber weniger eine Depression als vielmehr ein Gefühl der Ziel- und Zwecklosigkeit. Sie fragen sich, ob Sie die Menschen, die Sie zu lieben glauben, wirklich lieben, ob Sie Ihre Freunde wirklich mögen, ob Sie überhaupt irgendeine Beziehung haben, die in Ordnung ist, oder ob alle nur auf Ihrem Überengagement beruhen.

Ihr Wertempfinden läßt Sie vielleicht im Stich. Jetzt, wo Sie Ihr Pflichtbewußtsein über Bord geworfen haben, drängt es Sie, ins andere Extrem zu verfallen und sich völlig gehenzulassen, nicht zur Arbeit zu gehen, Haus und Kinder zu vernachlässigen, Affären anzufangen, sich einem Konsumrausch hinzugeben. Insgeheim glauben Sie vielleicht, im Grunde Ihres Herzens lebe ein egoistisches Monster.

In dieser Phase des Veränderungsprozesses fangen Sie an, alle

Überzeugungen in Frage zu stellen, die bisher Ihr Verhalten geleitet haben, ohne daß Sie schon Sicherheit in neuen Überzeugungen hätten finden können. Sie haben das Gefühl, vor einem Abgrund zu stehen. Wenn Sie dann wirklich außer Kontrolle geraten und genauso unterverantwortlich werden, wie Sie überverantwortlich waren, dann schieben Sie damit nur den Zeitpunkt hinaus, an dem Sie sich dieser Leere stellen müssen.

Übung: Der Leere entgegentreten

Vielleicht haben Sie schon festgestellt, daß Sie im Geist pausenlos Selbstgespräche führen und Ihr Leben mit andauernder Aktivität ausfüllen, damit das Gefühl von Leere Sie nicht überwältigt. Übertriebener Einsatz für andere kann sogar den Zweck gehabt haben, die Leere zu überdecken, die wir manchmal, auch unabhängig von einer Veränderung, erfahren. Die folgende Übung hilft Ihnen, die Leere bewußt durchzustehen, statt vor ihr davonzulaufen. Sie stellt eine Art Abkürzung zu einigen typischen Gefühlen dar, die Sie bei Ihrer Veränderung erfahren werden.

Halten Sie sich mindestens zwei Stunden, besser aber einen Nachmittag oder ganzen Tag frei; Sie sind allein und haben keine Ablenkung. Sie legen den Hörer neben das Telefon und lesen nichts. Sie dürfen spazierengehen, aber weder joggen noch sonst etwas »Nützliches« tun. Lassen Sie Ihre Gedanken frei und ungehindert fließen, und beobachten Sie, was passiert.

Die meisten Frauen reagieren auf diese »Hausaufgabe« mit: »Dazu habe ich keine Zeit« oder »Diese Zeitverschwendung kann ich mir einfach nicht erlauben«. Diese Reaktion entspricht den Forderungen des Codex der weiblichen Pflichten. Wenn sie sich aber zu der Ubung durchringen, erleben sie gewöhnlich ein breites Spektrum unterschiedlichster Gefühle: Ruhelosigkeit, Angst, sogar Realitätsverlust; das verzweifelte Bedürfnis, etwas oder jemanden da zu haben; Schuldgefühle, Sorgen wegen all dem, was liegenbleibt. Plötzlich blicken sie der »Leere« ins Gesicht. Und wenn eine Frau das Nichtstun zu genießen anfängt, nennt sie sich unweigerlich »pflichtvergessen«, faul oder egoistisch.

Viele Frauen halten diese Übung nicht länger als eine Stunde durch. Das spricht Bände, wie gering Frauen ihr Recht auf eigene Gefühle und Zeit für sich veranschlagen und wie groß ihre Angst ist, ohne die identitätsstiftenden Verhaltenskrükken der Überverantwortlichkeit auskommen zu müssen. Wären sie fähig, sich regelmäßig Zeit für sich, ihre Wünsche und Gedanken zu nehmen, könnten sie sehr positive Erfahrungen machen: Weg von der Scham, hin zu mehr Selbsterkenntnis und Selbstbestimmung.

Am schwersten ist es, Leere und Angst lange genug auszuhalten, um Handlungsimpulse zuzulassen und zu erkennen, die auf die Befriedigung unserer Bedürfnisse gerichtet sind. Solche Impulse tauchen unweigerlich auf, wenn wir uns von unserem übertriebenen Pflichtbewußtsein lösen. Nichts bringt uns mehr Konflikte und Selbstzweifel ein als die Erkenntnis, daß wir lieber etwas für uns selbst als für andere täten. Wenn wir unseren Impuls, vor der Leere davonzulaufen, überwinden, tauchen nicht nur unangenehme Empfindungen auf, sondern wir entdecken auch unsere begrabenen Wünsche wieder – und die Fähigkeit, unser eigenes Wachstum zu fördern. In der Leere liegt die Chance, das zu begreifen und uns neu zu definieren.

Angst vor Einsamkeit

Das Gefühl von Leere ist nur eine mögliche Reaktion auf die Veränderung. Der Versuch, Ihre *emotionale* Zentrierung auf andere aufzugeben, kann auch die Angst auslösen, Sie müßten mit Ihren Gefühlen allein bleiben. Wenn Sie der sensiblere Teil einer Beziehung waren, müssen Sie auf Trauer gefaßt sein, wenn Sie erkennen, daß ein Großteil des scheinbaren, emotionalen Kontakts zu Ihrem Partner, Ihren Eltern, Ihrer Freundin von Ihnen begonnen und aufrechterhalten wird. Nach Ihnen fragt dagegen niemand. Bisher mußte das auch keiner.

Wenn wir zuviel in die emotionale Seite einer Beziehung »investieren«, wollen wir uns damit vielleicht vor der Angst bewahren, wir seien anderen im Grunde nicht wichtig, wir kümmerten uns nicht genug um sie oder wir gehörten einfach nicht »dazu«. Wenn wir anfangen, unsere Zentrierung auf andere aufzugeben, verlieren wir zuerst jegliche Richtschnur für unser Verhalten und Empfinden. Unsere eigenen Gefühle erschrecken uns, weil uns die der anderen vertrauter scheinen.

Doch wenn wir auch hier warten können, entdecken wir vielleicht, daß wir die anderen gar nicht kennen, weil wir sie in der bisherigen Beziehung mit unserem Überengagement überfahren haben. Sie konnten gar nicht zum Ausdruck bringen, wie sie wirklich sind, weil wir ihnen ihre vermeintlichen Wünsche von den Augen abzulesen versuchten. Beachten Sie deshalb die folgende, einfache Regel: *Wenn Sie glauben, daß Sie in einer Beziehung die gesamte emotionale Arbeit leisten, dann halten Sie still und warten Sie ab, was als nächstes passiert. Achten Sie auf Ihre Reaktionen beim Warten, denn sie sind Hinweise darauf, was Sie mit Ihrem Überengagement vermeiden wollten.*

Hindernisse im Veränderungsprozeß

Zwei mögliche Hindernisse können die Motivation einer Frau zur Veränderung stören. Das erste liegt in ihr selbst und hat mit dem falschen Stolz zu tun, den wir in Kapitel 4 erwähnt haben und der häufig dazu dient, die Scham und andere unangenehme Gefühle zu überdecken.

Dieser Stolz kann eine Veränderung verhindern. Wenn unser Selbstbild zu eng mit Pflichterfüllung verbunden ist, fällt es uns schwer, die Reaktionen anderer auf unsere Veränderung auszuhalten und das Leeregefühl zu ertragen. Der erste, der uns Egoismus vorwirft, läßt unseren falschen Stolz wieder aufleben. Wir stecken unsere Energie wieder in den Nachweis, daß wir immer noch unsere Pflichten erfüllen, statt uns auf uns selbst zu zentrieren. Wenn wir unserem alten Selbstbild nicht mehr entsprechen, läßt uns das Gefühl von Verletzlichkeit und Unsicherheit vor der Leere zurückschrecken und treibt uns wieder in den Zwang, es allen recht zu machen.

Für manche Frauen war Pflichterfüllung vielleicht die wichtigste Quelle ihres Selbstwertgefühls und einer gewissen Macht in ihrer Familie oder Partnerschaft. Deshalb werden sie wahrscheinlich erst dann darauf verzichten können, wenn sie sich selbst gefunden haben. Das gilt insbesondere, wenn sich herausstellt, daß andere unsere alten Verantwortlichkeiten viel besser ausfüllen können als wir selbst: Unser Partner kocht nicht nur, er entwickelt sich zum Witzigmann-Verschnitt. Wir sind nach einer Woche allein mit den Kindern mit den Nerven am Ende, doch wenn wir nach einer längeren Geschäftsreise heimkommen, meint er, die Woche sei ein »Klacks« gewesen. Wenn wir nicht aufpassen, bereuen wir die Veränderung, weil wir von allen Seiten scheinbar Rückmeldungen über unsere Unzulänglichkeit und Ersetzbarkeit bekommen.

In solchen Zeiten ist es besonders wichtig, daß Sie auf sich zentriert bleiben. Sie wollen schließlich durch die Veränderung zu innerem Gleichgewicht kommen und keinen Kompetenzwettbewerb gegen Ihre Mitmenschen gewinnen. Es wäre nützlich, wenn Sie an diesem Punkt nochmals den Selbständigkeitsfragebogen am Ende von Kapitel 7 durchgingen. Jede Frage, die Sie mit Ja beantworten können, wird Ihr Selbstbewußtsein heben. Je besser Sie für sich selbst sorgen können, desto weniger hängt auch Ihr Selbstwertgefühl von anderen ab.

Das zweite Hindernis für eine Veränderung ist zwischenmenschlich. Wir vergessen nur allzu gern, daß jede Veränderung, auch die einer Beziehung, ein Prozeß ist, der seine Zeit braucht. Wenn zum Beispiel unsere ersten Versuche, von unserem Partner offen etwas für uns zu fordern, auf Ablehnung stoßen, nehmen wir allzu leicht an, die Beziehung sei hoffnungslos festgefahren. Statt uns die nötige Zeit und die nötige Zahl an Versuchen zuzugestehen, meinen wir, wir hätten den falschen Partner. Und wenn wir dann aufgeben oder die Beziehung abbrechen, erleben wir mit dem nächsten Partner genau dasselbe.

Manche Frauen resignieren, weil sie nicht in der Lage sind, selbst für ihren Unterhalt aufzukommen. Ob wir nun außerhalb des Hauses arbeiten wollen oder nicht, am sichersten sind und fühlen wir uns immer, wenn wir über »vermarktungsfähige« Qualifikationen verfügen. Wir sollten uns auch Klarheit über unsere finanziellen Verhältnisse verschaffen, falls sich unsere Partnerschaft auflösen sollte. Ein entscheidender Schritt hin zur Selbständigkeit ist finanzielle Unabhängigkeit. Wir müssen nicht notwendigerweise über einen Arbeitsplatz verfügen, wir sollten jedoch zumindest einen realistischen Plan haben, wie wir unsere Existenz sichern könnten. Sonst sind wir sehr leicht erpreßbar.

Der Veränderungsprozeß – Zusammenfassung

In den letzten vier Kapiteln haben wir die typischen Stadien von Veränderungsprozessen beschrieben. Es folgt eine zusammenfassende Übersicht:

1. Ihre übertriebene Pflichterfüllung geht allmählich an Ihre Substanz. Sie fühlen sich depressiv oder verzweifelt. Sie wissen, daß sich etwas ändern muß, aber nicht was.
2. Sie erleben eine »Pflichtkrise«.
3. Sie erkennen, auch mit Hilfe und auf gutes Zureden anderer, daß Sie es auf Ihre eigenen Kosten allen recht machen wollen und daß Sie in Ihren Beziehungen Regeln festgelegt haben, die dieses Problem aufrechterhalten.
4. Sie gehen zurück zu den Wurzeln Ihrer Vorstellungen von weiblichen Pflichten. Sie decken die Familienmythologie und die Regeln auf, die die Grundlagen Ihrer Definition dieser Pflichten bilden.
5. Sie nehmen eine geringfügige Veränderung vor. Sie unterlassen entweder ein überverantwortliches Verhalten oder hören auf, sich zu sehr auf die Gefühle anderer zu zentrieren. Sie tun etwas, das wichtig ist für Sie selbst. Sie vertreten Ihren Standpunkt gelassen und halten daran fest.
6. Sie bringen den Reaktionen auf die Veränderung *Verständnis* entgegen.

Diese Veränderung entspricht dem Codex der Ausgeglichenheit. Den neuen Codex einüben bedeutet:

Auf sich selbst zentriert bleiben.
Klare Standpunkte ruhig vertreten.
Nicht auf die Reaktionen anderer reagieren.
Durch die Leere hindurch zu Lebensfreude kommen.

Eine abschließende Bemerkung: Der beschriebene Veränderungsprozeß erfordert Mut, Geduld und die Bereitschaft, eine Reihe unangenehmer Gefühle auszuhalten. Er braucht auch Zeit. Unsere überverantwortlichen Verhaltensmuster haben eine lange Geschichte. Neue Verhaltensweisen und Überzeugungen aufzubauen, bedeutet oft, auch kleine Veränderungen sehr häufig zu wiederholen, bis sie selbstverständlich sind. Sich von übertriebenem Pflichtbewußtsein zu befreien, ist einer der schwierigsten Veränderungsprozesse, die eine Frau in Angriff nehmen kann. Wir sind es uns schuldig, uns die nötige Zeit zu gönnen, damit das Neue sich wirklich setzen kann.

Teil III
Die Freiheit der Entscheidung

11
Besondere Probleme

Frauen und Männer, Frauen und Frauen, Frauen und Beruf

Der Codex der weiblichen Pflichten beeinflußt unmerklich alle unsere Beziehungen. Häufig jedoch haben wir Überzeugungen, die nur für bestimmte Beziehungen gelten und dort unsere Probleme mit der Pflichterfüllung verschärfen. Zum Beispiel hindert manche Frauen ihr Männerbild daran, sich zu ändern. In unserer therapeutischen Arbeit sehen wir jedoch tagtäglich, daß Veränderungen möglich sind, insbesondere dann, wenn die Frauen die Beziehungsregeln ändern. Die Männer ändern sich vielleicht nicht so schnell, wie wir das gern hätten, aber sie tun es immerhin. Wir können also durchaus ausgeglichenere Beziehungen aufbauen.

Wir denken vielleicht auch, daß Pflichtbewußtsein in Freundschaften oder intimen Beziehungen zu Frauen keine große Rolle spielt. Wir nehmen vielleicht ganz selbstverständlich an, daß zwei Frauen automatisch auf gleicher Ebene miteinander umgehen und daß dabei die Regeln des Codex nicht ausgespielt werden. Nicht zu vergessen ist das Berufsleben, wo wir oft keine andere Möglichkeit sehen, als ohne Hilfe alles auf einmal zu machen, ohne Zeichen von Überforderung anzudeuten. Auch hier ist Veränderung nötig und möglich, wenn wir unsere Vorannahmen durchschauen und bereit sind, die Regeln neu zu schreiben. Jede Beziehung kann auf sehr spezielle Weise aus dem Gleichgewicht geraten. In diesem Kapitel werden wir untersuchen, wie sich je besondere Aspekte unseres weiblichen Pflichtbewußtseins in unseren Interaktionen mit Männern, Frauen und dem Beruf äußern.

Der Codex des Mannes – der Codex der Stärke

Der größte Teil des geschlechtsspezifischen Verhaltens von Männern und Frauen erfolgt automatisch. Er wird von tiefsitzenden, unbewußten Überzeugungen gesteuert. Eine dieser Überzeugungen von Frauen ist, Männer seien in Wirklichkeit viel schwächer und inkompetenter als Frauen; deshalb müßten Frauen stärker sein, alles allein organisieren und im Griff haben, ohne es jedoch die Männer merken zu lassen, weil diese das nicht ertrügen. Sie mögen dagegen einwenden, daß die Frauenbewegung uns gegenüber diesen automatischen Rollenzuweisungen alle aufgeklärter und flexibler gemacht hat. Das stimmt auch, insofern seit Beginn der Frauenbewegung mehr Frauen erwerbstätig sind und sich Männer stärker an der Kindererziehung beteiligen. Diese Veränderungen betreffen jedoch viel eher die Oberfläche als die Substanz; in Wirklichkeit stellt das, was als größere Rollendistanz erscheint, vielleicht nur eine erweiterte Rollenerwartung dar. Das heißt, daß anscheinend sowohl Frauen als auch Männer in ihre bestehenden Rollen neue Verhaltensweisen integrieren können, ohne aber dafür auf alte Verhaltensweisen, die sie als »richtige« Männer und Frauen definieren, verzichten zu dürfen. Was aussieht wie Flexibilität, ist in Wahrheit nur mehr Leistungsdruck für Männer *und* Frauen.

Die Muster, nach denen männliche und weibliche Pflichten ineinandergreifen, werden durch die Gesellschaft, in der wir leben, bestimmt. Die Regeln, die für Männer gelten, werden genauso wie die für Frauen durch Familienmythen und andere subtile Botschaften bestärkt. Wenn wir genauer verstehen wollen, wie die Regeln zwischen Männern und Frauen aus dem Gleichgewicht geraten, müssen wir dem Codex der *männlichen* Pflichten etwas mehr Aufmerksamkeit widmen.

Diesen Codex nennen wir den Codex der Stärke. Er besteht wie der weibliche Codex aus Forderungen, die Verhaltensstereotypen definieren und sehr unrealistische und widersprüchliche Erwartungen vereinen.[1]

Der Codex der Stärke

SEI EIN SIEGER. Ein Mann will gewinnen. Er steigt beruflich auf. Er liebt sportlichen Wettbewerb. Er verliert nie.

SEI EIN ABENTEURER. Ein Mann, der diese Regel befolgt, zeichnet sich aus durch Wagemut und Skrupellosigkeit. Die Umwelt, die er durchstreift, kümmert ihn nicht. Er darf sich nicht zu sehr an Heim und Herd binden.

SEI EIN KRIEGER/BESCHÜTZER. Ein Mann weiß, daß ein »echter« Mann alle Gefühle außer den aggressiven verbirgt. Vor allem zeigt er keine Furcht. Er führt immer Krieg. Er weint nie und zeigt nie, daß er verletzlich ist. Er schützt zuerst Frauen und Kinder.

SEI DER BESTE. Ein Mann muß alles wissen und können. Er fragt nie um Rat. Er erteilt ihn.

SEI DER VERSORGER. Die »Brötchen zu verdienen«, ist eine Pflicht, die ein Mann nie in Frage stellt. Praktisch von Geburt an weiß er, daß er in seiner Rolle für seinen Lebensunterhalt und den seiner Frau und seiner Kinder zu sorgen hat.

SEI EIN PERFEKTER LIEBHABER. Ein Mann gibt nie zu, daß er Romantik braucht. Er soll sexuell allzeit, überall und für jedes passende weibliche »Objekt« bereit sein. Er bringt's immer.

SEI EIN SENSIBLER, FRAUENFREUNDLICHER GEFÄHRTE. Ein Mann muß sensibel sein für die Gefühle von Frauen und anderen Menschen in seinem Leben. Er muß offen und emotional verletzlich sein und in Beziehungen Wachstum fördern und Zuwendung geben können.

Nicht nur die Forderungen des Codex der weiblichen Pflichten widersprechen sich; wenn ein Mann sich einem Aspekt seines Codex unterwirft, muß er zwangsläufig bei einem anderen versagen. Diese Erwartungen an Männer setzen die gleichen, völlig unrealistischen Maßstäbe, wie der vergleichbare Codex an die Frauen. Der Mann von heute soll ein sensibler Lebensgefährte sein, mindestens die Hälfte seiner Zeit den Kindern widmen, sich mit gleicher Kompetenz, wenn schon nicht mit gleicher Begeisterung dem Haushalt widmen, aber dennoch seinen beruflichen Aufstieg aggressiv vorantreiben. Er soll zwar gleich sein, aber trotzdem »gleicher« und absolut kompetent, und er soll mehr verdienen. Er soll zwar seine Gefühle zeigen, zugleich aber dafür sorgen, daß es Gefühle sind, die uns Frauen angenehm sind. Manche davon vermitteln uns den Eindruck, er sei ein Kind.

Damit ist nicht gesagt, daß Männer genauso intensiv wie Frauen danach streben, ihrem Codex zu entsprechen, besonders seiner modernen Form. Aber ein Mann dürfte im Falle eines Scheiterns sicher dieselben Scham- und Minderwertigkeitsgefühle erfahren wie eine Frau.

Der männliche und der weibliche Codex bilden die Grundlage für die Regeln der meisten zwischengeschlechtlichen Beziehungen. Diese Regeln bestätigen sich wechselseitig. Wenn Männer und Frauen starr an ihrem jeweiligen Codex festhalten, werden sie überverantwortlich für bestimmte Lebensbereiche und unterverantwortlich für andere. Eine Beziehung kann dadurch extrem unausgeglichen werden; das emotionale Klima wird gespannt. Sehen wir uns ein Beispiel an.

Judy hatte in ihrer Beziehung zu ihrem Mann Max in jeder Hinsicht die Forderung ›Sei selbstlos‹ erfüllt. Max ist Alkoholiker, und sie war so erleichtert, als er aufhörte zu trinken, daß sie dies um keinen Preis gefährden wollte. Er war seit vier Jahren bei den Anonymen Alkoholikern, sie bei Al-Anon. Judy kümmerte sich um den gesamten Haushalt, sorgte dafür, daß Max seine Beziehungen zu anderen, insbesondere zu seiner Tochter aus erster Ehe, nicht vernachlässigte und verwaltete kostenlos Max' Wertpapiere, obwohl sie mit ihrer Ausbildung eine weit qualifiziertere Tätigkeit hätte aufnehmen können. Als sich ihr Sexualleben verschlechterte, gab sie sich Mühe, begehrenswerter zu sein, und verhehlte Max ihre Frustration, um ihn nicht zu kränken.

Max wollte sich pensionieren lassen und nur noch Golf spielen; er war achtundfünfzig. Judy widersetzte sich dem jedoch energisch. Sie wollte ihren ausschließlich von Max finanzierten Lebensstandard nicht aufgeben und trotz ihrer Ausbildung nicht wieder berufstätig werden. Zudem verfügte sie über ein eigenes, ererbtes Vermögen, das sie jedoch wegen Max' Alkoholismus als Notgroschen aufbewahren wollte.

Max betrachtete es also als seine Pflicht, finanziell für alles zuständig zu sein, damit seine Frau nicht selbst für ihren Lebensunterhalt sorgen mußte. Daß Judy sich so intensiv um seine Beziehungen kümmerte, hatte andererseits den Effekt, daß er darin immer unbeholfen blieb. Er stellte das auch nie in Frage, weil er es genauso von seinen Eltern kannte.

Das Ergebnis dieses festgefahrenen Zustands war ein ständig vorhandener, heimlicher Groll bei beiden, der immer dann ausbrach, wenn es um größere Anschaffungen ging oder die Golfsaison näher rückte. Ihre sexuelle und emotionale Beziehung war vorher durch Max' Alkoholismus und jetzt durch die unausgeglichenen Beziehungsregeln gefährdet.

Max fühlte sich immer wieder ausgenutzt und mißachtet. Er wußte, daß an Judy viel Verantwortlichkeit hing, doch er vermißte insbesondere ihre Unterstützung und Zuwendung. Manchmal hatte er das Gefühl, als habe er »Bewährung« wegen seines Alkoholismus. Judy war depressiv und frustriert. Sie war froh, daß Max trocken war, doch er verbrachte die meiste Zeit bei den AA oder beim Golf und hatte wenig Verständnis für sie. Sie warf ihm Geiz vor, er ihr Egoismus. Da Max seinen Stolz darein setzte, ein guter Versorger zu sein, und Judy ihren Stolz, selbstlos zu sein, gerieten sie sehr schnell in Streit.

Dieses Paar ist primär ein Beispiel für die Frage, wer in einer

Beziehung was *tut*. Die Dynamik zwischen Mann und Frau wird noch komplizierter, wenn wir uns ansehen, wer was *fühlt*.

Probleme und Widersprüche

Nach den Regeln des männlichen Codex sollen Männer Abenteurer, Versorger, Krieger, Kämpfer und sensible, aber dynamische Liebhaber sein. »Richtige« Frauen sind attraktiv, selbstlos, kompetent und jammern nicht. Männer sollen keine weichen Gefühle zeigen. Frauen sollen starke, machtvolle Gefühle verbergen. Selbst wenn die beiden Codices erstrebenswerte Ideale wären – erfüllbar sind sie nicht.

Trotzdem neigen Männer und Frauen dazu, diese Stereotypen gegenseitig zu bekräftigen. Wir tun das tagtäglich und ohne darüber nachzudenken, so eingefahren sind unsere Gewohnheiten. Der Mann sagt: »Schade, daß du so zugenommen hast; dein Gesicht ist doch so hübsch«, und bekräftigt damit die Regel ›Sei attraktiv‹. Er sagt: »Ich kann nicht mit dir reden, wenn du so hysterisch bist«, und bekräftigt damit die Regel ›Sei eine Dame‹.

»Du bist doch ein tapferer, kleiner Mann«, sagen wir zu unserem Sohn, wenn er beim Zahnarzt seine Tränen hinunterschluckt: Sei ein Krieger. »Warum hast du das deinem Chef nicht gesagt? Du mußt dich durchsetzen!« Sei stark.

Viele Männer werden auf Nachfrage beschreiben, wie sehr sie sich durch diese Leistungs- und Versorgungsansprüche unter Druck gesetzt fühlen. Häufig haben sie Angst und Minderwertigkeitsgefühle, fühlen sich überlastet, überarbeitet und traurig, weil sie sowenig Zeit mit ihren Kindern verbringen können. Zugleich unterliegen sie aber auch einer Regel, die ihnen verbietet, diese Gefühle anderen anzuvertrauen, besonders ihren Frauen. Freunden gegenüber können sie sie oft höchstens in ironischer Form äußern.

Deshalb vergessen wir Frauen nur allzuoft, daß Männer auch weich sein und Wachstum fördern können. Wir glauben, Männer hätten gewissermaßen von Natur aus Schwierigkeiten, ihre Gefühle auszudrücken, und wir erwarten auch nicht, daß sie es lernen. Statt dessen tun wir es für sie.

Frauen lernen, Abhängigkeit und Verletzlichkeit zu zeigen, zugleich aber emotional unabhängig zu sein. Wir sollen selbstlos die Bedürfnisse anderer befriedigen, ohne selbst Bedürfnisse zu haben. Viele Frauen trauen keinem Mann zu, daß er ihre tiefsten emotionalen Bedürfnisse befriedigen kann. Das ist traurig, denn viele Männer können sehr verständnisvoll sein und Wachstum fördern, wenn wir sie nur lassen.

Es ist paradox, daß wir alle daraufhin sozialisiert sind, ganz bestimmte Gefühle zu zeigen, und dann tatsächlich ganz andere erleben. Frauen sollen Schwäche zeigen, doch im Sozialisationsprozeß lernen wir, stark zu sein; Männer sollen nur Stärke zeigen und werden dabei abhängig. Die Frau verleugnet ihre Stärke und der Mann seine Verletzlichkeit. Ist es da ein Wunder, daß eine emotional aufrichtige Kommunikation zwischen Mann und Frau oft gar nicht entstehen kann?

Wir können die »verborgenen« oder emotionalen Regeln, die für das Verhältnis von Mann und Frau gelten, wie folgt zusammenfassen: Männer sind »Männer«, wenn sie ihre weichen oder »weiblichen« Gefühle verbergen, und Frauen sind »Frauen«, wenn sie ihre starken oder »männlichen« Gefühle verbergen. Das Paradox in diesen Regeln liegt darin, daß Männer zartfühlend und Frauen stark *sind*, wir uns aber belügen, um uns gegenseitig in unseren Rollen bestätigen zu können. Aus diesen Lügen entsteht die Unausgeglichenheit in den Beziehungen zwischen Mann und Frau, und sie hindern uns daran, die wahren Gefühle des jeweils anderen zu erkennen.

Um verfahrene Kommunikationsmuster wieder auf den richtigen Weg zu bringen, erteilen wir in der Therapie unseren Klienten oft Anweisungen, die es ihnen erlauben, sich auf spielerische Weise mit ihren Schwierigkeiten auseinanderzusetzen. Wir bitten sie, Kostüme zu tragen, die verborgene Anteile ihrer Persönlichkeit symbolisieren, Witze über die Beziehung von Mann und Frau zu sammeln oder sich Videofilme ihrer Lieblingsfilmpaare anzusehen. Die »Verkleidung« der Probleme, der Symbolgehalt der Maskerade weist meist auf den verborgenen Kern der Beziehungsstörung hin.

In einer unserer Paartherapien kam der Mann, Jeff, mit zwei Masken zur Sitzung, einem »Piraten« und einem »Schoßhündchen«. Seine Frau Alison erschien in einem schwarzen Trikot und hielt sich einen Spiegel vors Gesicht. Sie hatten Probleme, weil Alison häufig versuchte, Jeff gerade dann, wenn er sich schwach fühlte, in seiner Männlichkeit zu kränken und ihm signalisierte, er habe stark zu sein. Jeff hatte das Gefühl, er müsse den unerschrockenen Piraten spielen, weil er wahrnahm, daß Alison mit dem verletzlichen Schoßhündchen in ihm nicht umgehen konnte. Wir bezeichnen solche Konstellationen in Beziehungen als »verzerrte Realität«. Alison hielt sich einen Spiegel vors Gesicht, um die Zwickmühle darzustellen, in der sie sich sah. Sollte sie sie selbst sein oder Jeff das Bild zurückspiegeln, das er ihrer Meinung nach sehen wollte – den Piraten oder das Schoßhündchen? Die Maskierung zeigte ihnen, was jeder sich eigentlich vom andern wünschte, und half ihnen, diese Wünsche offener auszudrükken.

Wir tun keinem Mann einen Gefallen, wenn wir ihm immer nur das Bild zurückspiegeln, das er von sich sehen möchte. Diese Spiegelung ist eine Form emotionaler Überverantwortlichkeit, die den Männern eine Chance nimmt, ihre tieferen Gefühle auszudrücken und auch ihr Gegenüber wirklich kennenzulernen. Wenn wir nur den Spiegel spielen, verlieren wir den Menschen aus dem Blick, der hinter dem Spiegel steht – uns selbst.

Prüfen Sie Ihre emotionalen Reaktionen auf Männer

Die emotionalen Regeln einer Beziehung sind subtiler als die Regeln der Arbeitsteilung. Wenn wir Männern ein schwaches Ich unterstellen, verhalten wir uns wahrscheinlich folgendermaßen:

- Wir verhalten uns abhängiger, als wir uns fühlen.
- Wir vermeiden Konkurrenz mit Männern, die wir wahrscheinlich schlagen würden.
- Wir bewahren unsere Männer oder Partner davor, sich direkt mit den Kindern oder anderen Familienmitgliedern zu beschäftigen.
- Wir lachen über die Witze eines Mannes, egal ob wir sie komisch finden oder nicht.
- Wir teilen einem Mann selten mit, ob er sich sexuell befriedigend für uns verhält oder nicht.
- Immer wir schneiden emotionale Themen an.
- Wir loben einen Mann zu sehr, wenn er sich an der Hausarbeit beteiligt.
- Wir sind peinlich darauf bedacht, einem Mann nicht öffentlich zu widersprechen.
- Wir halten uns für illoyal, wenn wir erfolgreicher sind als ein Mann.
- Wir sagen nicht, was wir wirklich denken, weil wir davon ausgehen, er würde sowieso nicht zuhören oder es nicht verstehen.
- Wir können ihm keine Rückmeldung darüber geben, wie sein Verhalten uns beeinflußt.
- Es gelingt uns nicht, Aufmerksamkeit und Respekt für unsere Gefühle zu fordern.
- Wir glauben, daß er keine tiefen oder intensiven Gefühle hat, und erwarten auch nicht von ihm, daß er etwas Vergleichbares ausdrückt.

Wenn wir zu ausgeglichenen Beziehungen kommen wollen,

müssen wir klare Vorstellungen von den Regeln entwickeln, die *wir* wollen. Ist diese Entscheidung getroffen, müssen wir sie klar und ruhig mitteilen und uns und den betroffenen Männern die Möglichkeit zu Kompromissen und Anpassungen geben, damit sie die für sie gültigen Regeln überprüfen können. Keinesfalls dürfen wir die Gefühle der Männer »schonen« oder ihnen emotionalen »Nachhilfeunterricht« geben.

In dem Grundsatz ›Sei offen‹ des Codex der Ausgeglichenheit haben wir die beste Versicherung dafür, daß wir unseren Teil zu befriedigenden und emotional offenen Beziehungen zu den Männern in unserem Leben beitragen. Jedes Verhalten ist wechselseitig. Wenn Sie emotionale Ehrlichkeit und Offenheit praktizieren, wird die andere Person schließlich ähnlich reagieren.

Frauen und Frauen

Auch in unseren Beziehungen zu Frauen spielen falsche Vorannahmen eine Rolle. Häufig glauben wir, wenn wir es mit Frauen zu tun haben, müßten wir keine Regeln aushandeln oder Erwartungen offenlegen. Wir gehen einfach davon aus, daß Beziehungen zwischen Frauen definitionsgemäß egalitär sind oder daß alle Frauen gleichermaßen verantwortlich für Beziehungen sind.

Lesbische Partnerschaften sind besonders anfällig für Überverantwortlichkeit. Da beide Partnerinnen zu pflichtbewußten Frauen erzogen worden sind, leiden sie oft unter dem Mythos, alle Frauen dächten und fühlten gleich. Sie meinen, es dürfe keine Konflikte und keinen Streit geben. Meinungsverschiedenheiten sind jedoch in jeder Beziehung wichtig; nur so können die Partner ihre Standpunkte klären. In einer lesbischen Beziehung jedoch können Konflikte lange unter-

schwellig schwelen, bis sie schließlich die Beziehung in für beide Partnerinnen schädlicher Weise explodieren lassen.
Es kann sein, daß sich zwei Frauen gegenseitig darin überbieten, selbstlos, gebend und mehr auf die Partnerschaft zentriert zu sein als auf ihre individuellen Ziele. Die gesellschaftliche Ächtung lesbischer Beziehungen verstärkt noch die Schwierigkeiten, die sie mit dem »Ausgleich der weiblichen Pflichten« ohnehin haben. Wenn sie meinen, ihre lesbische Identität vor dem beschämenden Urteil der Umwelt verbergen zu müssen, dann wird ihre Beziehung zum einzig sicheren Ort in einer feindlichen Welt. Unter einem derart starken Druck leidet jede Beziehung.
Lesbische Lebensgemeinschaften existieren im verborgenen – unerkannt, nicht anerkannt, verachtet. Die Medien zeigen perfekte Frauen, angepaßte Frauen, alkoholsüchtige Frauen – Lesbierinnen gibt es nicht. Da die Existenz und die Beziehungen lesbischer Frauen gesellschaftlich geleugnet werden, haben sie kaum Vorbilder, nach denen sie ihre Beziehungsregeln definieren könnten. Für sie ist es besonders schwierig, im Verlauf ihrer Partnerschaft neue Regeln und Rituale zu schaffen; sie spielen daher oft die Rolle einer heimlichen Avantgarde bei der Befreiung vom alten Codex und bei der Gestaltung neuer, ausgeglichener Beziehungen.

Frauen und Freundinnen

Manche Frauen halten die Beziehungen zu ihren Freundinnen für die wichtigsten in ihrem Leben. Sie sind häufig unsere ergiebigsten und verläßlichsten Quellen emotionaler Unterstützung, Wertschätzung und Liebe. In dieser Hinsicht sind sie manchmal wichtiger als die Beziehung zu einem Mann.
Doch obwohl uns diese Freundschaften so wichtig sind, sie leiden meist zuerst, wenn uns Arbeit oder familiäre Aufgaben

zu sehr beanspruchen. Kürzlich war in den Zeitungen zu lesen, daß Managerinnen führender Unternehmen eine Selbsthilfegruppe gegründet haben, weil sie erkannt hatten, daß der höchste Preis, den sie für ihren Erfolg zu zahlen hatten, der Verlust ihrer Freundinnen war. Sie erkannten, daß sie die emotionale Unterstützung anderer Frauen brauchten, wenn sie sich in der männerdominierten Geschäftswelt weiter behaupten wollten.

Wir schneiden uns viel zu schnell von dieser für unser persönliches Wachstum so wichtigen Quelle ab. Unsere Freundinnen fühlen sich oft emotional vernachlässigt, wenn wir uns auf die Beziehung zu einem Mann und/oder einer Familie zentrieren. Sie meinen oft, mit unserer einseitigen Ausrichtung auf den Beruf konkurrieren zu müssen. Es ist schwierig, ein Gleichgewicht zu schaffen, in dem unsere Freundinnen so wichtig bleiben, wie sie sind, aber es ist wesentlich für unser Wohlbefinden.

Oft brechen wir Freundschaften ab, weil die wechselseitigen Pflichten schwer festzulegen sind. Manchmal glauben wir, mehr geben zu müssen als wir können oder wollen, und manchmal wollen unsere Freundinnen mehr von uns als wir geben können. Oft haben wir auch Angst, um all das zu bitten, was wir möchten. Zu einer Freundin nein sagen zu müssen, kann doch schmerzlicher sein als zu einem Ehemann, einem Geliebten oder zu Kindern. Wir möchten unseren Freundinnen gegenüber großherzig sein und wünschen uns dasselbe von ihnen.

Wenn die Regeln der Pflichterfüllung in einer Freundschaft problematisch sind, ist wahrscheinlich auch Geben und Nehmen problematisch. Sie stellen vielleicht fest, daß Sie alles mitmachen und Ihren Zeitplan immer nach dem Ihrer Freundin ausrichten. Sie können ihr nur schwer offen sagen, was Sie denken. Sie spüren, daß Ihre Freundin viele Erwartungen an Sie hat, und Sie haben Angst, nein zu sagen. Sie lassen sich am Telefon verleugnen, wenn Sie keine Zeit haben, statt ihr das offen zu sagen. Oder Sie sprechen mit ihr und ärgern sich insgeheim. Sie trauen sich nicht, von Ihrer Freundin zu fordern, mehr auf Ihre Wünsche einzugehen, und haben oft Angst, sie zu verletzen. Manchmal geben oder tun Sie emotional oder praktisch mehr als sie, können ihr das aber nicht sagen.

Die schwierigste Situation ergibt sich für Sie, wenn Ihre Freundin eine engere Beziehung zu Ihnen haben will als Sie das wollen. Weil Sie »ihr nicht zu nahe treten« wollen, vermitteln Sie ihr widersprüchliche und unklare Informationen über die Bedeutung der Freundschaft für Sie. Sie brauchen mehr Energie, um Aufrichtigkeit zu vermeiden, als für das offene Wort, daß Sie eine weniger enge Freundschaft vorziehen.

Manche Freundschaften entwickeln sich unkompliziert, und die wechselseitige Zuneigung ergibt sich ohne viel Mühe. Wenn sich jedoch eine Beziehung vertieft und wir größeres gegenseitiges Vertrauen erstreben, müssen wir über die »Regeln« reden, das heißt über unsere wechselseitigen Erwartungen und darüber, wie tief wir diese Beziehung werden lassen wollen. In einer Freundschaft ist es genauso wichtig wie in jeder anderen Beziehung, sich nicht überverantwortlich zu verhalten; sonst wird gerade die Beziehung untergraben, die unser Wachstum am meisten fördern und uns die meiste Unterstützung und Wertschätzung bieten kann.

Der Widerspruch von Beruf und Privatleben

Die »Regeln« des Arbeitsplatzes sind für Frauen konflikt- und streßträchtig. Bestimmte Vorannahmen über unsere Berufstätigkeit treiben uns zu Höchstleistungen. Bei beruflichem Überengagement können jedoch unsere persönlichen Beziehungen leiden; unsere Freunde fühlen sich vernachlässigt und bezeichnen uns als »workaholics«.

Dennoch stellt die Arbeit für viele von uns eine wichtige Quelle von Befriedigung und Selbstbestätigung dar. Wer von uns will schon auf die Freude an der Beherrschung eines Metiers verzichten, auf die Herausforderung unserer Talente durch die Aufgabe, auf die Anregungen einer erweiterten Welt oder auf die erreichte finanzielle Unabhängigkeit? Für manche von uns hat auch das im Beruf erlernte Spiel mit Macht und Status seinen Reiz.

Doch sosehr Frauen ihre Arbeit auch lieben mögen, für ihr inneres Gleichgewicht finden sie meist gute persönliche Beziehungen entscheidend. Deshalb versucht die Mehrzahl, Beruf *und* Beziehungen – Ehe, Familie, Freundschaft, Affären – miteinander zu vereinbaren. Oft fühlt sich eine Frau dabei zwischen Arbeit und Privatleben hin und her gerissen und hält sich schließlich da wie dort für eine Versagerin.

Eine unserer Klientinnen, die bis in die Spitze eines großen Unternehmens aufgestiegen war, hatte drei gescheiterte Ehen hinter sich. Je mehr sie beruflich erreichte, desto unfähiger zu Beziehungsarbeit fühlte sie sich. Je schlechter aber ihre Partnerschaften verliefen, desto mehr wertete sie auch ihre beruflichen Erfolge ab. Weil sie ihr Privatleben als »Trümmerfeld« empfand und sich daher für eine »Hochstaplerin« hielt, war auch die Anerkennung entwertet, die sie von außen erhielt.

Unbehagen und Minderwertigkeitsgefühle in Beziehungen sind für Frauen nach wie vor ein Hauptproblem. Obwohl die Arbeit für die meisten Frauen einen Großteil ihres Lebens bestimmt, ist sie für unsere Klientinnen kaum ein Thema. Und falls doch einmal, dann haben sie gewöhnlich ein Beziehungsproblem im Büro. Häufiger thematisieren sie ihre Scham darüber, daß es ihnen nicht gelingt, Beruf und Beziehungen besser miteinander in Einklang zu bringen.

Alleinlebende Frauen, die vielleicht sehr klare Karriereziele, aber auch einen starken Kinderwunsch haben, erfahren ab einem gewissen Punkt so etwas wie Torschlußpanik. Sie befürchten, ihre Arbeit könnte befriedigenden Beziehungen im Wege stehen, oder sie wirkten nach außen hin zu »autark«. Andere zweifeln an sich, wenn sie kein Bedürfnis nach einer engen Partnerbeziehung haben.

In der Tat bedeutet beruflicher Aufstieg gewöhnlich, lange zu arbeiten, sich Arbeit nach Hause mitzunehmen und die emotionale Energie, die wir sonst vielleicht für Familie und Freunde reservieren, auf die Arbeit zu verwenden.

In einem der schwierigsten Konflikte zwischen Beziehungsarbeit und beruflicher Kompetenz steht die berufstätige Mutter. In den meisten Fällen gilt die Mutter als hauptverantwortlich für die Betreuung und Erziehung der Kinder. Und meist empfindet sie das selbst so, vor allem wenn sie einige Aufgaben an den Vater oder sonstige Personen abgibt. Häufig fühlt sie sich dann als »Drückebergerin«. Für alleinerziehende Mütter verschärft sich dieser Konflikt noch.

Die Hauptregel im Berufsleben, die für viele von uns gilt, besagt, wir hätten vollkommen verfügbar in unseren Beziehungen *und* durch und durch kompetent in unserem Beruf zu sein, ohne daß uns das belasten oder in Konflikte bringen dürfte. Im Endeffekt geht es uns deswegen chronisch schlecht. Trotzdem stellen wir unsere Erwartungen an uns selbst nicht in Frage. Wir können nicht akzeptieren, daß es unmöglich ist, sich auf die Arbeit und die Beziehungen gleichermaßen zu zentrieren. Deshalb müssen wir lernen, Prioritäten zu erkennen und zu setzen.

Widersprüche im Beruf

Die Regeln des Codex der weiblichen Pflichten sorgen nicht nur für Konflikte *zwischen* unseren privaten und beruflichen Verpflichtungen, sondern auch *am* Arbeitsplatz. Häufig sind wir gezwungen, zwei oder mehr einander widerstreitenden

Regeln, die weibliche Pflichten am Arbeitsplatz definieren, zu gehorchen.

Zu den Pflichten im zwischenmenschlichen Bereich gehören einerseits Kooperationsbereitschaft, Sensibilität und die Respektierung anderer – kurz, die Fähigkeit, gute Teamarbeit zu leisten. Das ist in gewisser Hinsicht gleichbedeutend mit der Forderung, eine Dame zu sein.

Andererseits erfordert es die Konzentration auf die anstehende Aufgabe häufig, keine Rücksicht auf unsere eigenen oder fremde Gefühle zu nehmen. Da Vorbilder für beruflichen Erfolg in erster Linie männlich sind, betonen wir vielleicht instinktiv unsere männlicheren Züge wie Aggression und Konkurrenzdenken. Diese Züge gelten jedoch bei einer Frau als unerwünscht. Wenn wir also mit unserem Verhalten den Ansprüchen eines Aspektes der Berufswelt genügen, verstoßen wir automatisch gegen die Regeln eines anderen.

Die Schweißerin auf einer Werft und die Verwaltungs- oder Bankfachfrau müssen beide als stark genug für ihren Job gelten, ohne deshalb wie ein Mann zu wirken. Sie können es sich aber auch nicht leisten, zu »weiblich« zu wirken. Im Beruf konkurrenzbetont und aggressiv sein zu müssen, kann uns genauso belasten, wie bei der Arbeit viel emotionale Unterstützung zu brauchen.

Manchmal müssen wir uns selbst beweisen, daß wir aufgrund unserer beruflichen Leistungen und nicht unserer Weiblichkeit geschätzt werden, und arbeiten doppelt soviel, um sicherzustellen, daß unsere Kompetenz auch anerkannt wird.

Einer unserer Freundinnen, die im mittleren Management einer großen Firma arbeitet, passierte folgendes: Sie nahm sich einen Tag frei, um sich medizinischen Untersuchungen zu unterziehen. Nachmittags rief sie ihr Chef an und erkundigte sich, wie es ihr gehe.

»Ich war angenehm überrascht, daß er um mich besorgt zu sein schien. In meiner Überraschung stellte ich mein Befinden

besser dar als es war. Da sagte er: ›Prima. Vielleicht könnten Sie dann für eine Stunde ins Büro kommen. Wir haben ein Problem mit dem Projekt, an dem Sie arbeiten, und bräuchten Sie dringend.‹
Ich war so perplex, daß ich erst da merkte, was für eine Zumutung das war, als ich zugesagt hatte! Ich schäme mich es zuzugeben, aber ich hatte Angst, er würde meine Managerqualitäten anzweifeln, wenn ich gesagt hätte, ich fühlte mich nicht wohl.«

Versuche, das Unmögliche möglich zu machen

Wie wir in Kapitel 3 gesehen haben, lassen sich Karrierefrauen durch die Regel leiten, daß Kompetenz bedeutet, alles im Griff zu haben, ohne überfordert zu wirken. Wir meinen häufig, daß es notwendig ist, eine Vielzahl von Möglichkeiten und Rollen miteinander in Einklang zu bringen.[2] Dabei müssen wir noch mit unserer angeblichen Angst vor dem Erfolg[3] und Streßfolgen wie Eßstörungen, Sucht und Perfektionszwang[4] fertig werden. In den achtziger und neunziger Jahren entstand die Illusion, Frauen könnten trotz der nach wie vor bestehenden Ungleichheiten in der Bezahlung alles erreichen, wenn sie es nur richtig anstellten. Wir überprüfen diese Erwartungen fast nie an der Realität, um dann vielleicht festzustellen, daß sie unmöglich zu erfüllen sind; es sei denn, hinter uns stünde eine vielköpfige Hilfsmannschaft. Aber weil wir es dennoch versuchen, geben wir die Botschaft, daß es möglich sei oder sein sollte, weiter und bestärken uns und andere in der Erwartung, alle Bälle in der Luft zu halten.
Wir sind fest davon überzeugt, daß Frauen ein befriedigendes Berufs- *und* Privatleben führen können. Doch wir glauben auch, daß ein bestimmtes Maß an Konflikten unvermeidlich ist, wenn wir die Prämisse, daß wir es allen recht machen kön-

nen, nicht hinterfragen. Und wir glauben, daß Sie nicht alles können müssen, um ein erfülltes Leben zu führen. Wir glauben, daß Sie sich entscheiden und Prioritäten setzen müssen, die Ihren Bedürfnissen entsprechen.
Darüber hinaus müssen Sie bedenken, daß im Beruf wie in jedem anderen Bereich unseres Lebens folgendes gilt: Wenn wir zeigen, daß wir mit mehr Verantwortlichkeit zurechtkommen, bekommen wir noch mehr aufgebürdet. Unsere Kompetenz wird also im allgemeinen durch vermehrte Ansprüche gewürdigt.
Wenn Sie sich bei dem Satz ertappen: »Ich habe einfach keine Zeit, um diesen Kurs über Streßmanagement in meinen Terminplan zu quetschen«, dann ist das Problem nicht das Streßmanagement. Das Problem ist *zu viel* Streß. Es ist das Resultat unserer Pflichtauffassung.

Das Ungleichgewicht in der Gesellschaft

Unsere Meinung, daß wir Beruf und Beziehungen vereinbaren müßten, verursacht uns wahrscheinlich den meisten Streß in unserem Leben. Gezwungenermaßen haben viele von uns im Beruf ein männlich dominiertes Verhaltensmodell übernommen. Wir trachten nicht nur danach, in traditionelle Männerberufe einzudringen, wir wollen auch in derselben Weise wie Männer arbeiten – das kann heißen gehetzt, perfektionistisch und mechanisch. Wir neigen vielleicht dazu, auf die unmittelbaren emotionalen Bedürfnisse der Menschen an und um unseren Arbeitsplatz einzugehen, doch dabei übersehen wir oft, daß die Gesamtstruktur der Arbeitswelt wie auch der Gesellschaft tendenziell inhuman ist und im allgemeinen wenig Rücksicht auf die emotionalen Bedürfnisse der Menschen nimmt.
Die gesellschaftlichen Normen und Werte im Bereich der Ar-

beitswelt sind problematisch. Die Tradition unserer Kultur, Arbeit nur unter ökonomischen Gesichtspunkten zu betrachten, widerspricht insofern den realen Verhältnissen, als Familie und Individuum nicht überleben werden, wenn sich die Funktionsweise dieser Gesellschaft nicht ändert, weil wir einfach keine Zeit mehr haben. Das Problem, daß der Mann außer Haus arbeitet, während seine Frau zu Hause bleibt, wird es nicht mehr geben. Wirtschaftliche Notwendigkeit und realistische finanzielle Verantwortlichkeit werden alle zur Berufstätigkeit zwingen. Wenn dieser Fall früher oder später eintritt, müssen die starren Regeln der Arbeitswelt von der Sorge um unsere emotionale Lebensqualität abgelöst werden. Zwei Erwachsene in einer Familie oder Lebensgemeinschaft können nicht beide an fünf bis sieben Tagen acht oder mehr Stunden in einem gehetzten, fordernden, entmenschlichenden Umfeld arbeiten und dabei gesunde, glückliche Kinder großziehen oder auch nur selbst gesund und glücklich bleiben.

Es bleibt einfach zu wenig Zeit für uns und unser Leben, wenn wir die meiste Zeit am Arbeitsplatz verbringen. Die Arbeit beherrscht unser Leben; so sehr wir sie auch lieben mögen, die meisten von uns sind hier unausgeglichen, meist gezwungenermaßen statt freiwillig. Eine Gesellschaft, die von ihren Mitgliedern fordert, den Großteil ihres Lebens dem Profit anderer zu opfern, fördert weder Wachstum noch ist sie gesund.

Wenn die Strukturen der Arbeitswelt sich in größerem Maßstab veränderten, könnte unser aller Leben ausgeglichener werden. Vielleicht sind es die Frauen, die diese Veränderung in Gang bringen müssen, wenn auch nur aus dem Grund, weil sie nicht mehr anders *können*. Wenn wir nach den Regeln spielen, bestätigen wir sie. Da wir als Arbeitskräfte immer wichtiger werden, sind wir möglicherweise in der entscheidenden Machtposition, um die Änderung der Regeln zu erzwingen, nach denen diese Gesellschaft ihr Arbeitsleben

strukturiert. Wenn wir lernen, am Arbeitsplatz öfter »nein« zu sagen, verändern wir die Erwartung, daß jeder sich einseitig auf seine Arbeit konzentrieren sollte.
Mehr Freizeit, mehr Erziehungsurlaub, flexible Arbeitszeitregelungen, Job-sharing und Tagesarbeitszeitverkürzungen würden unsere Einstellung zur Arbeit verändern: Der Sinn des Lebens bestünde nicht mehr in Perfektion, Konkurrenz, Leistung und Produktivität, und unser Wert als Mensch hinge nicht mehr von dieser Wertskala ab. Der Konsumzwang, mit dem wir uns für unsere Arbeitsbelastung entschädigen, ließe nach, und die Arbeit könnte einen hohen, aber angemessenen Stellenwert im Leben von Mann und Frau einnehmen. Und wir alle könnten zu einem besseren inneren Gleichgewicht kommen.

12
Mütter und Töchter

Die sechzehnjährige Monica ist Gwens einziges Kind. Gwen wurde vor vier Jahren von Monicas Vater geschieden. Seitdem ist Gwens größte Angst, Monica könnte »Probleme kriegen«. Vor lauter Sorge beobachtet sie ihre Tochter ständig.
Monica beklagt sich, ihre Mutter habe »Argusaugen«, ihre Freunde gefielen ihr nicht, sie dürfe ihre Zimmertür nicht zumachen, ihre Mutter frage sie aus und überwache sie – sie wolle wissen, wer ihr was schreibe, und höre alle ihre Telefongespräche mit. Sie kritisiere ständig ihre Kleidung und ihr Make-up.
Monica reagiert provokativ darauf, daß sich ihre Mutter so auf sie zentriert. Sie kleidet sich betont auffällig; sie kommt spät nach Hause. Sie idealisiert ihren Vater, der sich nicht um sie kümmert. Wenn Gwen nur eine Augenbraue hebt, bekommt Monica einen Wutanfall.
In unseren Gesprächen wird immer deutlicher, daß Gwen sich zu stark auf Monica zentriert. Sie hat Monica einen Job besorgt und fährt sie zur Arbeit hin, obwohl das Geschäft ganz in der Nähe liegt. Monica macht blau, Gwen entschuldigt sie. Gwen macht die gesamte Hausarbeit. Sie hat das Gefühl, sie müsse unbedingt dafür sorgen, daß Monica trotz der Scheidung eine bessere Jugend hat als sie selbst. »Sie ist meine ganze Familie.«
Gwen versucht offenbar verzweifelt, als Mutter Erfolg zu haben. Im Grunde gibt sie sich die Schuld daran, daß ihr Mann sie verlassen hat. Da sie sich in ihrer Ehefrauenrolle als Versa-

gerin fühlt, gewinnt ihre Mutterrolle noch mehr Gewicht. Außerdem will sie für Monica die Mutter sein, die sie selbst vermißt hat. Trotzdem schlagen alle ihre guten Absichten bei ihrer Tochter ins Gegenteil um, und sie weiß nicht mehr aus noch ein.

Gute Mütter, gute Töchter

Versetzen Sie sich in Gwens Lage. Sie sind eine Frau, die eine gute Tochter war, sich loyal zu ihren Eltern verhielt und über ihre eigenen Bedürfnisse im unklaren blieb. Jetzt haben Sie ein Kind. Denken Sie darüber nach, was dieses Kind für Sie bedeutet und was Sie sich für das Kind erhoffen.

Wenn Sie Wert darauf legten, eine gute Tochter zu sein, legen Sie mit ziemlicher Sicherheit noch mehr Wert darauf, eine gute Mutter zu sein. Sie betrachten das Kind vielleicht als lebendiges Symbol Ihrer Pflichterfüllung – schon, daß Sie überhaupt ein Kind haben, beweist unter Umständen, daß Sie einverstanden sind mit der Regel, daß Frauen sich auf andere statt auf sich selbst zentrieren sollen. Sie wollen nicht dieselben Fehler und Versäumnisse begehen wie Ihre Eltern. Sie wollen Ihrem Kind alles das geben, auf das Sie selbst verzichten mußten. Und vielleicht hoffen Sie sogar, in dem Kind einen Teil Ihres verlorenen Selbst zurückzugewinnen.

Weil Sie wissen, daß die Beziehungsarbeit Ihre Pflicht ist und daß die Mutter-Kind-Beziehung für die Entwicklung des Kindes entscheidend ist, sind Sie überzeugt, die Hauptverantwortliche für seine Gesundheit und sein Glück zu sein. Damit repräsentiert das Kind zugleich Ihren Erfolg oder Ihr Scheitern als »gute« Mutter und damit als »richtige« Frau.

Kann ein Kind diese Beweislast tragen? Kann eine Frau mit diesen unmöglichen Erwartungen an sich selbst leben? Offensichtlich nicht. Trotzdem versuchen wir es unerschütterlich weiter. Wir investieren zuviel Energie in unsere Kinder, und schließlich rebellieren sie und/oder »steigen aus«. Oder sie entwickeln ein übersteigertes Pflichtbewußtsein und schaffen die gleiche Beziehung zu ihren Kindern. So vererbt sich der Codex der weiblichen Pflichten ewig weiter.

Trotzdem merken die meisten von uns, daß sie als Mütter immer in der Zwickmühle stecken. Sie spüren oder wissen, daß sie überverantwortlich sein sollen und daß man ihnen dann genau das zum Vorwurf macht.

Unsere Kultur weist der Mutter und nur der Mutter die Aufgabe zu, alle Bedürfnisse des Kindes jederzeit zu befriedigen.[1] Tun Mütter aber zuviel, wirft man ihnen das vor; tun sie aber zuwenig, wird ihnen auch das vorgeworfen. Man unterstellt ihnen die Schuld, wenn ihr Kind Probleme hat; den Vätern schreibt man wenig Einfluß auf die Entwicklung der Kinder zu. Eine Frau, die sich in Beziehungen überverantwortlich verhält, hört oft, sie benehme sich »wie meine Mutter«; dieser Vorwurf zeigt, daß »Bemuttern« oft eine bestenfalls undankbare und frustrierende Aufgabe ist, die bei Männern und erwachsenen Kindern auf Ambivalenz und häufig auch auf Aggression stößt.

So erleben Frauen eine Art Beziehungsfalle: Wie sie es auch machen, es ist verkehrt. Freud fragte: »Was will die Frau?« Treffender wäre gewesen: »Was will man *von* der Frau (besonders von der Mutter)?« Da die Antwort im Codex der weiblichen Pflichten besteht, ist es Zeit für die Frauen, ihre Rolle im allgemeinen und ihre Mutterrolle im besonderen zu überdenken. Sie muß auf der Grundlage neu definiert werden, daß keine Frau alleinverantwortlich für das Wohl des Kindes ist.

Weil viele Frauen ganz in ihren Kindern aufgehen, gelingt es vielen Vätern, sich vor ihren emotionalen Verpflichtungen zu drücken: Sie übernehmen zu wenig Verantwortung für das Leben, das sie mitgeschaffen haben.

Betrachten wir aus weiblicher beziehungsweise mütterlicher

Perspektive näher, wie zwischen Eltern und Kindern Verantwortlichkeit verteilt wird. Untersuchen wir, welche Verantwortlichkeitskonflikte eine Frau erfährt, wenn sie sich sowohl um ihre alternden Eltern als auch ihr heranwachsendes Kind zu kümmern hat. Stellen wir schließlich die Frage, welche Rolle die Männer dabei spielen.

Die ewige Zweite

Die Beziehung zwischen Gwen und Monica war gestört, weil Gwen tiefe Scham und Angst empfand. Hinter diesen Empfindungen verbarg sich das untergründige Gefühl, an den Forderungen des Codex der weiblichen Pflichten gescheitert zu sein. Gwen stellte ihre Attraktivität für Männer und ihre Befähigung zur Beziehungsarbeit in Frage.

Monica hatte die Macht, durch ihr Verhalten Gwen als gute oder schlechte Mutter zu definieren. Dies alles führte schließlich zu einer Beziehung, die von Konflikten, Mißtrauen und Zorn geprägt war. Je mehr sich Gwen als pflichtbewußte Mutter zu bestätigen suchte, desto mehr fühlte sich Monica bevormundet und unterdrückt und desto heftiger wehrte sie sich. Je mehr ihr Gwen abnahm, desto mehr ließ sich Monica gehen.

Dieses Beispiel illustriert, wie Beziehungen zusammenbrechen können, wenn eine Mutter zuviel Energie in die Pflichterfüllung an ihrem Kind steckt. Das Kind nimmt diese Energie manchmal als eine Erwartung wahr und rebelliert.

Das Problem verschärft sich noch, wenn die Kinder uns trotz all unserer Mühe zeigen, daß ihnen die Liebe und Anerkennung ihres Vaters wichtiger ist. Jungen wollen – und sollen – eine Bindung an ihre wichtigste männliche Bezugsperson aufbauen. Mädchen brauchen diese Bindung auch, doch sie lernen außerdem, daß ihr Wert als weibliches Wesen von der Anerkennung eines Mannes, nicht einer Mutter, abhängt.

Die Angst, voll verantwortlich, aber nur die Zweitbeste und -liebste zu sein, bewältigen Mütter auf unterschiedliche Weisen. Manche tun zuviel; andere fürchten, sich emotional zu stark an ihre Kinder zu binden, und tun deshalb zu wenig. Manche hängen an einem Kind mehr als an einem anderen. Viele reagieren verschieden auf Söhne und Töchter. Ein Kind wird vielleicht unmittelbar nach dem Tod eines Elternteils geboren, und man erhofft sich Trost vom Kind. Vielleicht wird es auch in eine Phase hineingeboren, in der die Mutter Zweifel an ihrer weiblichen Rolle hat. Oder das Kind ist das älteste und wird im Verlauf einer Scheidung zur Stütze. Oder es wird zum Zentrum einer Ehekrise. Das Kind kann körperlich oder geistig behindert sein und damit wieder andere Probleme hervorrufen.
In jeder dieser Situationen im besonderen und in der Kindererziehung im allgemeinen müssen wir uns immer wieder fragen: Wieviel Verantwortlichkeit ist für dieses Kind angemessen? Unterscheiden sich meine Vorstellungen von Mütterlichkeit von dem, was tatsächlich notwendig ist? Welche Regeln der Pflichterfüllung zwischen Mutter und Kind bestehen?

Wieviel ist zuviel?

In Kapitel 7 haben wir eine neue Grundregel für angemessene Verantwortlichkeit aufgestellt: Tue nie etwas für einen anderen, was er/sie problemlos selbst tun kann. Diese Regel gilt für Kinder und Erwachsene – mit den altersspezifischen Einschränkungen – gleichermaßen. Die erste Frage, die Sie sich in bezug auf Ihre Kinder stellen müssen, lautet also: »Nehme ich ihnen aus Gewohnheit Aufgaben ab, die sie selbst erledigen könnten? Erwarte ich von ihnen, sich um ihr körperliches Wohlergehen und um die Sauberkeit unseres gemeinsamen Wohnraums zu kümmern?« Wenn nicht, warum nicht?

Bei Gwen und Monica beispielsweise war die Verantwortlichkeit extrem ungleich verteilt. Der erste Schritt in ihrer Therapie bestand in einer Vereinbarung, die die Verteilung ihrer Pflichten neu regelte. Diese Vereinbarung konnte geändert werden, wenn Monica sich kompetenter fühlte und Gwen besser damit zurechtkam, weniger zu tun.

In der Therapie konnten beide ihre Erwartungen aneinander klären. Gwen mußte überrascht feststellen, daß Monica wirklich glaubte und akzeptierte, daß sie für bestimmte Dinge selbst verantwortlich war. Beide konnten auf die Vereinbarung verweisen, wenn die andere ihren Erwartungen nicht entsprach: Monica brauchte nicht mehr zu rebellieren, und Gwen lernte, ihr Unbehagen zu artikulieren *und* Monica die Konsequenzen unverantwortlichen Verhaltens selbst tragen zu lassen.

Diese Veränderungen waren für beide nicht leicht. Gwen fühlte sich oft versucht, wieder für Monica zu handeln und so ihre Angst zu bekämpfen, Monica würde ihr als Mutter »Schande machen«. Monica nutzte den neuen Freiraum oft aus, um alles einfach laufen zu lassen und die neuen Regeln quasi auszutesten. Doch beide lernten Entscheidendes: Monica, daß sie allmählich die Verantwortung einer Erwachsenen übernehmen mußte, und Gwen, daß ihre wichtigste Aufgabe als Mutter darin bestand, Monica eben darauf vorzubereiten. Sie lernte, daß eine »gute Mutter« manchmal etwas unterlassen statt unternehmen muß.

Die Qual der Wahl

Wie wir im vorigen Kapitel gesehen haben, spiegeln unausgeglichene Regeln in einer Beziehung auch ein tieferes, emotionales Ungleichgewicht zwischen zwei Menschen wider. Wenn wir uns zuviel Verantwortlichkeit für unsere Kinder

aufbürden, lernen sie nicht, selbständige Entscheidungen zu treffen. Sie entwickeln kein Urteilsvermögen und tun sich schwer, mit ihren Gefühlen zurechtzukommen.
Zuviel emotionale Verantwortlichkeit zu übernehmen heißt, die Gefühle eines Kindes übermäßig zu behüten und die Konsequenzen seines Verhaltens ungeschehen zu machen oder zu entschuldigen. Es heißt, Gespräche über schmerzliche Gefühle zu vermeiden und Situationen, die emotional schwierig für das Kind sein könnten, selbst in die Hand zu nehmen. Es heißt, Entscheidungen über seinen Kopf und seine Gefühle hinweg zu treffen.
Wir wissen alle, daß die Pubertät für Eltern wie für Kinder eine schwierige Zeit ist. Emotionale Tiefs und Hochs folgen dicht aufeinander. Wir müssen erkennen, daß unsere Kinder eigenständige Menschen sind und nicht immer so handeln, wie wir es erwarten. Als Mütter und Eltern sind wir jetzt in besonderer Weise gefordert, einerseits den Reifeprozeß unserer Kinder zu fördern und andererseits Entschlossenheit zu zeigen. Das bedeutet, mit unseren Kindern zu reden, zu versuchen, ihre Erfahrungen zu verstehen, sie zu unterstützen und zu ermutigen, wenn sie Probleme haben. Es bedeutet auch manchmal, mit ihnen über unsere eigenen Frustrationen und Befürchtungen zu sprechen und gegebenenfalls Grenzen zu setzen. Es bedeutet nicht, für sie Probleme zu lösen oder Urteile zu fällen, sondern ihnen Anleitung zu bieten und sie ihre eigenen Entscheidungen, gute wie schlechte, treffen zu lassen.
Wenn wir Wachstum fördern können, steigt auch unser Selbstwertgefühl. Eine »gute Mutter« sein bedeutet, seine Kinder zu mögen, Freude an ihnen zu haben und sie anzuleiten, nicht das Ergebnis ihrer Entscheidungen vorherbestimmen zu wollen. Unsere Kinder müssen lernen, ihr eigenes Leben zu führen.

Es ist oft schwierig für uns zu erkennen, wieviel »Einsatz« ein bestimmtes Kind braucht. Die typisch mütterlichen Sorgen machen es uns oft schwer, die Dinge einfach laufen zu lassen, auch wenn wir wissen, daß das im Interesse der Entwicklung des Kindes ist.
Eine weitere Schwierigkeit liegt in der Frage, wieviel wir von unseren Kindern erwarten sollen. Häufig weisen wir ihnen aufgrund bestimmter Vorannahmen je nach ihrem Geschlecht verschiedene Zuständigkeiten zu.
Als Mütter haben wir üblicherweise auch andere emotionale Erwartungen an Töchter als an Söhne. Wir erwarten von unseren Töchtern, intuitiv zu wissen, wie sie mit ihren Gefühlen umgehen und auf andere eingehen müssen. Damit erwarten wir, daß sie die Forderungen des Codex der weiblichen Pflichten quasi mit der Muttermilch einsaugen. Wir erwarten von ihnen, verantwortungsbewußter zu sein, stärker auf ihr Äußeres zu achten, kompetenter, anpassungsfähiger zu sein und mehr zu geben als ihre Brüder. Dabei neigen wir dazu, ihnen weniger zu helfen.
Die »Bemutterung« unserer Söhne kann so weit gehen, daß diese bei bestimmten Aufgaben schließlich wirklich inkompetent werden und stets Dienstleistungen anderer erwarten. Bei unseren Söhnen nehmen wir Gefühllosigkeit, Egoismus und mangelndes Verantwortungsbewußtsein hin. Wir sagen uns, Männer sind eben so. Wir erwarten nicht von ihnen, daß sie über ihre Gefühle reden oder verständnisvoll mit anderen Familienmitgliedern umgehen, und wir entschuldigen häufig ihre Fehler. Zu unseren Töchtern sind wir streng, zu unseren Söhnen locker.
Oftmals geben wir die sexuelle Doppelmoral weiter. Wir schärfen unseren Töchtern ein, sie seien verantwortlich für Verhütung, unsere Söhne aber klären wir häufig nicht einmal auf. Wir erziehen überverantwortliche Frauen und unter-

verantwortliche Männer. Wenn sich das je ändern soll, müssen Söhne und Töchter gleichermaßen lernen, die Verantwortung für ihre emotionale Entwicklung zu tragen.
Diesen geschlechtsspezifischen Erwartungsunterschieden unterliegt die Botschaft, daß Frauen prinzipiell mehr Verantwortlichkeiten haben als Männer. In der Familie muß natürlich immer ausgehandelt werden, wer welche Arbeiten und Pflichten übernimmt. Wenn aber unterschwellig die Überzeugung besteht, daß bestimmte Aufgaben »Frauenarbeit« seien, lernen die Jungen nie, für bestimmte Bereiche ihres Lebens verantwortlich oder kompetent zu sein. Die Mädchen werden weiter die Botschaft hören, daß sie eine Art »Bürger zweiter Klasse« sind und für andere verfügbar sein müssen. Sogar Männer, die in ihrer Junggesellenzeit gelernt haben, für sich selbst zu sorgen, entwickeln unter Umständen wieder eine »Pascha-Mentalität«, wenn sie mit einer Frau zusammenleben.

Folgen des »Bemutterns«

Wenn Frauen ihre Elternrolle zu ernst nehmen, nehmen die Männer sie zu leicht. Frauen bleibt dann die Alleinverantwortung für die Erziehung der Kinder zugewiesen, und Männer erwerben die dafür nötigen Fähigkeiten nie. In diesem unausgesprochenen, aber historisch gewachsenen »Vertrag« steckt ein Loyalitätsdreieck. Frauen und Kinder stehen sich nahe, und Männer stehen außerhalb. Insgeheim sehnen sich die Kinder nach ihren Vätern, empfinden sich aber als illoyal, wenn sie das erkennen lassen. Die Frauen wünschen sich mehr Teilnahme ihrer Männer, wollen aber ihre besondere Bindung an das Kind nicht aufgeben. Das Kind kann an der Oberfläche seiner Mutter nahe stehen, ist aber insgeheim mit dem Vater verbündet. Und Männer empfinden sich oft als

illoyal ihren Frauen gegenüber, wenn sie in einer familiären Auseinandersetzung die Partei des Kindes ergreifen. Alle sind in einer unmöglichen Lage. Keiner trägt angemessen Verantwortung, und alle leiden unter emotionalen Entbehrungen.
Dieses Dreieck war vielleicht noch deutlicher, solange die meisten Frauen im Haus arbeiteten und die Geschlechtsrollen noch stärker polarisiert waren. Doch auch wenn sie arbeiten oder Karriere machen, betrachten sich – und werden betrachtet – immer noch die Frauen als Hauptverantwortliche für die Kinder, als ob darin das Zeichen ihrer Weiblichkeit läge. Sowohl Frauen wie auch Männer arbeiten in ihrer Mehrzahl zu lange, so daß die Kinder den Kontakt zu *beiden* Eltern entbehren, doch die Zuwendung der Mutter gilt immer noch als notwendiger. Und immer noch fürchten sich die Frauen, von den Männern zu fordern, auf ihre emotionalen Bedürfnisse und die der Kinder einzugehen. Das alte Loyalitätsdreieck ist immer noch sehr lebendig. Das wird sich erst ändern, wenn die Männer begreifen, wieviel sie als Familienaußenseiter versäumen – selbst und gerade wenn sie glauben, ihre Rolle als Familienversorger zu erfüllen.

Erwachsene Töchter – alte Eltern

Kaum eine Frau über fünfunddreißig hat keine Probleme damit, daß ihre Eltern älter werden. Frauen im mittleren Alter werden häufig als die »Sandwich-Generation« bezeichnet, weil sie zwischen den Forderungen ihrer eigenen, heranwachsenden Kinder und den Bedürfnissen ihrer alternden Eltern stehen. Häufig haben sie für beide zugleich zu sorgen. Aber auch für alleinstehende Frauen können die Probleme alternder Eltern eine emotionale und praktische Belastung darstellen.
Wir illustrieren das Problem an einem Beispiel aus unserer

Praxis. Martha ist eine vielbeschäftigte Anwältin, die ihre Zeit für die Familie und ihr Engagement für ihre Mandanten kaum unter einen Hut bringen kann. Marthas Mutter ist Witwe und wohnt etwa zwei Autostunden entfernt.

Nach längerer Zeit starker beruflicher Belastung plant die Familie ein gemeinsames Wochenende am Meer. Mitten in den Vorbereitungen ruft Marthas Mutter an. Als sie von dem geplanten Wochenende erfährt, beklagt sie sich bitterlich: »Martha, ich habe dich einen Monat lang nicht gesehen. Ich bin jetzt alt und allein, und du nimmst dir einfach nicht genug Zeit für mich. Wenigstens bin ich da ehrlich.«

Normalerweise ist Martha gelassen, aber diese Auseinandersetzung ist zuviel für sie. Obwohl sie sonst recht selbstbewußt ist, hat sie jetzt Schuldgefühle: Sie empfindet sich als egoistisch, weil sie spürt, daß sie die Zeit mit der Familie braucht und ihre Mutter nicht dabei haben will.

Es stellt sich weiter heraus, daß niemand, weder ihr Mann noch ihre Kinder, sie so in Rage bringen kann wie ihre Mutter. Marthas Bruder, der ebenfalls in der Nähe der Mutter wohnt, besucht sie viel seltener und hört nie Klagen. Immer erwartet sie von Martha, »da zu sein«, und nie ist sie zufrieden mit dem, was Martha tut.

Solche Konflikte mit der Mutter sind wahrscheinlich den meisten von uns vertraut. Nun legt Marthas Mutter ihre Erwartungen und Ansprüche wenigstens offen. Oft aber merken wir nur an einer eisigen Begrüßung oder Schweigen, daß wir unsere Eltern enttäuscht haben. Wenn sie ihren Ärger so indirekt ausdrücken, fühlen wir uns meist noch verantwortlicher, auch wenn wir gar nicht genau wissen wofür.

Die gegenseitigen Erwartungen von Müttern und Töchtern sind vielschichtig. Mütter aus Familien mit althergebrachter Struktur fühlen sich manchmal emotional zu kurz gekommen. Sie haben sich um ihre Familie gekümmert und spüren, daß sie selbst zuwenig Zuwendung bekommen haben. Im Alter, wenn sich die Verbindung zu Freunden einschränkt und sich die Kontaktmöglichkeiten manchmal nur noch auf die Familie erstrecken, neigt eine Mutter normalerweise dazu, erhöhte Loyalität und Unterstützung von ihrer Tochter zu erwarten. Eine Art emotionaler Hypothek macht sich bemerkbar: »Ich habe mich um dich gekümmert, jetzt kümmere du dich um mich.«

Martha hatte zwei Probleme. Eines war konkret. Sollte sie ihre Mutter mitnehmen? Sollte sie sich verantwortlich fühlen für ihr Gefühl des Alleinseins? Inwiefern hatte sie tatsächlich Verantwortung? Das andere Problem war ein emotionales. Wie konnte sie sich vernünftig mit ihrer Mutter auseinandersetzen? Wie konnte sie ihrer Mutter die emotionale Macht nehmen, die sie über sie hatte?

Martha hatte Schuldgefühle, weil sie ihre Mutter allein ließ, weil sie sie an diesem Wochenende nicht besuchen wollte, weil sie etwas für sich selbst tun wollte. Sie zweifelte an ihrer Liebe zu ihrer Mutter und an sich als Tochter.

Martha fühlte sich auch von ihrer Mutter enttäuscht. Sie fand, ihre Mutter hätte *ihr* emotional mehr geben sollen, und fühlte sich gegenüber ihrem Bruder zurückgesetzt. Und obwohl ihre Mutter ihr früher wenig Verständnis entgegengebracht hatte, sollte Martha sich jetzt ihr zuwenden; dieser lange angestaute Groll kam immer wieder hoch und störte ihre Beziehung. Wenn sie jetzt ihr Pflichtbewußtsein »beweisen« würde, würde er sich nur verstärken.

Martha mußte »Verantwortlichkeit« in der Beziehung zu ihrer Mutter neu definieren. Sie erlebte offensichtlich das, was wir eine »Pflichtkrise« genannt haben. Auf einer bestimmten Ebene hatte sie schon »nein« gesagt, doch sie mußte noch selbstsicherer werden, wenn sie sich stark und in ihren Entscheidungen sicher fühlen und ihre Schuldgefühle und ihr Unbehagen auf Dauer loswerden wollte.

Gehen wir jetzt die Stufen von Marthas Veränderungsprozeß durch: Bevor Martha ihre Krise ganz durchschauen konnte, mußte sie die familiären Muster, mit denen die Menschen in ihrer Herkunftsfamilie auf das Altern reagierten, erkennen und verstehen. Erwartete man immer von den Frauen, die Pflege zu übernehmen? Um was kümmerten sich normalerweise die Männer? Welche Rolle spielte Marthas Mutter für ihre eigene Mutter? Wie nahe standen sich die Familienmitglieder im allgemeinen? Wie weit entfernt von den Eltern wohnten die erwachsenen Kinder normalerweise? War Marthas berufliches Engagement eine Ausnahme oder war auch für andere Frauen der Familie Berufstätigkeit wichtig? Wie wahrscheinlich war es, daß Familienmitglieder in belastenden Situationen Hilfe von außen suchten? Erwartete man von den alternden Eltern, möglichst lange selbständig zu bleiben, oder waren die erwachsenen Kinder in der Regel überverantwortlich? Auf dem familiären Hintergrund konnte Martha die Reaktionen ihrer Mutter besser verstehen und mußte dann ihre Vorwürfe nicht mehr persönlich nehmen. Außerdem konnte sie die Auswirkungen ihrer Entscheidungen besser abschätzen, weil sie jetzt die familiären Verhaltens- und Einstellungsmuster kannte.

Da sich aus den Regeln der Verantwortlichkeit für alternde Eltern spezielle Probleme ergeben, mußte Martha einige weitere Faktoren berücksichtigen. Sie mußte die Vorstellungen über persönliche Grenzen und Entscheidungsfreiheit untersuchen. Echtes Verantwortungsbewußtsein heißt Entscheidungen treffen, und das gilt für alternde Eltern nicht weniger.

Martha erkannte, daß auch ihre Mutter einiges ändern mußte: umziehen, um leichter Kontakt zu anderen Menschen zu bekommen; ihren Sohn öfter anrufen; Martha mit ihrer Familie manchmal zum Essen einladen, statt einfach anzunehmen, es sei Marthas Pflicht, sie zu besuchen. Martha begann einzusehen, daß ihre Mutter für sich selbst verantwortlich war und selbst etwas gegen ihre Einsamkeit unternehmen mußte.

Doch auch und gerade wenn eine Frau erkennt, daß auch ihre

Eltern Wahlmöglichkeiten haben, stößt sie auf das Haupthindernis, das sich ihrer Befreiung vom Codex der weiblichen Pflichten entgegenstellt: Es ist typisch, daß sowohl wir als auch unsere Eltern Schwierigkeiten haben, die Vorstellung der eigenen Begrenztheit zu akzeptieren.

Wir vergessen nur zu gern, daß unser Einsatz für die Bedürfnisse unserer Eltern da an eine Grenze stößt, wo andere Menschen in unserem Leben und wir selbst beeinträchtigt werden. Unsere Eltern vergessen, daß der Prozeß des Alterns ihre Möglichkeiten begrenzt. Ihre körperlichen Fähigkeiten nehmen ab. Ihr Leben unterliegt mehr und mehr Einschränkungen, und sie können diese Tatsache oft nur schwer akzeptieren.

Da aber Einschränkungen etwas mit Verlust zu tun haben, können wir uns häufig nur schwer damit abfinden, daß unsere Möglichkeiten begrenzt sind. Marthas Mutter könnte versuchen, die Beziehung zu ihrer Familie genau so aufrechtzuerhalten, als lebte ihr Mann noch und als wären die Kinder noch eng an sie gebunden. Sie würde sich damit vor der Erkenntnis drücken, daß dieser Abschnitt ihres Lebens vorbei ist. Martha könnte versuchen, es zuvielen Menschen auf einmal recht zu machen, wobei dann alle, auch sie selbst, zu kurz kämen. Wenn sie sich entschließt, ein Wochenende mit ihrer Familie zu verbringen, könnte sie es sich mit Schuldgefühlen ihrer Mutter gegenüber verderben, weil sie nicht akzeptiert, daß ihre Kräfte begrenzt sind. Viele Frauen akzeptieren nie, daß es eine legitime und verantwortungsbewußte Entscheidung ist, sich Zeit für sich selbst zu nehmen.

Was wird nun aber aus Marthas Gefühlen gegenüber ihrer Mutter? Selbst wenn es ihr gelingen sollte, sich nicht für sie zu übernehmen und sowohl ihre eigene Begrenztheit wie die ihrer Mutter anzuerkennen, war sie dann nicht doch zu chronischem Groll, innerer Distanz und Schuldgefühlen verdammt?

Martha entschloß sich, die Sache mit ihrer Mutter auszudiskutieren. In zahlreichen Gesprächen erklärte sie ihr ihren inneren Konflikt und gab ihr zu verstehen, daß sie mit ihrem Verständnis rechnete. Sie bat ihre Mutter, in ihrer Beziehung und für sich mehr Eigeninitiative zu entwickeln, und versicherte sie ihrer Unterstützung. Auf verständnisvolle Weise ließ Martha ihre Mutter wissen, daß sie von ihr erwartete, für sich selbst verantwortlich zu sein. Sie klärte auch, was ihre Mutter von ihr erwartete. Sie erkannte die Bedürfnisse und die Ängste ihrer Mutter und deren familiären Hintergrund an. Sie gab ihr zu verstehen, daß sie zu Unterstützung, emotionaler Bindung und jeder angemessenen Hilfe bereit war. Sie erläuterte ihrer Mutter ihren Standpunkt entschlossen, aber freundlich. Und sie bat ihre Mutter offen um das, was sie sich von ihr wünschte. Martha mußte ihren Standpunkt nicht rechtfertigen, weil sie sich allmählich sicherer war, daß sie in angemessener Weise für andere und für sich selbst Verantwortung trug.

Martha bekannte sich also zu ihren Begrenzungen, mußte sich dabei aber im klaren sein, daß ihre Mutter eine Weile brauchen würde, um das zu akzeptieren. Weil Martha alle Probleme mit ihrer Mutter offen auf den Tisch legte, verletzte sie eine versteckte Regel, die in vielen Familien gilt, nämlich die, nie ehrlich zu sagen, was man denkt, besonders nicht zu alternden Eltern, weil sie angeblich die Wahrheit nicht ertragen könnten. Marthas Mutter kann sich der Botschaft verweigern, vielleicht muß Martha sie noch oft wiederholen, doch Offenheit war genau das, was Martha für ihre »Seelenhygiene« und ihr Selbstwertgefühl brauchte. Wenn sie es schafft, die Reaktionen ihrer Mutter gelassen hinzunehmen, haben die beiden eine reale Chance auf eine weniger belastende Beziehung.

Abschließende Bemerkung über familiäre Verantwortlichkeit

Auch wenn die Grenzen der Verantwortlichkeit noch schwieriger abzuwägen sind, wenn wir unseren alternden Eltern mit Verständnis und Zuwendung begegnen wollen, können wir uns dabei dennoch von dem neuen Grundsatz der Verantwortlichkeit leiten lassen. Auch wenn der betreffende Mensch ein alternder oder kranker Elternteil ist, gilt immer noch als Faustregel: Tue nichts für einen anderen, was er/sie problemlos selbst tun kann. Je mehr Sie für einen andern tun, desto weniger tut er es für sich selbst. Bei alternden Eltern kann Überfürsorglichkeit vorzeitige Hinfälligkeit und Abhängigkeit begünstigen; das nimmt ihnen nicht nur das Selbstwertgefühl, sondern auch die Möglichkeit, ihren Lebensabend selbstbestimmt zu gestalten. Und uns nimmt es die Möglichkeit, eine unbelastete, von gegenseitigem Respekt getragene Beziehung zu ihnen aufrechtzuerhalten.

13
Auf dem Weg zur Ganzheit

Die Veränderung erreicht tiefere Ebenen

Wenn in unseren wichtigen Beziehungen die Pflichterfüllung der Ausgeglichenheit weicht, können wir die Veränderung auf einer tieferen Ebene in Angriff nehmen. Wir sind bereit für die Arbeit, auf die es ankommt: Die Förderung unseres eigenen Wachstums! Bei kleinen, schrittweisen Veränderungen erproben wir unsere Kräfte und lernen Selbstvertrauen. Wenn wir uns weniger Verantwortlichkeit für andere aufbürden und uns stärker auf uns selbst zentrieren, erkennen wir den Wert von Entscheidungsfreiheit.

Eine geringfügige Erfahrung oder auch viele, schmerzliche können den Prozeß der Veränderung in Gang bringen. An dessen Ende erwartet uns eine neue Ebene der Stärke und persönlichen Integration. Der Codex der weiblichen Pflichten hält uns nicht mehr in Trance. Unser Denken, unser Empfinden, unser Verhalten ändern sich, und wir gewinnen Sicherheit und Vertrauen auf unsere Entscheidungen. Wir entwikkeln ein ganz neues Selbstwertgefühl.

Vielleicht sind wir nur mit einer Ahnung aufgebrochen, mit einem Traumbild des anderen Menschen, der wir werden wollten. Je mehr wir aber das Selbst unserer Phantasien und Träume »reale« Gestalt gewinnen lassen, desto »realer« werden wir für uns selbst und für andere. Wir schreiben unseren Part im Leben neu, erzählen unsere Geschichte neu und erfahren dabei, welche Macht unsere Gefühle entfalten, wenn wir ihnen eine Stimme geben.

Neue Entscheidungen

In jeder noch so kleinen Verhaltensänderung steckt die Möglichkeit einer Persönlichkeitsveränderung. Wenn wir Probleme durchschauen und in unseren Interaktionen mit anderen neue Verhaltensweisen ausprobieren, denken wir allmählich auch anders über uns selbst. Wir erkennen und sehen deutlicher, welche größeren Lebensziele und -themen wir neu definieren wollen. Wir fassen uns selbst deutlicher ins Auge und gewinnen so wichtige Informationen über unsere wahren Wünsche und Bedürfnisse.

Unsere Phantasien und Traumreisen leiten uns hin zu unserem wahren Selbst. Wenn wir diese Phantasien und Träume nicht leben, besteht die Gefahr, daß wir zuwenig Verantwortung für uns übernehmen. So gesehen macht das Sprichwort »In jedem Manne (und in jeder Frau!) steckt ein Kind« einen Sinn. Wenn wir dem Kind in uns verbieten, unser Leben zu leiten, wenn wir unseren Träumen und Leidenschaften in den realistischen Grenzen unseres Lebens keinen Raum geben, betäuben wir uns selbst; wir werden überverantwortlich, wir werden *zu* ernsthafte Erwachsene. Wie verhalten uns allem und jedem gegenüber »elterlich«. Statt unseren Träumen zu folgen, übernehmen wir die Verantwortung für die der anderen. Und dann fühlen wir uns frustriert und zu kurz gekommen.

Häufig zögern wir, neue Entscheidungen zu treffen, weil wir vor den Konsequenzen zurückschrecken. Wir wechseln unseren Arbeitsplatz nicht, wenn wir wissen, wir würden weniger verdienen. Wir ziehen nicht in eine schönere Gegend, weil wir ein komfortables Haus oder unseren Freundeskreis nicht aufgeben wollen. Wir beenden eine destruktive Beziehung nicht, weil wir Angst haben, es komme nichts Besseres nach. Wenn unser Denken von Sätzen wie »Ich könnte oder würde das tun, wenn ...« beherrscht wird, schrecken uns vielleicht die Risiken und Verluste, die mit jeder wirklichen Veränderung einhergehen.

Folgen wir andererseits unseren Impulsen, ohne vorher die Konsequenzen bedacht und akzeptiert zu haben, verlieren wir erst recht jeden Maßstab für die Richtigkeit unserer Entscheidungen. Wir handeln impulsiv und kehren danach die Scherben zusammen. Wir stürzen uns in noch größere Verwirrung. Das Kind in uns will den Erwachsenen übertrumpfen.

Oft wirkt es sich negativ auf andere Menschen in unserem Leben aus, wenn wir unsere Phantasien und Träume tatsächlich leben. Viele Frauen vermeiden Veränderungen oder Entscheidungen, weil sie es einfach nicht fertigbringen, jemanden zu verletzen. Manchmal ist das in realen Beziehungen aber notwendig. Wir können nicht vollständig eins sein mit einem anderen Menschen. Es ist normal, manchmal zu verletzen, denn die Bedürfnisse und Motive zweier Menschen unterscheiden und widersprechen sich notwendigerweise. Wir tragen also die Verantwortung, die Auswirkungen unserer Entscheidungen auf unsere Beziehungen zu berücksichtigen. Einen Mittelweg zwischen unseren eigenen Wünschen und den Beziehungen, die uns wichtig sind, zu finden, ist ein grundsätzliches, menschliches Problem.

Grundsätzlich gilt aber auch, daß unsere Beziehungen auf jeden Fall leiden, wenn uns nicht klar ist, daß unsere Entscheidungen auf Werten beruhen müssen, die wir für uns definiert haben, und daß wir aus dem Verständnis für unsere eigenen Bedürfnisse und Wünsche heraus handeln müssen. Sie leiden, weil wir uns zu sehr auf unseren Partner zentrieren, und sie leiden unter unserer unterschwelligen Wut, weil wir unsere eigenen Ziele nicht verwirklichen. Wir können nicht verständnisvoll sein, wenn wir nicht zuerst für uns selbst verantwortlich sind. Wir können nicht Wachstum fördern, wenn wir uns nicht auf unsere Gefühle verlassen können. Und das größte Hindernis für das Vertrauen auf unsere Gefühle ist die Angst, die weiblichen Pflichten nicht zu erfüllen.

Übung: Phantasiewelt

Suchen Sie sich zu einer ruhigen Tageszeit ein stilles Plätzchen. Setzen Sie sich in einen bequemen Sessel oder legen Sie sich hin. Entspannen Sie allmählich alle Muskeln, so als ob Sie sanft massiert würden. Dann entspannen Sie sich auch geistig. Lassen Sie Ihre Gedanken frei fließen; akzeptieren Sie alles, was Ihnen durch den Kopf geht, ohne es zu beurteilen. Wenn Sie ruhiger geworden sind, stellen Sie sich einen Ort vor, an dem Sie gern wären. Stellen Sie sich diesen Ort so paradiesisch wie möglich vor. Stellen Sie sich vor, dort könnten sich alle Ihre Wünsche erfüllen. Stellen Sie sich dann vor, dort etwas zu tun, das Ihnen Freude macht. Es gibt keine Grenzen und Regeln, Sie können tun, was Sie wollen. Stellen Sie sich vor, ganz in dieser Aktivität aufzugehen; spüren Sie, welche Gefühle Sie dabei empfinden. Ihr einziges Ziel ist, frei zu sein und sich wohl zu fühlen.

Setzen Sie die Phantasie so lange fort, bis Sie bereit sind, sie zu beenden. Sie können durchaus einen oder mehrere andere Menschen in diese Vorstellungen integrieren. Ihre Verbindung zu diesen Menschen ist befriedigend und angenehm. Stellen Sie sich vor, Sie unternähmen mit diesen Menschen etwas Bereicherndes, Erfreuliches, Aufregendes. Stellen Sie sich soviel Vergnügen wie möglich vor. Verabschieden Sie sich von jedem, bevor Sie die Phantasie beenden.

Genießen Sie die angenehmen Gefühle, die diese Bilder in Ihnen ausgelöst haben, noch ein wenig. Wenn ein schmerzliches Gefühl auftaucht, schieben Sie es einen Augenblick zur Seite und entspannen Sie sich wieder.

Wenn Sie bereit dazu sind, stellen Sie sich folgende Fragen:

- Worin bestand die angenehme Tätigkeit in der Phantasie?
- Was war daran so angenehm?
- Welche angenehmen Gefühle hat sie in mir ausgelöst?
- Könnte ich das auch in meinem jetzigen Leben tun? Wenn nicht, warum nicht?

- Welcher Teil meines Selbst wollte sich in dieser Phantasie ausdrücken?
- Welches meiner Bedürfnisse wurde darin befriedigt?
- Was hat mich traurig gemacht?
- Was hätte ich in der Phantasiewelt anders machen können, um nicht traurig zu sein?
- Was für Menschen kamen in meiner Phantasie vor? Wie waren sie? Was wollte ich mit ihnen machen? Was wollte ich *von* ihnen?
- Mache ich das, was ich tat, mit irgendwem in meinem jetzigen Leben? Bekomme ich das, was ich bekam, von irgendwem in meinem jetzigen Leben? Wenn nicht, warum nicht?
- Was sagt meine Phantasie über das, was ich an meinem Leben gern anders hätte?
- Welche Einwände habe ich dagegen, meine Phantasie zu verwirklichen?

Versuchen Sie, Ihre Gedanken bei diesem Erlebnis aufzuschreiben.

Wenn Sie diese Übung an verschiedenen Tagen und in unterschiedlicher Stimmung durchführen, werden Sie im Lauf der Zeit Ihr wahres Selbst kennenlernen. Die Gefühle können häufig angenehm sein, manchmal aber auch recht schmerzlich. Wenn Sie sie wirklich zulassen, werden sie jedoch immer machtvoll sein. Oft werden Sie echte körperliche Reaktionen erleben. Ihr Puls wird schneller; Sie werden sexuell erregt; Ihr Körper wird überall warm; manchmal schlafen Sie ein. Verfolgen Sie aufmerksam die Ereignisse und Geschichten in Ihren Phantasien, die diese Gefühle auslösen – sie weisen Sie darauf hin, wer Sie sind und was Sie wollen und brauchen. Auf diesen sehr wichtigen Informationen aus den tieferen Schichten Ihres Selbst müssen sich Ihre Entscheidungen gründen. Keine wie auch immer geartete Belohnung für Pflichterfüllung kann sich je mit der inneren Befriedigung messen, die wir erfahren, wenn wir aufgrund dieser mächtigen Gedanken- und Gefühlsströme handeln.

Je weiter wir auf unserer Suche nach Ganzheit und Selbstbestimmung nach innen gehen, um so tiefer möchten wir mit anderen verbunden sein. Das mag paradox scheinen. Doch je weniger wir bestrebt sind, pflichtbewußt und angepaßt zu sein, desto stärker wollen wir von anderen so wahrgenommen und akzeptiert werden, wie wir sind. Wenn wir uns anderen öffnen, erfahren wir, daß wir alle mehr Gemeinsames haben als Trennendes. Wir lernen, verständnisvoll zu sein und Wachstum zu fördern. Wir erkennen unsere jeweilige Einzigartigkeit. Wir erfahren den Wert und die Grenzen von gegenseitigem Vertrauen. Und wir lernen, daß wir uns unserer Unvollkommenheit nicht zu schämen brauchen.

Sich zu ändern ist schwierig, und kaum jemand bewältigt diesen Prozeß allein. Wir brauchen die Unterstützung anderer, um unsere Hemmungen zu überwinden. Oft können wir nur mit fremder Hilfe erkennen, welche konkreten Schritte zur Verwirklichung unserer Phantasien nötig sind. Andere Menschen, die uns gut genug kennen, müssen uns manchmal auf den richtigen Weg (zurück)bringen, wenn wir einem zerstörerischen, statt einem positiven Impuls folgen. Wir brauchen andere Menschen, die unser Wachstum fördern und deren Wachstum wir fördern können. Dieses Gemeinschaftserleben ist eine tief befriedigende Art des Wohlbefindens und den meisten von uns zugänglich.

»Gemeinschaft« bedeutet für jede von uns etwas anderes. Ob wir sie nun in der Familie, der Gemeinde, in informellen Nachbarschaften, Selbsthilfegruppen oder im Freundeskreis erfahren, gemeinsam ist all diesen Formen von Gemeinschaft, daß sie Menschen unterstützen und in ihrem persönlichen Wachstum fördern. Sie helfen uns dabei, uns zu verändern und die Folgen dieser Veränderung durchzustehen, weil wir dort erfahren können, daß wir auch ohne eine Maske der Pflichterfüllung akzeptiert werden.

Wenn Ihnen solch ein Netzwerk helfender und Anteil nehmender Menschen fehlt, dann sollten Sie sich eines aufbauen oder sich einem bereits bestehenden anschließen. Adressen aller möglichen Gruppen und Vereinigungen finden Sie in den Zeitungen. Gerade in einer entfremdeten Welt steigt das Bedürfnis nach Gemeinschaft; wer behauptet, niemanden zu brauchen, ist im Grunde nur gefangen im Teufelskreis der Scham. Auch das Hineinwachsen in eine Gemeinschaft dauert seine Zeit. Es ist sowohl ein Ergebnis als auch ein Anreiz der Veränderung. Je besser Sie integriert sind, desto wohler werden Sie sich fühlen.

Kreativität und Ausgeglichenheit

»Denn eine Frau sein bedeutet, daß die Interessen und Pflichten wie die Speichen von einer Radnabe vom Muttertrieb in alle Richtungen ausgehen. Unser Lebensmuster entspricht im Grunde einem Kreis. Wir müssen nach allen Himmelsrichtungen hin offen sein – Mann, Kinder, Freunde, Heim, Gemeinde – und jeden Lufthauch, jeden Anruf, der auf uns zukommt, wie ein ungeschütztes, ausgespanntes Spinnweb registrieren. Wie schwierig ist es da für uns, inmitten all dieser widerspruchsvollen Spannungen das Gleichgewicht zu halten, und doch wie notwendig, damit unsere Lebensfunktionen stimmen.«[1]

Dieses Zitat aus Anne Morrow Lindberghs *Muscheln in meiner Hand* illustriert das allgegenwärtige Dilemma der Frauen: Sie werden von der Forderung, der Beziehungsknotenpunkt für andere zu sein, in viele verschiedene Richtungen gezogen und müssen trotzdem ihr inneres Gleichgewicht aufrechterhalten. In ihrem Buch beschreibt Lindbergh einen Urlaub abseits der Ansprüche ihrer Rollen als Ehefrau, Mutter von fünf Kindern und Person öffentlichen Interesses. Allein an einem einsamen Strand sucht und findet sie aus dem Bewußtsein einer tiefgreifenden Veränderung heraus im Schreiben zu Ausgeglichenheit. Sie zeigt, daß eine Frau die vielen verschiedenen Teile ihres Selbst im schöpferischen Ausdruck integrieren kann.

Der schöpferische Ausdruck kann die höchste Form von Verantwortung für das eigene Selbst darstellen – der Welt das eigene Zeichen aufdrücken, dem Selbst eine Stimme geben. Nichts ist so fesselnd und nachhaltig wie schöpferische Arbeit. Kaum etwas kann uns soviel Wohlbefinden vermitteln. Wir fördern dabei unser Wachstum und zugleich das der anderen.

In unserer Praxis arbeiten wir mit Frauen, die mit schweren Konflikten und Problemen zu kämpfen haben. Häufig erwähnen sie mitten in der Therapie zögernd, als tauche da eine verschwommene Erinnerung an ihr wahres Selbst auf, das Tagebuch, das sie früher führten, das Gedicht, das vor zehn Jahren von einer Zeitschrift abgelehnt wurde, die Bilder, die auf dem Dachboden verstauben. Sie merken kaum, daß sie sich mit der Unterdrückung ihrer Kreativität eingeredet haben, daß das, was sie zu sagen haben, im Grunde also das, was sie *sind*, unwichtig sei.

Wenn wir uns daran hindern, unserem Selbst Ausdruck zu verleihen, entfremden wir uns von uns selbst, und es geht uns schlecht. Oft schieben wir äußerliche Gründe für unsere Unzufriedenheit vor. Aber im Grunde sind wir dabei, uns selbst zu enteignen und ein verarmtes Leben ohne inneren Reichtum und Wohlbefinden zu führen.

In unsere Praxis kamen Frauen, die Klavier studiert hatten und das Instrument nicht mehr anrührten, Frauen, die Bergwanderungen gemacht hatten und nicht einmal mehr spazierengingen. Hinter diesen traurigen Verlusten steckt der Verlust des von Natur aus spontan ausdrucksfähigen Kindes. Wir leben in einer Gesellschaft, die Frauen daran hindert, sich auf ihr Innenleben zu zentrieren. Angesichts der Einschränkun-

gen durch die Frauenrolle ist es fast ein Wunder, daß es überhaupt Frauen gibt, die dennoch schöpferisch tätig sind.
Trotz der Fortschritte in jüngster Zeit zollt man der Arbeit schöpferisch tätiger Frauen immer noch geringere Aufmerksamkeit und Anerkennung als der von Männern. Unsere Gesellschaft hat deshalb ein verzerrtes Bild ihrer Realität. Daß weibliche Erfahrung zuwenig anerkannt wird, hält uns davon ab, das zur Gestaltung und Neugestaltung unserer Gesellschaft beizutragen, was wir könnten.
Kreativität beschränkt sich jedoch nicht auf Kunst. Sie kann sich in allen Tätigkeiten und Aufgaben ausdrücken, die Frauen wählen, seien das Hobbies, Kindererziehung, juristische oder medizinische Tätigkeiten, Management oder Börsenhandel. Dabei muß sich jede Frau die Frage stellen: Sind mein Beruf oder meine Arbeit ein Ausdruck meiner Persönlichkeit – meiner Vorstellungen, meiner Weltanschauung? Drücken sich meine inneren Überzeugungen, Gefühle, Bedürfnisse darin aus? Und arbeite ich an etwas mit, dessen Existenz in der Welt mir wichtig ist? Lasse ich mich völlig von äußeren Erwartungen definieren und strukturieren, oder kann ich in irgendeinem Bereich meines Lebens etwas von mir selbst in das, was ich tue, hineinlegen?

Notwendige Bedingungen für Kreativität

Kreativ sein – ein wesentlicher Aspekt von Ganzheit und Wohlbefinden – hat vier Voraussetzungen. Erstens brauchen wir Zeit und Einsamkeit, damit sich unsere schöpferischen Impulse entfalten können. Wenn unsere Tage angefüllt sind mit alltäglichem Kleinkram und vielerlei Verpflichtungen, tauchen unsere wahren Gefühle nie auf, und unsere Sensibilität stumpft ab.
Zweitens müssen wir uns den Einfallsreichtum und die Neu-

gier unserer Kindheit wieder aneignen. Die Kreativität des Erwachsenen ist auch ein Rückgriff auf die spielerischen Verhaltensweisen der Kindheit. Versetzen Sie sich zurück in Ihre Kindheit. Was haben Sie am liebsten gespielt? Wie sind Sie in Ihrer Phantasie mit Angst und Schmerz fertiggeworden? Womit haben Sie Ihre Zeit ausgefüllt? Haben Sie eine Fähigkeit erworben, die Sie jetzt brachliegen lassen?

Drittens dürfen wir das, was wir tun, nur aus Spaß an der Freude tun. Wir müssen es nicht beurteilen, und es muß keinen Zweck haben, auch nicht den, von anderen akzeptiert zu werden. Wenn dann doch ein Bild in einer Galerie landet oder ein Gedicht veröffentlicht wird, ist das natürlich wunderbar. Wenn darin aber der Hauptzweck liegt, zwingen wir unsere Kreativität wieder unter äußerliche Maßstäbe. Sinn der Sache aber ist die Freude am Tun, der Ausdruck des Selbst.

Schließlich müssen wir unsere Kreativität ernst nehmen. Wir müssen so handeln, als ob unsere Gesundheit und unser Wohlbefinden davon abhingen, was ja auch tatsächlich der Fall ist. Wir dürfen uns nicht in Vorwände flüchten. Wenn unser Beruf uns keine Muße oder Kraft für schöpferisches Tun läßt, sollten wir *ihn* in Frage stellen. Wenn wir zweifeln, ob es legitim ist, Zeit in unseren »Dilettantismus« zu investieren oder ob nicht andere uns brauchen, müssen wir unsere Überzeugungen überprüfen. Schöpferisches Tun ist einzig und allein aus dem Grund notwendig, weil es uns in unserer eigenen Erfahrung zentriert, und bereichert und Wohlbefinden schenkt.

Der Sinn des Lebens

Wenn wir uns wirklich nach innen wenden und uns allein und in Gemeinschaften erfahren, stellt sich uns ganz von selbst die Frage nach dem Sinn des Lebens. Viele Frauen haben das

Empfinden, daß hinter unseren Erfahrungen ein tieferer Sinn oder eine höhere Intelligenz stehen müsse. Zugleich mit unserem Selbstwertgefühl entwickeln wir auch eine neue Einstellung zum Leben.

In der Therapie schlägt sich diese persönliche Veränderung häufig nieder in der Suche nach Antworten auf Fragen wie: »Warum muß das mir passieren? Was soll ich aus dieser Erfahrung lernen? Hat die Veränderung ein Ziel und ein Ende?«

Jede wirkliche Veränderung vollzieht sich im Rahmen tief verankerter Überzeugungen. Offenbar haben diejenigen von uns, die an eine spirituelle Dimension des Lebens glauben, die sich als Teil eines größeren Ganzen sehen, die meiste Kraft zur Veränderung. Wir fühlen uns am sichersten und am wohlsten, wenn wir aufgrund von Werten handeln, die unser Verhalten leiten, zumal wenn diese Werte unsere eigenen und nicht ein Reflex auf Wertvorstellungen anderer sind.

Wir alle suchen nach einem Sinn in unserem Leben. Allerdings vergessen wir das nur allzuoft über den Zwängen und Pflichten unseres Alltags. Doch ohne ein solches Bezugssystem aus Prinzipien und Wertvorstellungen, das uns hilft, unsere Erfahrungen zu bewältigen, erscheinen Konflikte sinnlos und entfremdend. Wir sind nicht fähig, das Gute in unseren negativen Erfahrungen zu sehen. Wir sind nicht motiviert, uns zu ändern, weil die Veränderung keinen Sinn zu haben scheint.

Wie Gemeinschaft und Kreativität bedeutet Sinngebung für jede von uns etwas anderes und kann auf sehr verschiedene Weise erreicht werden. Nur sehr wenige geben die religiösen Rituale und Bräuche ihrer Kindheit völlig auf; wir verändern sie allerdings so, daß sie unserem erwachsenen Wertgefühl und Glauben entsprechen. Manche wenden sich östlichen Formen der Spiritualität zu. Sie meditieren oder verschreiben sich der Esoterik. Auch in Selbsthilfeprogrammen wie dem der Anonymen Alkoholiker ist das Bewußtsein von einer spirituellen Dimension ein wesentlicher Bestandteil des Selbstheilungsprozesses.

Manche von uns neigen einem spezifisch feministischen, spirituellen Rahmen zu, der auf einem weiblichen oder »göttinnenzentrierten« Weltbild aufbaut. Sie lehnen alte, patriarchalische Religionsstrukturen ab und versuchen, in Frauengemeinschaften neue Rituale und Prinzipien zu entwickeln, um die tief verwurzelte, archetypische Kraft des Weiblichen in unserem Leben zu feiern. Statt der konventionellen, religiösen Feiertage begehen sie etwa die Sommer- oder Wintersonnenwende oder bestimmte Mondphasen. Darin wollen sie die tiefe Verbindung der Frau mit der Natur bekräftigen.

Sinn können wir aber auch in sozialem oder politischem Engagement finden. Auch ein Leben voll künstlerischer oder schöpferischer Arbeit kann sinn-voll sein. Wie auch immer sich die Sinnsuche gestaltet, die spirituellen Werte, die wir dabei finden, tragen zu einem Gefühl von Ganzheit und Ausgeglichenheit bei. Wir spüren, daß wir ein Teil des Universums sind; wir spüren, daß wir eingebettet sind in ein größeres Ganzes und daß unsere individuellen Entscheidungen die Macht haben, dieses umfassende System tiefgreifend zu beeinflussen. Weil wir bei unserer Sinnsuche anderen begegnen, spüren wir auch, daß wir nicht allein sind.

Das Selbst feiern

Unseren Glauben an das Leben festigen wir, wenn wir feiern. Die meisten unserer religiösen Rituale entspringen dem Bedürfnis, wiederkehrende Ereignisse und Veränderungen im Leben herauszuheben und festlich zu begehen. Im Grunde feiern wir aber nicht das immer gleiche, sondern die Kontinuität der *Veränderung*. Jedes Jahr begehen wir Geburtstage, Jubiläen, Jahreszeitenwechsel, erreichte Ziele. Zwar sind die

Anlässe immer die gleichen, doch jedesmal sind wir an einem anderen Punkt unserer Entwicklung angelangt, jedesmal haben wir uns seit der letzten Feier verändert.
Eine Umgebung, die Wachstum fördert, ob zu Hause oder am Arbeitsplatz, fördert auch das Feiern. Es ist kein Zufall, daß die meisten unserer großen Festtage ein Festessen einschließen – die Feier fördert das Wachstum, »nährt« die Seele und unser weiteres Gemeinschaftsleben.
Wenn wir uns keine Zeit zum Feiern und damit zur Bestätigung des Lebens und des eigenen Selbst nehmen, fühlen wir uns nicht wirklich wohl. Feiern hebt Veränderungen heraus und macht sie bewußt. Feiern bestätigt unsere Entscheidung, zu leben und zu wachsen; es bringt uns in einer Gemeinschaft mit Menschen zusammen, mit denen wir einen Sinn und gewöhnlich eine Geschichte teilen; es erfordert einen schöpferischen Akt, nämlich die Gestaltung eines Festes, eines Rituals, eines Ereignisses; es bestätigt etwas, das größer ist als wir und über uns hinausweist. Feste markieren Anfang und Ende, Kommendes und Gehendes. Ohne sie spüren wir in unserem Leben Leere und Entfremdung.
Wenn es schon eine Zeit her ist, daß Sie an einem gelungenen Fest teilgenommen haben, dann planen Sie eines. Veranstalten Sie sich selbst oder jemand anderem zu Ehren eine Party. Feiern Sie Frühlings- oder Sommeranfang. Planen Sie ein Familientreffen. Laden Sie Ihre Therapiegruppe zum Essen ein. Sie können sich dabei wohl fühlen, anderen näherkommen und diese Ihnen. Ganz wichtig ist es, daß Sie anderen vom Entwicklungsstand Ihres spirituellen Lebens berichten. Reden Sie über das, was Sie glauben und warum. Stellen Sie anderen dieselben Fragen wie sich, und wenn Sie feststellen, daß Sie Gleichgesinnte treffen, dann feiern Sie miteinander.

Zum guten Schluß: sich wohl fühlen

Wie wir gezeigt haben, müssen wir Frauen, wenn wir uns wohl fühlen wollen, nicht nur unser Verhalten ändern; unsere eigentliche Arbeit erstreckt sich auch auf tiefere Ebenen – Ebenen, auf denen wir neue Entscheidungen miteinander in Einklang bringen, spirituelle Werte definieren, tieferen Kontakt zu anderen erreichen, schöpferisch handeln und Veränderungen feiern. Im Laufe dieses Prozesses kommen wir immer besser mit uns selbst zurecht. Wenn wir neue Entscheidungen treffen und unsere Werte selbst definieren, verhalten wir uns aufrichtig und entschlossen. Wenn wir kreativ und anderen nahe sind, verhalten wir uns verständnisvoll und fördern Wachstum. Unsere alten Tendenzen zu Pflichterfüllung erscheinen irrelevant, so als ob sie am Ziel vorbeigingen. Mit den Lebenszielen Ganzheit und Ausgeglichenheit fühlen wir uns viel wohler als unter der Herrschaft der Überverantwortlichkeit. Endlich können wir auf der Grundlage dessen handeln, was in uns ist, statt gefesselt zu bleiben von dem, was uns von außen aufgezwungen wird.

Eines der größten Privilegien ist es, Zeuge der persönlichen Veränderung eines anderen Menschen zu werden. Die Mächte, die uns alle unausgeglichen und unglücklich machen, sind so stark, daß das, was wir als Therapeutinnen tagtäglich in unserer Praxis miterleben, in Wahrheit kleine Siege der Seele sind. Eine Frau braucht viel Kraft und Entschlossenheit, um die Bürde der weiblichen Pflichten abzuwerfen. Trotzdem sehen wir als Therapeutinnen, daß sich dieser Prozeß in kleinen, oft schmerzhaften Schritten tatsächlich vollzieht. Wir sehen Menschen kleine, aber tiefgreifende Entscheidungen treffen, die buchstäblich ihr Leben verändern.

Wir können es schaffen, uns gut, stark und ganz zu fühlen, wenn wir uns durch die zahlreichen Stadien des Veränderungsprozesses hindurchgearbeitet haben. Veränderung erfordert Arbeit – eine Arbeit, die viele Frauen mit enormer

Courage, Energie und Willenskraft in Angriff nehmen. Dieses Wohlbefinden ist aber nicht etwa der Endpunkt eines Prozesses, der danach nicht mehr weitergeht. Wir mögen an einem Tag aus der Trance erwacht sein, am nächsten Tag aber fallen wir auf einer anderen Ebene, aus einem anderen Grund wieder in sie zurück. Jedesmal wenn wir mit einer neuen Krise oder einem unangenehmen Gefühl konfrontiert werden, müssen wir den Prozeß der Veränderung von vorn durchlaufen. Wir verändern uns niemals vollkommen.

Das ist die wichtigste Lektion, die wir bei der Veränderung lernen. Wir verändern uns nicht, um vollkommen zu werden, weil das nicht erreichbar ist. Wir verändern uns nur, um uns wohl zu fühlen, um in Übereinstimmung mit uns und der Welt zu leben.

Die Botschaft der Veränderung ist, daß wir von Natur aus nach Ganzheit streben. Jedesmal wenn es uns gelingt, uns von einer Sucht zu erholen, uns von Mißbrauch zu befreien oder einfach die verfahrenen Regeln einer Beziehung neu zu formulieren, erfahren wir, wie mächtig unser Bedürfnis nach Selbstbestimmung und Ausgeglichenheit ist. Wenn wir aufhören, überverantwortlich für andere zu sein, stärken wir damit uns selbst.

Es ist unser Unbehagen, das uns bei der Arbeit an der Veränderung antreibt. Deshalb liegt darin auch unsere größte Chance. Nur wenn eine Frau versucht hat, die weiblichen Pflichten zu erfüllen, kann sie ermessen, welchen Preis sie dafür bezahlt, sich auf ihre eigenen Kosten auf andere zu zentrieren. Dieser Preis ist zu hoch. Sich von der Bürde der weiblichen Pflichten zu befreien, ist die härteste und zugleich die wichtigste Arbeit, die eine Frau anpacken kann.

Anhang
Konkrete Fragen und Antworten auf dem Weg der Veränderung

Wenn Sie angefangen haben, sich vom Codex der weiblichen Pflichten zu lösen, sind Sie wahrscheinlich oft unsicher, welches Verhalten überverantwortlich ist und welches nicht. Sich einfach jemandem zuwenden oder Anteil an ihm nehmen, ist sehr leicht mit Überverantwortlichkeit zu verwechseln. Sie stellen anfangs vielleicht fest, daß Sie zu Extremen neigen und Angst haben, auch nur irgend etwas für irgend jemanden zu tun.

Wahrscheinlich wehren Sie sich auch dagegen, auf bestimmte Verhaltensmuster zu verzichten, die Ihnen Sicherheit gaben und Ihnen »richtig« schienen. Unsicherheit und Ängste sind jedoch Bestandteile des Veränderungsprozesses. Sie werden sich kaum dem Gefühl entziehen können, daß es Ausnahmen von den Regeln der Ausgeglichenheit geben müsse. Vielleicht haben Sie auch Schwierigkeiten, die neuen Regeln in Situationen anzuwenden, die wir nicht ausdrücklich besprochen haben.

Die folgenden Fragen stellten uns Frauen, die diesen Veränderungsprozeß durchmachten, häufiger. Manche Fragen spiegeln wider, wie bedrohlich es wirken kann, die alten Regeln zu verletzen. Andere zeigen, wie schwierig es ist, jederzeit und unter allen Umständen angemessene Maßstäbe für Verantwortlichkeit zu finden. Und schließlich spricht aus den Fragen manchmal eine Verwechslung von Verantwortlichkeit und Verständnis.

Die Fragen sind ohne eine bestimmte Reihenfolge aufgeführt.

Wenn Sie sie durchlesen, versuchen Sie herauszufinden, welche Forderungen des Codex der weiblichen Pflichten dabei jeweils im Hintergrund stehen. Sie können auch versuchen, sie jeweils selbst zu beantworten, bevor Sie unsere Antworten lesen.

Ich liebe meine Arbeit; wieviel ist dann zuviel?

Wenn Sie ihre Arbeit lieben, erscheint sie Ihnen als Vergnügen, und dadurch kann Ihr Leben leicht aus dem Gleichgewicht geraten. Egal wie sehr Sie Ihre Arbeit auch lieben mögen, zuviel davon führt schließlich zum sogenannten *burnout*, einem Syndrom geistiger und körperlicher Erschöpfung. Sie können nur dann gute, schöpferische Arbeit leisten, wenn Sie auch anderen Interessen nachgehen. Wenn Sie Ihre Arbeit lieben, kann das, muß aber nicht heißen, daß andere Bereiche Ihres Lebens zu kurz kommen. Eine Faustregel: Beklagen sich andere Menschen, die Ihnen wichtig sind, daß Sie nicht genug Zeit für anderes, insbesondere für sie, haben? Prüfen Sie, inwiefern Ihnen zuviel Arbeit zuwenig Zeit für andere Bedürfnisse läßt, zum Beispiel für Erholung, intime Beziehungen oder auch grundlegende körperliche Bedürfnisse wie gesunde Ernährung und ausreichende Bewegung.

Mein Kind ist behindert und kann bestimmte Dinge nicht allein machen. Wieviel Hilfe ist in diesem Fall angemessen?

Wenn Sie ein behindertes Kind haben, mobilisiert das mit Sicherheit Ihre gesamten »Verantwortlichkeitsinstinkte«. Hier gilt die allgemeine Regel: Tun Sie nie etwas für einen anderen, zu dem er selbst in der Lage ist, außer Sie tun es gelegentlich, auf direkte Bitte und freiwillig. Ein positives Ziel wäre es, Ihr Kind so zu betreuen, daß es so selbständig wie möglich wird. Die meisten Frauen neigen dazu, einem behinderten Kind zuviel abzunehmen, weil sie Schuldgefühle haben und sich für das Problem verantwortlich fühlen. Versuchen Sie, höhere Erwartungen an das Kind statt an sich selbst zu stellen.

Mein Partner hat einen anstrengenden Beruf, bei dem er viel reisen muß. Ich bin auch berufstätig, aber meist kümmere ich mich um die praktische Seite unseres Zusammenlebens. Ich glaube, ich habe gar keine andere Wahl.

Doch, die haben Sie. Sie können die Situation mit Ihrem Partner besprechen und zusammen beschließen, jemanden zu engagieren, der Ihnen Hausarbeiten und ähnliches abnimmt. Sie können von Ihrem Partner verlangen, daß er die Verantwortung für seinen Teil der Haushaltsführung übernimmt.

Kümmern Sie sich dann nicht mehr um die Aufgaben, die er übernommen hat. Wichtig in solch einer Situation ist, daß Sie nicht annehmen, die Umstände übertrügen Ihnen, einfach weil Sie da sind, mehr Verantwortlichkeit. Denken Sie daran, daß auch Ihr Partner die Wahl hat und sich eine Arbeit gesucht hat, die ihn von den meisten Alltäglichkeiten befreit. Wenn Sie weiter zuviel tun, wird die Beziehung darunter leiden. Ihr Partner muß einen gerechten Anteil zu der Beziehung beitragen, egal was seine Arbeit ihm abverlangt.

Ich habe das Gefühl, wenn ich etwas nicht tue, wird es überhaupt nicht getan.

Wenn Sie es nicht tun, wird es vielleicht nicht getan, vielleicht nicht dann, wenn Sie es wollen, vielleicht nicht so, wie Sie es täten. Manchmal ist das »es« sehr wichtig. Aber manchmal könnten Sie sich auch fragen, ob es wirklich so unbedingt notwendig ist. Sie werden überrascht sein, wie wenig im Leben so wichtig ist, daß es unbedingt erledigt werden muß. Wenn die Aufgabe eindeutig nicht in Ihren Verantwortlichkeitsbereich fällt, sollten Sie sich sowieso keine Sorgen darum machen. Wenn es etwas ist, das Sie betrifft, und es wird nicht getan, dann sollten Sie mit Ihrem Partner über die Regeln der Aufgabenverteilung in Ihrer Beziehung reden.

Meine Kinder kommen mit ihren Problemen immer zu mir. Ihr Vater ist streng und bestraft sie, wenn sie nur den Mund aufmachen. Wie könnte sich ihre Beziehung zu ihm verbessern?

Wenn Sie Ihre Kinder ermutigen, mit ihren Problemen zu Ihnen zu kommen, bestärken Sie *sie* in dem Glauben, sie könnten keine Beziehung zu ihrem Vater haben, und Sie bestärken *ihn* in dem Glauben, er müsse nicht lernen, mit den Gefühlen seiner Kinder umzugehen. Sagen Sie zu Ihren Kindern: »Von jetzt an müßt ihr euch an euren Vater wenden. Ich bin sicher, daß ihr einen Weg finden werdet, miteinander auszukommen. Ich spiele nicht mehr den Vermittler.« Sagen Sie zu Ihrem Mann: »Du mußt lernen, mit den Kindern umzugehen, ohne ihnen Angst zu machen. Ich weiß, daß das manchmal schwierig ist für dich. Aber ich bin sicher, daß du einen Weg findest. Ich werde mich nicht mehr gegen dich auf ihre Seite stellen. Ich weiß, daß es dir wichtig ist, eine Beziehung zu ihnen zu haben.« Versuchen Sie dann so gut wie möglich, sie allein mit sich zurechtkommen zu lassen. Zentrieren Sie sich darauf, Ihr eigenes Wachstum zu fördern.

Gestern habe ich völlig die Beherrschung verloren. Meine sechzehnjährige Tochter wollte zu einem Rockkonzert gehen. Als ich es ihr verbot, plagte und nervte sie mich so lange, bis ich sie schließlich anschrie. Hinterher fühlte ich mich fürchterlich.

Es ist ganz natürlich, daß einem ab und zu der Kragen platzt, es sei denn, Sie reagieren gewohnheitsmäßig so. Anderen klarzumachen, daß Ihre Geduld Grenzen hat, statt immer auf deren Gefühle Rücksicht zu nehmen, ist für alle Beteiligten nützlich. Wenn Sie immer eine Dame bleiben wollen, sind Sie emotional überverantwortlich. Aber denken Sie nochmals über die Auseinandersetzung mit Ihrer Tochter nach: Haben Sie die ersten paar Male, die sie in Sie drang, Ihre Position entschlossen vertreten? Hatten Sie Schuldgefühle, weil Sie nein gesagt haben? Kinder spüren das und nutzen es aus. Sie setzen uns so lange zu, bis wir die Beherrschung verlieren. Wenn Sie in Zukunft Ihre Position nachdrücklich klarstellen, können Sie solche unangenehmen Szenen vielleicht vermeiden.

Ist es überverantwortlich, freiwillig in einer sozialen Organisation mitzuarbeiten?
Wenn Sie mitarbeiten, weil Sie Zeit haben und weil die Organisation Ihren Wertvorstellungen entspricht, dann ist das toll. Solch eine Tätigkeit wird nur zum Problem, wenn Sie im Lauf der Zeit soviel Arbeit übernehmen, daß Sie für die Organisation unverzichtbar werden. Wenn Sie zuviel tun, werden nämlich andere weniger tun, als sie sollten. Je mehr Sie tun, desto mehr Arbeit wird man Ihnen antragen.
Man hat mich gebeten, im Vorstand meines Berufsverbandes, der sich gerade im Umbruch befindet, mitzuarbeiten. Ich verfüge über spezielle Kenntnisse, die sehr nützlich wären. Ich habe trotzdem nein gesagt, weil es sich nicht mit meinen Plänen vereinbaren läßt. Bin ich nun egoistisch oder unterverantwortlich?
Wenn wir über spezielle Fähigkeiten und Kenntnisse verfügen, fühlen wir uns häufig verpflichtet, sie zur Verfügung zu stellen, wenn wir darum gebeten werden. Sie aber sagen, eine Mitarbeit im Vorstand passe nicht in Ihre Pläne. Halten Sie an Ihrer Position fest. Dies ist keine Frage von Egoismus: Sie sind in erster Linie für sich selbst verantwortlich. Denken Sie an das abgewandelte Bibelzitat: Viele sind berufen, und alle sind ausgepowert.
Wenn jeder für sich selbst verantwortlich ist, warum helfen wir dann Obdachlosen und sozial Schwachen?
Die Frage der sozialen Verantwortung ist sehr komplex. Doch genau wie zwei Menschen die Regeln einer Zweierbeziehung schaffen, so bestimmen wir – unserer Ansicht nach – durch unser Verhalten als Gesellschaft mit, wie Politik gemacht wird und wie Armut und Obdachlosigkeit entstehen. Wenn ein Teil der Gesellschaft »boomt«, während ein anderer offenbar nicht in der Lage ist, für sich selbst zu sorgen, dann tragen wir alle etwas dazu bei, daß diese Unausgeglichenheit weiterbesteht. Wir helfen Obdachlosen und sozial Schwachen, weil Hilfe dann angemessen ist, wenn die ent-

sprechenden Menschen wirklich nicht für sich selbst sorgen können. Möglicherweise verfügen sie nicht über die nötigen Mittel, weil sie seit Jahren von Institutionen abhängig sind. Vielleicht haben wir an einer Politik mitgewirkt, die Menschen abhängig von Hilfe macht, statt Verantwortlichkeit zu fördern. Ohne Frage müssen wir uns mit diesen Problemen auseinandersetzen und sie lösen. In der Zwischenzeit sollten wir auf eine Art und Weise helfen, die das Selbständigkeitsbedürfnis anderer respektiert und unterstützt. Auf dieser Ebene ist Helfen eine Frage persönlicher Werte und hat nichts mit Überverantwortlichkeit zu tun.

Sie sagen, ich soll auf mich zentriert bleiben. Ist das nicht egoistisch?

Wenn wir sagen: »Bleiben Sie auf sich zentriert«, dann bedeutet das: Bleiben Sie sich in jeder beliebigen Situation Ihrer eigenen Bedürfnisse und Gefühle bewußt, statt an und mit den Gefühlen und Verantwortlichkeiten anderer etwas »machen« zu wollen. Es ist niemals egoistisch, eigenverantwortlich zu sein. Wir als Frauen glauben das nur, weil wir gelernt haben, unsere eigenen Bedürfnisse zu ignorieren. Erst wenn Sie genau wissen, was Sie brauchen und tun wollen und was nicht, können Sie anderen wirklich freiwillig Verständnis entgegenbringen und ihr Wachstum fördern. Das ist etwas anderes, als zu glauben, daß die Zentrierung auf andere auf Ihre eigenen Kosten ein Akt der Selbstlosigkeit sei.

Meine Mutter leidet an einer Krankheit und lebt allein. Ich kann nicht beurteilen, inwieweit sie mich tatsächlich braucht und inwieweit sie allein zurechtkommt. Ich habe immerzu Schuldgefühle. Sie beklagt sich dauernd, ich täte nicht genug für sie. Sind meine Schuldgefühle berechtigt?

Was Ihre Mutter braucht und was sie von Ihnen will, sind vielleicht zwei verschiedene Dinge. Auch wenn sie sehr vieles allein erledigen kann, möchte sie vielleicht, daß Sie es für sie tun. Die andere Möglichkeit ist, daß Ihr Verantwortlichkeitsgefühl Ihnen suggeriert, sie habe bestimmte Erwartungen an Sie. Vielleicht wünscht sie sich nur die emotionale Unterstützung, die Sie ihr geben können, wenn Sie manches mit ihr besprechen. Jedenfalls gibt es ohne ein offenes Gespräch mit Ihrer Mutter keine Lösung für dieses Problem. »Mutter, manchmal habe ich Schuldgefühle, weil ich nicht mehr für dich da bin. Könnten wir mal darüber reden? Wobei brauchst du wirklich meine Hilfe? Ärgerst du dich, weil ich nicht mehr tue, oder bilde ich mir das nur ein? Als deine Mutter älter wurde, wie bist du damals mit ihr umgegangen? Und wie hat es deine Mutter ihrerseits damit gehalten? Was brauchst du jetzt von mir?«

Die andere Seite des Problems sind Ihre Schuldgefühle. Nach unserer Erfahrung verschwinden grundlose Schuldgefühle normalerweise, wenn Sie offen über die Beziehungsprobleme reden. Aller Wahrscheinlichkeit nach wird sich bei Ihrem Gespräch herausstellen, daß manche Erwartungen Ihrer Mutter eigentlich *Ihre* Erwartungen waren. Wenn sie andererseits zugibt, daß sie böse auf Sie ist, können Sie abschätzen, ob die Erwartungen Ihrer Mutter, gemessen an Ihrer Zeit und Hilfsbereitschaft, vernünftig sind. Wichtig ist, daß Sie Ihrer Mutter eindeutig klarmachen, was Sie tun können und wollen und was nicht. Denken Sie daran, daß Sie ihr nichts Gutes tun, wenn Sie ihr Dinge abnehmen, die sie selbst erledigen kann.

Was soll ich machen, wenn mein Chef mich bittet, Überstunden zu machen oder etwas zu tun, was nicht zu meinen Aufgaben gehört?

Jeder Job erfordert manchmal einen außergewöhnlichen Einsatz. Das ist einfach so. Wenn Sie jedoch dauernd Überstunden oder sachfremde Arbeit machen sollen, müssen Sie Ihrem Chef gegenüber Position beziehen. Sie können Ihrem Chef klarmachen, daß Sie ohne neue Arbeitsplatzbeschreibung und finanziellen Ausgleich nicht zu Mehrarbeit bereit sind. Sie können auch Freizeitausgleich verlangen. Entscheidend ist, daß Sie Ihr eigener Anwalt werden. Ihrem Chef mögen

Ihre Gefühle gleichgültig sein, Ihre Entschlossenheit und Selbstbehauptung muß er respektieren. Wenn sich trotzdem nichts ändert, haben Sie die Freiheit, sich für einen anderen Arbeitsplatz zu entscheiden.

Ich bin eine vielbeschäftigte Anwältin. Nun soll ich an einem Projekt mitarbeiten, für das ich eigentlich überhaupt keine Zeit habe. Ich fürchte aber, meiner Karriere zu schaden, wenn ich nein sage. Was soll ich tun?

Klären Sie die Wahrscheinlichkeit nachteiliger Auswirkungen auf Ihre Karriere mit einem vertrauenswürdigen Berater. Oft fürchten wir Nachteile, wenn wir nein sagen, und stellen dann fest, daß uns ein Nein nur begehrter und angesehener macht. Holen Sie auch die Rückmeldung und Unterstützung von Freunden und Familie ein, bevor Sie Ihre Entscheidung fällen. Versuchen Sie, in einem Brainstorming Alternativen zu einer Absage zu finden. Sie können zum Beispiel aushandeln, erst später in das Projekt einzusteigen. Oder vielleicht können Sie andere Tätigkeiten eine Zeitlang auf Eis legen. Sie können sich von anderen Pflichten entlasten, indem Sie jemanden dafür anstellen.

Wenn Sie aber absagen und wenn das tatsächlich Ihrer Karriere schadet, ist es wahrscheinlich für Sie wichtiger, Ihre Grenzen anzuerkennen, statt sich auf Kosten Ihres körperlichen und emotionalen Wohlergehens zu überarbeiten. Sie müssen neu ermessen, was ihnen Leistung und Erfolg bedeuten. Glauben Sie, Sie müßten Leistung bringen, damit andere Sie akzeptieren?

Ich habe jahrelang erfolglos Diäten gemacht. Ich fühle mich bloß noch mies. Wie sehr ich mich auch anstrenge, ich behalte meine 25 Pfund Übergewicht. »Kneife« ich, wenn ich es einfach akzeptiere?

Was ist für Sie Übergewicht? Unglücklicherweise übernehmen viele Frauen das herrschende Schönheitsideal, ohne zu fragen, welches Gewicht für sie angenehm und gesund ist. Die Meinungen über Ernährung und Gewicht gehen extrem weit auseinander, und jede Situation ist individuell verschieden. Wir sind davon überzeugt, daß »Überkontrolle« in Form von Diät und Verzicht unweigerlich zurück zu »unbeherrschtem« Essen oder anderem »unkontrollierten« Verhalten führt. Wir raten Ihnen, sich von Ihren Selbstvorwürfen zu befreien, einige der ausgezeichneten, feministischen Bücher über das weibliche Verhältnis zum Essen zu lesen und mit Hilfe anderer Frauen *Ihre eigene* Beziehung zum Essen zu durchdenken. Sich selbst – das schließt den eigenen Körper ein – zu akzeptieren, wie man ist, ist schließlich der erste Schritt bei jeder Veränderung.

Ich könnte meinen Eltern nie sagen, daß mich mein Onkel mißbraucht hat; das würden sie nicht überleben. Außerdem ginge dann unsere Familie kaputt. Ist es falsch, das für mich zu behalten?

Sie werden vielleicht noch zu sehr von der Regel ›Leiste Beziehungsarbeit‹ beherrscht. Sie vergessen, daß es nicht Ihre Aufgabe ist, sich um die Beziehungen der anderen Familienmitglieder zu kümmern. Ihre Aufgabe ist es, sich zu schützen und Ihre Heilung zu fördern. Alles, was Ihnen hilft, um darüber hinwegzukommen, ist richtig. Das kann heißen, den Inzest, mit therapeutischer Begleitung verantwortlich und geplant offenzulegen. Sie brauchen auf jeden Fall eine Entscheidungshilfe. Wenn Sie sich entschließen, das Schweigen zu brechen, sollten Sie es zuerst Freunden oder Freundinnen oder Familienmitgliedern sagen, die Sie mit Sicherheit unterstützen. Sie müssen die Entscheidung zwischen den kurzfristigen Konsequenzen der Enthüllung und dem langfristigen Schaden, wenn Sie das Geheimnis mit sich herumtragen, mit Sorgfalt, Überlegung und Unterstützung fällen. Wir glauben allerdings, daß Geheimhaltung gewöhnlich die weibliche Scham verstärkt und den Familien schadet.

Ich werde die Angst nicht los, daß ein Mann mich nicht akzeptiert, wenn ich nicht immer, wenn er es will, mit ihm schlafe. Was kann ich gegen diese Angst tun?

Diese und ähnliche Ängste wurzeln wahrscheinlich in Ihren Kindheitserfahrungen, in denen vermutlich Willfährigkeit der Preis für Liebe war. Diese Angst ist sehr quälend. Sie haben vielleicht gelernt, daß Frauen unterwürfig sein müssen oder daß sie über ihre Sexualität nicht selbst bestimmen dürfen. Sie sollten diese Erfahrungen in einer Therapie, einer Selbsthilfegruppe oder mit Freundinnen verarbeiten, und Sie sollten mit den Frauen Ihrer Familie – Schwestern, Mutter, Tanten, Cousinen – über ihre Einstellungen zu Sex und Männern reden.

Wenn Sie den Ursprung dieser Einstellung herausgefunden haben und sie ändern wollen, sollten Sie zunächst Ihr Verhalten dahingehend modifizieren, daß Sie nicht mit einem Mann schlafen, bevor Sie nicht eine freundschaftliche Beziehung zu ihm aufgebaut haben. Sie verhalten sich selbstverantwortlich, wenn Sie nein sagen. Wenn Sie Ihr Verhalten ändern, werden sich auch Ihre Gefühle ändern. Sprechen Sie mit dem betreffenden Mann über dieses Gefühl. Prüfen Sie, ob er wirklich Sex erwartet. Nach unserer Erfahrung glauben Männer oft, sie müßten Zuneigung und Emotionen sexuell ausdrücken. Ihr Partner ist vielleicht sehr erleichtert über die Gelegenheit, über Ihre wechselseitigen Erwartungen reden zu können. Wenn ein Mann ein potentiell gleichwertiger Partner ist, ist er meist auch in der Lage, über einige seiner festgefahrenen Einstellungen zum Sex zu reden.

Vor vierzig Jahren habe ich viele meiner eigenen Pläne fallengelassen, weil mein Mann nicht wollte, daß ich allein reise. Jetzt habe ich erkannt, welchen Preis ich dabei bezahlt habe. Aber ist es nicht unfair, sich jetzt noch zu ändern?

Es mag unfair scheinen, spät im Leben die Regeln zu ändern. Doch Sie vergessen, daß diese Regeländerung schließlich auch Ihrem Mann nützen wird. Diskutieren Sie mit ihm, geben Sie zu, daß die Veränderung für Sie beide angstauslösend und schwierig werden wird, und beginnen Sie mit kleinen Schritten. Fragen Sie ihn auch, welche der Regeln, nach denen er vierzig Jahre lang gelebt hat, er ändern möchte.

In der Firma, in der ich arbeite, würde es als Zeichen von Schwäche gelten, bei einem beruflichen Problem um Hilfe zu bitten. Alle arbeiten zuviel, und das ist die Norm. Wie kann ich mich innerhalb einer Hierarchie, die Anpassung fordert, ändern?

Prinzipiell gilt zwar, daß eine gelungene Veränderung bei einem Menschen sich schließlich auf das gesamte System auswirkt, doch es wäre tollkühn, sich eine ganze Firma vorzunehmen. Überprüfen Sie Ihre Vorannahmen in Diskussionen mit Ihrem/r Vorgesetzten und legen Sie ihm/ihr Ihren Standpunkt dar. Auch wenn in Ihrer Firma zuviel Arbeit die Norm ist, werden Sie einen gewissen Spielraum haben, in dem Sie Ihrer Arbeitslast Grenzen setzen können, allerdings eben nur einen gewissen.

Doch nicht alle Firmen sind gleich. Sie müssen vielleicht den Stellenwert von Arbeit in Ihrem Leben neu bestimmen und eventuell auf die nächste Beförderung verzichten oder sogar die Stelle wechseln.

Ich brauche soviel Kraft, um meinen Mann zu zwingen, mir bei den Kindern zu helfen, daß ich lieber alles selbst mache. Was ist daran falsch?

Falsch ist daran, daß Sie eines Tages völlig erschöpft sein werden, sich scheiden lassen wollen und feststellen, daß Ihre Kinder und Ihr Mann kaum eine Beziehung zueinander haben. Bringen Sie also die Kraft besser jetzt auf. Fragen Sie sich, ob Sie sie dafür verwenden, ihn dazu zu bringen, daß er es tut, oder dazu, daß er es möchte. Ihre Aufgabe besteht darin, ihn sich mit den Kindern beschäftigen zu lassen. Er wird anfangs keine Lust haben, aber wenn er sich überwindet, profitiert er von dem engeren Kontakt, und er wird mit sich zufriedener sein.

Ich habe in meiner Familie immer mehr Aufmerksamkeit bekommen als meine Schwester. Bei Familientreffen versu-

che ich deshalb, meine Erfolge herunterzuspielen, wenn sie dabei ist. Bedeutet das, daß ich auf ihre Gefühle zuviel Rücksicht nehme?

Vielleicht tun Sie das, und vielleicht glauben Sie auch, daß Sie so Ihre Beziehung zu ihr nicht gefährden. Sie wollen nicht so erfolgreich erscheinen, wie Sie sind, weil Sie Angst haben, ihre Zuneigung zu verlieren. Das ist ein verbreitetes Problem für Frauen. Reden Sie mit ihr und sagen Sie ihr, daß Sie wissen, daß Sie bevorzugt worden sind und daß Ihnen das Probleme macht. Und fangen Sie an, Sie selbst zu sein. Vielleicht stellen Sie überrascht fest, daß ihre Schwester nicht um alles in der Welt mit ihnen tauschen will.

Mein Bruder will sich dauernd Geld von mir leihen. Ich fürchte, daß es seine Kinder ausbaden müssen, wenn ich ihm nichts gebe. Wie kann ich mich durchsetzen?

Wenn Kinder betroffen sind, ist es immer schwierig, Grenzen zu setzen. Trotzdem ist es nicht Ihre Aufgabe, die Kinder Ihres Bruders zu unterstützen, und Sie sollten es auch nicht tun, es sei denn, Sie haben vor, sie ihr ganzes Leben lang zu unterhalten. Ihre Unterstützung verhindert, daß Ihr Bruder andere Lösungen findet, um den Kindern auf Dauer zu verschaffen, was sie brauchen. Wenn er wirklich nicht in der Lage ist, seine Kinder zu unterhalten, muß vielleicht ihr Leben anders organisiert werden. Da Sie sagen, Ihr Bruder gehe Sie »dauernd« um Geld an, arbeitet er offensichtlich nicht nachdrücklich genug an der Lösung seines Problems. Die fortgesetzte finanzielle Hilfe von Ihnen hält ihn vielleicht davon ab, angemessen Verantwortung für sein Leben zu tragen.

Ich bin alleinerziehende Mutter. Muß ich denn nicht für alles die Verantwortung tragen, weil sonst niemand da ist?

Es gibt keine Patentrezepte für die Probleme alleinerziehender Eltern. Aber es gibt andere Menschen, die helfen können: Freunde, die auf Gegenseitigkeit einspringen, Haushaltshilfen, Babysitter, soziale Dienste, andere Familienmitglieder. Und Ihre Kinder können viele Aufgaben selbst übernehmen. Sie werden unabhängiger und erfahren Selbstbestätigung, wenn sie helfen können. Wenn ihre Grundbedürfnisse nach Geborgenheit und Sicherheit befriedigt werden, ist es durchaus angemessen, von Kindern Hilfe zu erwarten. Noch wichtiger ist, daß Sie Möglichkeiten finden, Ihre eigenen Bedürfnisse zu befriedigen. Und nimmt Ihr Ex-Mann seine Aufgaben als Vater ausreichend wahr?

Seit zehn Jahren versuche ich, einen Roman zu schreiben, aber irgendwie finde ich einfach keine Zeit für meine schöpferische Arbeit. Was ist los mit mir?

Ihre Kreativität fließt in die Unterstützung der Arbeit anderer. Wir raten Ihnen, sich andere Frauen zu suchen, die auch schöpferisch arbeiten möchten, und das Problem mit ihnen zu diskutieren. Es gibt viele solcher Frauen. Finden Sie heraus, was genau Sie immer ablenkt und Ihre Lebendigkeit langsam erstickt. Wenn Sie zum Beispiel am liebsten morgens schreiben, akzeptieren Sie Anrufe nur nachmittags. Keine Ausnahmen!

Mein Mann hat seine Familie zu uns eingeladen, muß aber einen Teil des Wochenendes arbeiten. Es stinkt mir, daß jetzt ich die ganze Arbeit habe. Haben Sie Vorschläge?

Reden Sie mit Ihrem Mann und fragen Sie ihn, wie er sich das Essen, die Unterhaltung usw. seiner Familie gedacht hat. Einigen Sie sich, für was jeder von Ihnen verantwortlich ist. Er ist vielleicht bisher noch gar nicht auf den Gedanken gekommen, daß es seine Familie ist und er sich daher um sie zu kümmern hat. Sie vielleicht auch nicht.

Jedesmal wenn ich nein sage, ernte ich Vorwürfe und werde unter Druck gesetzt. Manchmal ist es einfacher nachzugeben. Wie kann ich mit diesen negativen Reaktionen umgehen? Es ist mir unangenehm zu hören, ich sei nicht normal, nur weil ich was anderes will.

Es ist nur auf kurze Sicht einfacher nachzugeben. Als erstes müssen Sie sich die Kritik verbitten, wenn Sie nein sagen. Dann brauchen Sie Unterstützung von Freunden und Freundinnen, damit Sie an Ihr Recht, nein zu sagen, glauben. Und wenn Sie nein sagen, sind Sie dann entschlossen, offen, eindeutig und freundlich? Oder soll sich der andere schämen, daß er überhaupt gefragt hat? Wenn Sie sich Ihres Rechtes, nein zu sagen, sicher sind, können Sie freundlich nein sagen.

Ich will eine gute Mutter sein. Ich will alle Bedürfnisse meiner Kinder befriedigen, damit sie nicht neurotisch werden und beim Psychotherapeuten landen wie ich. Wie schaffe ich das?

Wenn Sie alle Bedürfnisse Ihrer Kinder befriedigen wollen, dann ist das praktisch eine Garantie für spätere Probleme. Ihre Kinder werden nämlich nicht sehr gut auf die Realität vorbereitet sein. Der Mythos der Mutterschaft hat den Frauen sehr geschadet. Wirklich gute Mütter befriedigen das Bedürfnis ihrer Kinder, mit Frustration umgehen zu lernen.

Manchmal habe ich das Gefühl, egoistisch zu sein und, wenn ich ehrlich wäre, würde ich fast nie das tun, was mein Partner will. Was bedeutet das?

Vielleicht sind Sie wütend, weil Sie zu lange zu selbstlos und zu pflichtbewußt waren. Ihre Interessen, Bedürfnisse und Prioritäten können sich geändert haben. In den Anfangsphasen einer Veränderung verfallen wir häufig in das andere Extrem, überhaupt keine Kompromisse mehr schließen zu wollen. Das ist eine gewisse Zeitlang normal. Wenn Sie aber danach – vielleicht in einer Therapie oder einer Selbsthilfegruppe – feststellen, daß Sie auf die Bedürfnisse des anderen tatsächlich überhaupt nicht eingehen wollen, auch wenn Ihr Partner angefangen hat, Ihnen Verständnis und Unterstützung entgegenzubringen, dann müssen Sie vielleicht die Beziehung beenden. Es ist traurig, daß manche Beziehungen zu stark geschädigt sind, als daß die Partner die Regeln neu aushandeln könnten, aber manchmal ist das die Realität.

Ich bin eine trockene Alkoholikerin. Ich schäme mich wegen der Auswirkungen meines Alkoholismus auf meine Freunde und meine Familie. Wie kann ich das wiedergutmachen, ohne überverantwortlich zu werden?

Ihr Alkoholismus war ein Zeichen dafür, daß Ihr Leben unausgeglichen war. Sie werden Ihre Schuldgefühle nicht durch Überverantwortlichkeit los, weil Sie dann unausgeglichen bleiben. Denken Sie daran, daß *Wiedergutmachung* (Stufe neun des AA- und das Al-Anon-Programms) *Veränderung* bedeutet. Wenn Sie sich von der Überverantwortlichkeit, die Sie früher oder später außer Kontrolle geraten läßt, weg verändern und die Prinzipien der Ausgeglichenheit übernehmen und *an Ihr Leben anpassen*, werden die Veränderungen allen nützen.

Ist Ko-Abhängigkeit dasselbe wie Überverantwortlichkeit?

Ja und nein. Sowohl überverantwortliche Frauen als auch überverantwortliche Männer können sich wahrscheinlich mit Beschreibungen ko-abhängigen Verhaltens identifizieren. Ko-Abhängigkeit ist eine *Bezeichnung* für ein Verhalten, das die übermäßige Zentrierung auf andere und das Getriebensein durch fremde Erwartungen einschließt. Doch diese Bezeichnung suggeriert Krankheit, und wir glauben nicht, daß alle oder die meisten Frauen krank sind. Viele von uns sind zu pflichtbewußt, weil wir die Regeln der Pflichterfüllung verinnerlicht haben, weil unser Empfinden, wer für was verantwortlich ist, unausgeglichen ist. Ko-Abhängigkeit bedeutet extreme Unausgeglichenheit. Wahrscheinlich sind alle Frauen, die sich für ko-abhängig halten, in einer bestimmten Hinsicht überverantwortlich, aber nicht alle überverantwortlichen Frauen sind ko-abhängig.

Meine größte Angst ist, daß, wenn ich sage, was ich will oder mich den Plänen meines Partners nicht anpasse, wir dann überhaupt keine Beziehung mehr haben werden. Wie kann ich diese Angst überwinden?

Sie können diese Angst nur überwinden, wenn Sie Ihre Bedürfnisse offen und ehrlich äußern. Außerdem brauchen Sie Kompromißbereitschaft. Das gehört zu einer Partnerschaft. Die erste Reaktion Ihres Partners auf Ihre Ehrlichkeit muß nicht notwendigerweise die letzte sein. Denken Sie daran, daß eine Veränderung ein Prozeß mit mehreren Stufen ist. Beziehungen entstehen und erhalten sich in einem wechselseitigen Prozeß, und wenn sich die Bedürfnisse der Beteiligten ändern, müssen die Bedingungen angepaßt werden.

Die meisten Ihrer Bezugspersonen (Familienmitglieder und Freunde) werden die Beziehung nicht abbrechen, bloß weil Sie sie gleichwertiger und aufrichtiger gestalten wollen. Vielleicht drohen sie in einer ersten Reaktion damit. Aber wenn Sie fähig sind, das durchzusetzen und für die normalen Ängste sowohl Ihres Partners als auch für Ihre eigenen Verständnis aufzubringen, können Sie die allermeisten Beziehungen weiterentwickeln.

Bestimmt hatten Sie noch viele andere Fragen, als Sie dieses Buch gelesen und versucht haben, die entwickelten Vorstellungen umzusetzen. Wir raten Ihnen, sich immer an andere Frauen zu wenden und mit ihnen über diese Vorstellungen zu reden. Wenn eine Situation entsteht, in der eine »Pflichtkrise« auftaucht, können Sie die folgenden Fragen durchgehen, um sich Klarheit über Ihren Standpunkt zu verschaffen:

- Welche Regel der Pflichterfüllung aktiviert diese Situation?
- Welche Verantwortlichkeit für mich selbst muß ich wahrnehmen?
- Welche Verantwortlichkeit für jemand anderen muß ich wahrnehmen?
- Werde ich mich wohl fühlen, wenn ich in dieser Situation die alten Pflichtregeln befolge, oder werde ich mich insgeheim ärgern?
- Was würde ich jemand anderem in dieser Situation raten?

- Wenn ich für jemand anderen Verantwortung übernehme, könnte das bedeuten, daß ich damit in meinem eigenen Leben etwas vermeiden will?
- Welche emotionalen Bedürfnisse habe ich in dieser Situation?
- Was kann ich tun, damit ich mich wohl fühle?

Anmerkungen

1
Der Codex der weiblichen Pflichten

1 Betty Friedan: *Der Weiblichkeitswahn,* Reinbek 1970.

2
Der Codex und unser Leben

1 Auf die Bacchantinnen sowie die hier erwähnten historischen Tatsachen machte uns das Buch *The Invisible Alcoholics* von Marian Sandmaier (New York 1980) aufmerksam.
2 Karen Horney: *Neurose und menschliches Wachstum,* Fischer Taschenbuch Bd. 42143.

3
Der Codex und unser Leben

1 Eine ausführliche Diskussion des weiblichen Empfindens, wieviel Fürsorge »moralisch« und nötig sei, findet sich bei Carol Gilligan: *Die andere Stimme. Lebenskonflikte und Moral der Frau,* München 1988.
2 Doreen E. Schecter, »Women in the Labor Force: Some Mental Health Implications«, in: *Psychiatry Opinion,* September 1979. Als sie diesen Artikel verfaßte, war Dr. Schecter klinische Assistenzprofessorin am Albert Einstein College of Medicine.

4
Wenn ich es doch allen recht machen will, warum geht es mir dann schlecht?

1 Depressionen bei Frauen diskutiert ausgezeichnet Lois Braverman: »The Depressed Woman in Context: A Feminist Family Therapist's Analysis«,

in: Marianne Ault-Riche (Hrsg.): *Women and Family Therapy*, Rockville 1986.

2 Dieses Aristoteles-Zitat stammt aus der Einleitung zu Simone de Beauvoir: *Das andere Geschlecht,* Reinbek 1968.

3 Merle Fossum und Marilyn Mason: *Facing Shame,* New York 1986; ein ausgezeichnetes Buch zum Thema Scham in Familien mit Suchtproblematik.

4 Siehe *Facing Shame* für eine eingehendere Diskussion von »schamgebundenen« Familien und Identitäten. Das Thema Scham diskutiert außerdem John Bradshaw: *Healing the Shame That Binds You*, Deerfield Beach, Health Communications, 1988, und Gershen Kaufman: *The Psychology of Shame,* New York 1989.

5 Lenore Walker: *Terrifying Love* (New York 1989) diskutiert erschöpfend das Syndrom der geschlagenen Frau sowie den Begriff der »gelernten Hilflosigkeit«, der so entscheidend zum Verständnis der Erfahrung mißbrauchter Frauen ist.

6 A.a.O. *Neurose und menschliches Wachstum.*

7 Der Begriff des »Teufelskreises der Scham« stammt aus unserem Buch *The Responsibility Trap* (New York 1985), in dem wir vom gleichen Prozeß auch als »Teufelskreis des Stolzes« sprechen. Fossum und Mason diskutieren in *Facing Shame* einen ähnlichen Begriff.

5
Der hohe Preis der Pflichterfüllung

1 Eine eingehende Darstellung des gegenwärtigen Diskussionsstandes zum Thema Alkoholabhängigkeit bietet James Royce: *Alcohol Problems and Alcoholism* (New York 1981). Wenn Sie selbst Alkoholprobleme haben, wenden Sie sich an Ihren Arzt, ein Fachkrankenhaus oder öffentliche Beratungsstellen. Sie erhalten dort Information und Hilfe. In Ihrem Telefonbuch finden Sie eine Nummer der Anonymen Alkoholiker; die Tagespresse veröffentlicht Orte und Termine der Treffen.

2 Wir entwickeln diese Vorstellungen im einzelnen in unserem Buch *The Responsibility Trap*. Siehe auch Claudia Bepkos Artikel »Disorders of Power: Women and Addiction in the Familiy«, in: *Women in Families*, hrsg. von Monica McGoldrick, Carol Anderson und Froma Walsh, New York 1989.

3 Vielleicht am zwingendsten beweist die Forschungsarbeit von Dr. Sharon Wilsnack den Zusammenhang von Alkoholabhängigkeit und eventuell auch anderen Süchten mit dem Gefühl von Frauen, sie hätten vor den Forderungen des Codex versagt. Sie fand heraus, daß Frauen trinken, um sich »weiblicher« zu fühlen und sich dann tatsächlich wärmer, liebevoller, verführerischer finden – Eigenschaften, die sie den im Codex festgelegten Erwartungen näherbringen. Andere Ergebnisse zeigen, daß Frauen oft bei Belastungen stärker trinken, die ihr Selbstwertgefühl als Frau angreifen –

Scheidung, Fehlgeburt, Unfruchtbarkeit oder Fehlentwicklung bei ihren Kindern. Siehe »Sex-Role Identity in Female Alcoholism«, in: *The Journal of Abnormal Psychology* 81 1972, S. 253–261.
Weitere Darstellungen der Probleme von alkoholabhängigen Frauen finden sich in: John und Dolores de Nobrega: *Women Who Drink*, Reading 1980; Harriet Braiker, »Therapeutic Issues in the Treatment of Alcoholic Women«, in: *Alcohol Problems in Women*, hrsg. von Sharon Wilsnack und Linda Beckman, New York 1984.

4 Eine Frau mit Alkoholproblemen wird nicht nur von ihrer intensiven Scham daran gehindert, sich ihre Sucht überhaupt einzugestehen und Hilfe in Anspruch zu nehmen, sondern auch von der negativen Einstellung der Gesellschaft zu Frauen, die außer Kontrolle geraten. In den Medien gibt es daher nicht nur das Bild der »guten« Frau, sondern auch das der »schlechten«. Ein Paradebeispiel für die trinkende Schlampe gibt Elizabeth Taylor in *Wer hat Angst vor Virginia Woolf?* Von solchen »Weibern« grenzen wir uns ab und übersehen dabei die allgemein frauenfeindliche Einstellung unserer Gesellschaft.

5 Über das Thema Ko-Abhängigkeit gibt es viele Bücher. Einen Überblick gibt Anne Wilson Schaef: *Codependence: Misunderstood – Mistreated*, New York 1986.

6
Der neue Codex der Ausgeglichenheit

1 Siehe Judith Jordan: »Empathy and Self Boundaries«, ein Artikel, der als 16. der Reihe *Works in Progress* vom Stone Center des Wellesley College in Wellesley 1984 veröffentlicht wurde. Die Arbeit von Frauen am Stone Center hat enormen Einfluß auf die Entwicklung einer weiblichen Psychologie. Siehe auch die Artikel von Dr. Jean Baker Miller, ebenfalls Stone Center, sowie ihr Buch *Die Stärke weiblicher Schwäche – Zu einem neuen Verständnis der Frau*, Frankfurt/M. 1977.

7
Pflichterfüllung gleich Verantwortlichkeit

1 Die Begriffe Über- und Unterverantwortlichkeit in Familienbeziehungen stammen aus der Arbeit von Murray Bowen, insbesondere aus seinem Buch *Family Therapy in Clinical Practice*, New York 1978. Manche unserer Bemerkungen in diesem Kapitel beruhen ebenso auf seiner Arbeit wie auf einigen Ideen aus unserem Buch *The Responsibility Trap*. Die Verantwortlichkeitstretmühle ist eine Variante der Schamtretmühle aus diesem Buch.

2 Harriet Goldhor Lerner, *Wohin mit meiner Wut? Neue Beziehungsmuster für Frauen*, Fischer Taschenbuch Bd. 4735. Siehe auch dies.: *Zärtliches*

Tempo. Wie Frauen ihre Beziehungen verändern, ohne sie zu zerstören, Zürich 1990.

3 Anm. d. Ü.: Die Satire einer solchen Situation hat Paul Watzlawick in seiner »Anleitung zum Unglücklichsein« (München 1983) beschrieben.

8
Von der Vergangenheit in die Zukunft

1 Eine unterhaltsame und anregende Diskussion von Familiengeschichten bietet Elizabeth Stone: *Black Sheep and Kissing Cousins*, New York 1988. Die Familientherapeutin Joan Laird hat in ihrer Arbeit mit Familien die Bedeutung von Geschichten nachgewiesen: »Women and Stories: Restorying Women's Self-Constructions«, in: McGoldrick, Anderson, Walsh a.a.O. Eine weitere wichtige Quelle ist: Lois Braverman: *Women, Feminism and Family Therapy*, New York 1988.

2 Eine eingehende Diskussion des Begriffs ›Familienritual‹ bietet Evan Imber-Black: »Rituals of Stabilization and Chance in Women's Lifes«, in: *Women, Feminism and Family Therapy*, sowie Evan Imber-Black, Janine Roberts und Richard Whiting: *Rituals in Families and Family Therapy*, New York 1988.

3 Wir verdanken den Begriff des Dreiecks in einem Familiensystem Salvador Minuchin: *Families and Family Therapy*, Cambridge, Mass. 1974. Der Begriff ist bei Murray Bowen ebenfalls zentral. Wenn wir den Ausdruck »Loyalitätsdreieck« verwenden, beziehen wir uns auch auf die Arbeit von Ivan Boszormenyi-Nagy und Geraldine Spark, *Unsichtbare Bindungen. Die Dynamik familiärer Systeme*, Stuttgart 1981.

4 Anm. d. Ü.: Siehe dazu Alice Miller: *Das Drama des begabten Kindes*, Frankfurt/M. 1979.

5 Anm. d. Ü.: Siehe dazu dies.: *Du sollst nicht merken*, Frankfurt/M. 1983.

11
Besondere Probleme

1 Eine eingehendere Darstellung der männlichen Problematik bietet Mark Gerzon: *A Choice of Heroes*, Boston 1982.

2 Eine weitere Diskussion der Probleme berufstätiger Frauen in Diane Holder und Carol Anderson: »Women, Work and the Familiy«, in: *Women in Families*.

3 Siehe Martina Horner: »Towards an Understanding of Achievement-related Conflicts in Women« und die Widerlegung von Michele Paludi: »Psychometric Properties and Underlying Assumptions of Four Objective Measures of Fear of Success«, in: *The Psychology of Women*, hrsg. von Mary Roth Walsh, New York 1987.

4 Colette Dowling diskutiert diese Thematik in *Perfekte Frauen. Die Flucht in die Selbstdarstellung*, Frankfurt/M 1989.

12
Mütter und Töchter

1 Dorothy Dinnerstein entwickelt diese Idee in dem bedeutenden Buch *»The Mermaid and the Minotaur«*, New York 1976.

13
Auf dem Weg zur Ganzheit

1 Anne Morrow Lindbergh: *Muscheln in meiner Hand*, München 1962, S. 23/24.

Bibliographie

De Beauvoir, Simone: Das andere Geschlecht, Reinbek 1968
Bepko, Claudia und Krestan, Jo-Ann: The Responsibility Trap: A Blueprint for Treating the Alcoholic Family, New York 1985
Caplan, Paula: So viel Liebe so viel Haß. Zur Verbesserung der Mutter-Tochter-Beziehung, Köln 1990
Dowling, Colette: Perfekte Frauen, Frankfurt/M. 1989
Eichenbaum, Luise und Orbach, Susie: Was wollen die Frauen? Ein psychotherapeutischer Führer durch das Labyrinth von Wünschen, Ängsten und Sehnsüchten in Liebesdingen, Reinbek 1986
Freedman, Rita: Die Kunst, sich selbst zu lieben. Der innere Weg zur Schönheit, München 1990
Friedan, Betty: Der Weiblichkeitswahn oder Die Selbstbefreiung der Frau, Reinbek 1970
Gilligan, Carol: Die andere Stimme. Lebenskonflikte und Moral der Frau, München 1988
Hirschmann, Jane und Munter, Carol: Schluß mit den Diät-Kuren! So überwinden Sie die Eßsucht in einer Welt des Überflusses, Hamburg 1989
Hochschild, Arlie: Das gekaufte Herz. Zur Kommerzialisierung der Gefühle, Frankfurt/M. 1989
Horney, Karen: Neurose und menschliches Wachstum, Fischer TB 42143
Lerner, Harriet Goldhor: Zärtliches Tempo. Wie Frauen ihre Beziehungen verändern, ohne sie zu zerstören, Zürich 1990
dies.: Wohin mit meiner Wut? Neue Beziehungsmuster für Frauen, Fischer TB 4735
Lindbergh, Anne Morrow: Muscheln in meiner Hand, München 1962
Miller, Alice: Das Drama des begabten Kindes, Frankfurt/M. 1979
dies.: Du sollst nicht merken, Frankfurt/M. 1983
Miller, Jean Baker, Die Stärke weiblicher Schwäche, Frankfurt/M. 1977
Papp, Peggy: Die Veränderung des Familiensystems, Stuttgart 1989